MW00811813

Altamente sensible

JENN GRANNEMAN
Y ANDRE SÓLO

Altamente sensible

El poder de sentir, cuidar y conectar

Traducción de
Ana Isabel Domínguez Palomo
y M.ª del Mar Rodríguez Barrena

Grijalbo

Título original: *Sensitive*

Primera edición: octubre de 2023

© 2023, Jennifer Granneman y Andrew Jacob
© 2023, Penguin Random House Grupo Editorial, S. A. U.
Travessera de Gràcia, 47-49. 08021 Barcelona
© 2023, Ana Isabel Domínguez Palomo y M.ª del Mar Rodríguez Barrena,
por la traducción

Printed in Spain – Impreso en España

ISBN: 978-84-253-6147-0
Depósito legal: B-12.213-2023

Compuesto en Pleca Digital, S. L. U.

Impreso en Black Print CPI Ibérica
Sant Andreu de la Barca (Barcelona)

GR 6 1 4 7 0

Para cualquiera que sea más tierno
por dentro de lo que deja entrever

Índice

Introducción

Todo empieza con un niño y una niña. No se conocen, pero sus historias comienzan de la misma manera. Son del Medio Oeste, con padres con trabajos precarios y con poco dinero. Ninguna de las dos familias sabe qué hacer con ellos. Resulta que son diferentes de los otros niños, y se empieza a notar.

A veces el niño parece bastante normal. Sigue las reglas en el colegio. Es educado con sus maestras y amable con los otros niños, pero cuando llega la hora del recreo, se encoge. El recreo tiene algo que es demasiado para él. En vez de jugar a la pelota con los demás, al pillapilla o colgarse de los columpios, sale corriendo. Huye de los gritos y las risas, y se esconde en el único sitio que encuentra: una vieja tubería para el desagüe de la lluvia.

Al principio, las maestras ni se dan cuenta, porque siempre aparece cuando suena el timbre que anuncia el final del recreo. Pero un día se lleva consigo una pelota para no estar solo. Sería un gesto enternecedor en otras circunstancias, pero como nunca hay pelotas suficientes, los otros niños protestan cuando lo ven alejarse corriendo con una. Justo entonces las maestras lo descubren y es cuando empieza la preocupación. Sus padres no lo entienden: «¿Por qué te escondes en una tubería? ¿Qué haces allí?». Su respuesta —que dice en voz muy baja— no ayuda.

Tendrá que aprender a jugar con los otros niños, le dicen, por más ruidosa y sobreestimulante que sea la experiencia.

En cambio, la niña no sale corriendo. De hecho, parece tener un don para entender a los demás. Se convierte en la líder de su grupo de amigos, ya que se da cuenta con facilidad de lo que quiere cada niño o de lo que necesita para hacerlo feliz. No tarda en organizarlos para hacer actividades en el barrio: una feria familiar, con juegos y premios; o una casa del terror muy elaborada en Halloween. Son actividades que necesitan varias semanas de preparación, y está la mar de contenta perfilando los detalles. Sin embargo, cuando llega el gran día, en vez de estar en el meollo de la acción, riéndose con el espectáculo de marionetas o corriendo de juego en juego, opta por quedarse al margen. Hay demasiadas personas, demasiadas emociones, demasiadas risas, gritos, victorias y derrotas. Su propia feria la abruma.

No es el único momento en el que se siente sobreestimulada. Tiene que modificar la ropa y cortarle las etiquetas para que no le rocen la piel (de pequeña, recuerda su madre, también tenían que cortarles los pies a los peleles). En verano, se emociona por ir a un campamento durante un fin de semana largo, pero su madre tiene que ir a recogerla antes de tiempo; es incapaz de dormir en una cabaña atestada, mucho menos en una a reventar con las emociones y las intrigas de un numeroso grupo de niñas. Estas reacciones sorprenden y desilusionan a los demás, y a su vez dichas reacciones sorprenden y desilusionan a la niña. En el caso de sus padres su comportamiento es causa de preocupación: ¿y si no es capaz de enfrentarse al mundo real? Aun así, su madre hace todo lo que puede para animarla, y su padre le recuerda que debe decir las cosas en voz alta, no solo pensarlas. Pero ella tiene demasiados pensamientos —un sinfín de ellos— y los demás rara vez los comprenden. La llaman de muchas maneras, a veces incluso «sensible», pero no siempre de forma positiva. Es algo que hay que cambiar.

Nadie llama «sensible» al niño. Dicen que tiene un don, por su capacidad para leer y escribir con más facilidad que la que le corresponde por su edad, y al final le dan permiso para pasar la hora del almuerzo en la biblioteca del colegio: eso lo libera del caos del comedor y es menos inquietante que una tubería. Sus compañeros le reservan otras palabras. Lo llaman «raro». O algo muchísimo peor: «nenaza». No ayuda que nunca pueda ocultar sus sentimientos, que a veces llore en el colegio y que se derrumbe cuando ve algún caso de acoso, aunque él no sea la víctima. Sin embargo, conforme va creciendo, cada vez es más sensible. Los otros niños respetan muy poco al soñador que prefiere pasear por el bosque en vez de ver un partido de fútbol americano, que escribe novelas en vez de ir de fiesta. Y él no tiene el menor interés en ganarse su aprobación. Eso le sale caro: lo empujan en los pasillos y se meten con él durante el almuerzo; y la clase de educación física podría compararse a un pelotón de fusilamiento. Lo ven como alguien tan blando, tan débil, que una chica de más edad se convierte en su peor acosadora, y se ríe mientras le escribe obscenidades en la camiseta con un rotulador. No puede contarles nada de eso a sus padres, sobre todo a su padre, que le dijo que la manera de enfrentarse a un acosador es darle un puñetazo en la cara. El niño no le ha dado un puñetazo a nadie en la vida.

Tanto el niño como la niña, en sus vidas separadas, empiezan a creer que no hay nadie más como ellos en el mundo. Y los dos buscan una salida. En el caso de la niña, la solución es replegarse en sí misma. Cuando llega al instituto, los días la abruman y vuelve a casa tan cansada que se esconde de sus amigos en su dormitorio. A menudo se queda en casa enferma, y aunque sus padres no la cuestionan, se pregunta si se preocupan por ella. En el caso del niño, la salida es hacerse el duro, decir que no le importa nadie, como si pudiera enfrentarse a todos. Esta actitud le sienta tan bien como un casco militar de adulto. Tampoco tiene el efecto deseado: en vez de respetarlo, los otros niños lo evitan por completo.

Al cabo de muy poco tiempo el niño empieza a saltarse las clases y a relacionarse con un grupo de artistas que desarrollan su arte con un subidón de marihuana: personas que sienten tanto como él, que no juzgan su manera de ver el mundo. La niña encuentra aceptación en una secta abusiva. Los seguidores de la secta no la consideran rara, le aseguran. Creen que tiene poderes milagrosos, incluso un propósito especial, mientras haga todo lo que ellos quieren.

Lo que nadie les dice es: «Eres totalmente normal. Eres sensible. Y si aprendes a usar este don, puedes hacer cosas increíbles».

EL RASGO DE PERSONALIDAD QUE FALTA

En general, «sensible» puede significar que una persona experimenta muchas emociones de forma exagerada: llora de alegría; rebosa calidez; se derrumba por las críticas. También puede ser algo físico: puede ser sensible a la temperatura, a un olor o a un sonido. Un creciente número de pruebas científicas nos dice que estos dos tipos de personas sensibles son reales y que, de hecho, son el mismo. La sensibilidad física y la emocional están tan íntimamente relacionadas que hay investigaciones que demuestran que si te tomas paracetamol para reducir el dolor de cabeza, tendrás peor puntuación en una prueba de empatía hasta que se pasen los efectos de la medicación.

La sensibilidad es un rasgo humano esencial que está ligado a algunas de las mejores cualidades de nuestra especie. Pero tal como veremos, no muchos la comprenden bien todavía, aunque la comunidad científica la ha estudiado en profundidad. En la actualidad, gracias a los avances de la tecnología, los científicos pueden comprobar de forma fiable la sensibilidad de una persona. Pueden ver las diferencias del cerebro de las personas sensibles en resonancias magnéticas funcionales (FMRI por sus siglas en inglés) y también pueden identificar con precisión el comportamiento de las personas sensibles en los estudios científicos, incluyendo las poderosas ventajas que conlleva ser sensible. Sin embargo, la mayoría de las personas —tal vez tu jefe, tus padres o tu cónyuge— no piensan en la sensibilidad de esta manera, como un rasgo real y cuantificable de la personalidad.

Es más, la sensibilidad suele considerarse como algo malo. La desincentivamos en nuestros hijos («¡Deja de llorar!» u «¡Olvídalo ya!») y la usamos como arma contra los adultos («Te lo estás tomando a la tremenda» o «Estás siendo demasiado sensible»). Esperamos que este libro lo cambie. Imaginamos un mundo en el que la palabra «sensible» sea habitual en las conversaciones cotidianas, de modo que una persona pueda decir «Soy muy sensible» en una entrevista de trabajo o en una primera cita y recibir una sonrisa a cambio. Es todo un reto, pero no es algo imposible. «Introvertido» también fue una palabra fea en el pasado, pero ahora no hay nada raro en presentarnos así. Queremos crear un mundo donde suceda lo mismo con la sensibilidad. Creemos que normalizar esta cualidad tan humana permitirá por fin que las personas sensibles prosperen... y cuando lo hagan, la sociedad se beneficiará de sus dones únicos.

A lo largo de la última década hemos presenciado demasiadas conversaciones durante las cuales alguien descubre lo que es en realidad la sensibilidad. Cuando lo hacen, de repente encuentran la pieza que les faltaba. Experimentan un momento de ¡Eureka! sobre quiénes son y el porqué de lo que hacen... o por fin comprenden a su hijo, a su compañero de trabajo o a su cónyuge por completo. Por esto creemos que la sensibilidad es a menudo el rasgo de la personalidad ausente. Está ausente en las conversaciones cotidianas y de nuestra conciencia como sociedad. Está ausente en los colegios, en los trabajos, en la política, en las instituciones, en las familias y en las relaciones.

Y esa ausencia es importante. Es lo que hace que las personas sensibles oculten quiénes son, como nuestro niño, o se sientan fuera de lugar, como nuestra niña. Tal vez también esté ausente en tu vida. De ser así, ojalá que encuentres consuelo en estas páginas y consigas comprenderte mejor.

PARA QUIÉN ES ESTE LIBRO

Hemos escrito este libro para tres clases de personas. La primera es el lector que ya sabe que es sensible y que incluso tal vez se identifique como una «persona altamente sensible». Si es tu caso, ojalá que todo lo que aparece en estas páginas te sea de ayuda y que aprendas algo nuevo. Hemos recurrido a la documentación más exhaustiva, abarcando muchos campos, a fin de ofrecerte las herramientas que necesitas para controlar tus increíbles dones y para protegerte de la sobreestimulación. Es más, nuestro propósito es ayudarte a llevar a cabo la importante tarea de cambiar la conversación sobre el hecho de ser sensible. Aprenderás a prosperar en un mundo a menudo abrumador, la manera de cambiar los patrones basados en la vergüenza y la forma de salir al paso cuando sea necesario como líder (aunque no te consideres uno). Al final, esperamos que te sientas empoderado para reclamar una etapa más sensible y mejorada en nuestro mundo cada vez más ruidoso y cruel.

La segunda clase de persona es la que nunca se ha considerado sensible, pero que empieza a preguntarse si podría serlo. A lo mejor siempre has sabido que tu forma de pensar y de reaccionar ante las situaciones te hace diferente. A lo mejor eres mucho más sensible por dentro y no siempre lo exteriorizas. O a lo mejor solo empiezas a reconocer una parte de ti en lo que hemos descrito. Si eres esta persona, ojalá que el libro te dé algunas respuestas. Quizá incluso encuentres algo de paz al saber que otros se han enfrentado a problemas muy parecidos a los tuyos y que no estás solo en dichas experiencias. A la postre, puede ser agradable llamarte «sensible». Las palabras, los nombres y las etiquetas tienen poder, algo que ya sabes como persona sensible. Cuando les ponemos nombres a las cosas, suele pasar que eso nos ayuda a encontrarles sentido y a asumirlas y promoverlas de forma saludable.

La tercera clase de persona es nuestro invitado más valioso. Es el lector al que un amigo, un cónyuge, un hijo o un empleado le ha dado este libro. Si es tu caso, alguien que forma parte de tu vida sabe que es sensible y quiere que lo comprendas. Es una señal de confianza. Es posible que esta actitud demuestre su cautela a la hora de compartir su sensibilidad por el temor de que los demás lo consideren una debilidad. O puede implicar que le costaba verbalizarlo. Sea como sea, esta persona seguramente espera que mientras vayas leyendo el libro, aprendas a comprender sus experiencias y sus necesidades... y también la aceptes como válida. Te pide que estés de su lado.

QUÉ HAY EN ESTE LIBRO

La primera mitad del libro te ofrecerá una imagen clara de lo que en realidad significa ser sensible y los puntos fuertes que una persona sensible le ofrece al mundo. También te ayudará a ver con qué partes de la sensibilidad te identificas y a decidir por ti mismo si eres una persona sensible. Hablaremos de la ciencia que respalda la sensibilidad y de los cinco poderosos dones con los que nacen todas las personas sensibles. También le echaremos un vistazo a su coste —la sobreestimulación— y a la estrategia para que una persona sensible pueda vencer dicho coste y prosperar. Por último, nos centraremos en uno de los dones más incomprendidos de todos, la empatía, y en la manera de conseguir que pase de ser una fuente de dolor a una fortaleza capaz de cambiar el mundo.

La segunda mitad del libro te llevará a los detalles concretos: ¿cómo prospera una persona sensible en la vida y en qué sentido sus necesidades difieren de las personas menos sensibles? Hablaremos de personas sensibles enamoradas y con amigos; de personas que crían a un niño sensible; de personas sensibles que se labran grandes carreras profesionales; y de los poderosos rasgos de las personas sensibles que ostentan una posición de liderazgo, algo que los convierte en los líderes más eficaces. Por último, describiremos lo que viene a continuación: estrategias para dejar de ocultar nuestra sensibilidad y empezar a valorarla. Aunque vivamos en un mundo demasiado ruidoso, demasiado caótico y excesivo —un mundo cada vez más cruel y dividido—, creemos que nunca ha habido un mejor momento para ser sensible. De hecho, los mayores desafíos de nuestro mundo les ofrecen a las personas sensibles las mejores oportunidades para destacar. Creemos que son los líderes, los sanadores y los visionarios que nuestro mundo necesita ahora mismo, y que solo necesitan reconocer sus puntos fuertes.

LA PERSONA SENSIBLE ES FUERTE

Nada de esto es fácil, tal como el niño y la niña descubrieron. De adultos los dos encontraron solo una solución a medias. El niño adoptó un estilo de vida independiente que permitía que su mente fluyera libre, recorriendo en moto México y durmiendo bajo las estrellas mientras escribía libros. Era una forma sincera de vivir, y no tenía que preocuparse por la sobreestimulación. Pero seguía negando que fuera sensible y ocultaba sus poderosas emociones.

La niña sabía muy bien que era sensible y se dejaba llevar por el corazón en todas las situaciones, pero le costaba labrarse una vida que le funcionara. Tuvo una sucesión de relaciones y de trabajos que esperaba que le dieran sentido a su vida —periodismo, publicidad y enseñanza—, pero cada uno de ellos bombardeaba su sensible mente hasta que volvía a casa sumida en un trance. Se encontraba quemada..., de nuevo.

Y después se conocieron.

Sucedió algo curioso. La niña le enseñó al niño lo que significaba ser sensible, y él por fin dejó de ocultar sus sentimientos. El niño le enseñó a la niña a llevar una vida diferente, una vida en la que no tenía que pasar agotada cada minuto que estuviera despierta. Pronto unieron fuerzas. Empezaron a trabajar juntos, crearon juntos un sitio web y, poco a poco, cada uno se labró una vida sensible y feliz.

Y se convirtieron en los autores de este libro.

Esos niños éramos nosotros. Jenn salió de una secta peligrosa y se labró una vida con la fuerza que tenía en su interior, no con la aprobación de los demás. Andre jubiló su moto —insiste en que es algo temporal— y aprendió a enorgullecerse de su mente sensible. Y, juntos, hemos creado Sensitive Refuge, el mayor sitio web del mundo para personas sensibles. Somos sensibles y estamos orgullosos de serlo.

Nuestra historia solo es una de las muchísimas que demuestran que las personas sensibles pueden ser fuertes. Cada persona sensible elige su propio camino. Pero hay un paso que todos debemos dar, y es el más difícil de todos: dejar de considerar la sensibilidad como un defecto y empezar a considerarla un don.

1

Sensibilidad: ¿estigma o superpoder?

No soporto el caos. Detesto los ambientes ruidosos. El arte me hace llorar. No, no estoy
loca; soy un ejemplo de libro de una persona
altamente sensible.

ANNE MARIE CROSTHWAITE

Corría el año 1903. Picasso bailaba en el Moulin Rouge, las luces
eléctricas brillaban en todos los clubes nocturnos y las ciudades
europeas entraban en una nueva era. Los tranvías llevaban a los
trabajadores de un lado para otro por calles atestadas, los telégra-
fos conectaban lugares lejanos y las últimas noticias cruzaban con-
tinentes en cuestión de minutos. La tecnología también se abrió
paso en los hogares de las personas, con fonógrafos que emitían
música a placer para las fiestas. Tal vez las canciones fueran el pre-
ludio a una noche en el cine... o tal vez ocultaran los ruidos de las
calles que se abrían en canal para instalar el trazado del alcantari-
llado moderno. Incluso las zonas rurales estaban en plena eferves-
cencia, ya que se empezaba a implantar la agricultura mecanizada.
La vida estaba cambiando, y se creía que el progreso era bueno.

La ciudad alemana de Dresde no pensaba quedarse atrás. Sus
dirigentes querían demostrar los avances que daban y copiar los

logros de otras ciudades. Hubo votaciones, se formaron comités y se anunció una exposición a lo largo de toda la ciudad, junto con una serie de conferencias públicas. Uno de los conferenciantes era Georg Simmel, considerado uno de los primeros sociólogos. Aunque en la actualidad es poco conocido, Simmel era muy influyente en su época. Fue uno de los primeros en aplicar un enfoque científico a las relaciones humanas, y sus trabajos abarcaban todos los aspectos de la vida moderna, desde el papel del dinero en la felicidad humana hasta el motivo que lleva a las personas a coquetear. Sin embargo, si los políticos locales esperaban que alabase el progreso, se llevaron una gran decepción. Simmel se plantó en el atril y descartó de inmediato el tema que le habían encargado. No estaba allí para hablar de las glorias de la vida moderna. Estaba allí para hablar de sus efectos sobre el alma humana.

La innovación, sugirió, no solo nos había hecho más eficaces, sino que también nos había ofrecido un mundo que llevaba al límite el cerebro humano y su capacidad para mantener el ritmo.[1] Describió una oleada continua de «estímulos tanto internos como externos»[2] en un mundo ruidoso, acelerado y sobrecargado. Muy adelantado a su tiempo, sugirió que las personas tenemos una cantidad limitada de «energía mental»[3] —algo que ahora sabemos que es más o menos cierto— y que un ambiente muy estimulante consume demasiada. Un aspecto de nuestra psique, el construido alrededor de los logros y el trabajo, tal vez sea capaz de mantener el ritmo, explicó, pero nuestro aspecto espiritual y emocional estaba totalmente agotado. La humanidad, decía él, era demasiado sensible para semejante vida.

Algo que preocupaba mucho a Simmel era la reacción de las personas a todo eso. Incapaces de reaccionar de forma significativa a las novedades, era muy posible que los ciudadanos sobreestimulados se «hastiaran»[4] o, en resumidas cuentas, se volvieran apáticos. Aprendían a reprimir sus sentimientos, a tratarse entre sí de forma superficial, a preocuparse menos. Al fin y al cabo, tenían que hacerlo. Oían noticias espantosas de todas partes del mundo todos los días, como la erupción del monte Pelée, que mató a veintiocho mil personas en cuestión de minutos, o los horrores de los campos de concentración británicos en África. Mientras tanto, tropezaban con personas sin hogar y les hacían el vacío a los desconocidos en los atestados tranvías. ¿Cómo podían tratar con empatía o reconocer sin más a todas las personas con las que se cruzaban? No les quedaba más remedio que amurallar su corazón por pura necesidad. El demandante mundo exterior había devorado su mundo interior y, junto con él, su capacidad de conectar con los demás.

Simmel advirtió que al vivir con semejante sobrecarga, nos enfrentamos a «ser arrasados y engullidos».[5] Como te puedes imaginar, al principio recibieron sus palabras con desdén. Pero una vez publicadas, se convirtieron en su ensayo más comentado. El artículo se hizo pronto muy popular porque expresaba con palabras algo que muchas personas sentían en secreto: el mundo se había convertido en un lugar demasiado ruidoso, demasiado caótico, demasiado acelerado.

Eso fue hace más de ciento veinte años, cuando gran parte de la vida seguía moviéndose a la velocidad de un caballo y de un carruaje. Fue antes de la invención de internet, de los teléfonos inteligentes y las redes sociales. En la actualidad la vida es incluso más ajetreada, ya que trabajamos jornadas maratonianas, cuidamos de nuestros hijos o de nuestros padres ya mayores sin apenas ayuda y les hacemos hueco a las amistades en hilos de mensajes entre recado y recado. Con razón estamos estresados, quemados y nerviosos. Incluso el propio mundo es objetivamente más sobreestimulante que en la época de Simmel. Se estima que ahora estamos expuestos a más información en un solo día de la que una persona nacida durante el Renacimiento recibía a lo largo de toda su vida:[6] en 2020, producimos 2.500.000.000.000.000.000 de bytes ¡al día![7] A ese ritmo alrededor del 90 por ciento de los datos de la historia de la humanidad se ha producido en los últimos cinco años. En teoría cada fragmento de información va dirigido al cerebro de alguien.

El animal humano no está diseñado para la entrada de datos ilimitada. De hecho, nuestro cerebro es un instrumento sensible. Los investigadores que estudian dicho instrumento ahora están de acuerdo en que, tal como Simmel advirtió, solo es capaz de procesar hasta cierto punto.[8] Si se sobrepasa el límite, todas las personas, con independencia de la personalidad o de lo fuertes que sean, acaban saturadas. Sus reacciones se ralentizan, sus decisiones sufren, se vuelven irascibles o se quedan exhaustos, y si siguen el mismo ritmo, acaban quemados. Es la realidad de ser una especie inteligente y emocional: al igual que un motor revolucionado, nuestro gran cerebro necesita descansar de vez en cuando. Los seres humanos somos de verdad, como bien sabía Simmel, criaturas sensibles.

Sin embargo, lo que no sabía es que no todos somos igual de sensibles. De hecho, hay un grupo de personas que están programadas para ser más receptivas física y emocionalmente que las demás. Estas personas —las sensibles— sienten nuestro excesivo mundo hasta el fondo de su alma.

El estigma de ser sensible

Aunque estás leyendo este libro, a lo mejor no quieres que te llamen «sensible», mucho menos «altamente sensible». Para muchas personas, «sensible» es una mala palabra. Suena a punto débil, a admisión culpable o, peor todavía, a insulto. En general, «sensible» puede significar muchas cosas, y casi todas están basadas en la vergüenza:

• Cuando llamamos a alguien «sensible», lo que queremos decir es que no acepta las bromas, que se ofende con facilidad, que llora demasiado, que se siente herido con cualquier cosa o que no soporta las críticas o los comentarios.

• Cuando nos referimos a nosotros mismos como «sensibles», a menudo queremos decir que exageramos por costumbre.

• La sensibilidad se asocia a la ternura y a la feminidad; en general, sobre todo son los hombres quienes no quieren que los consideren sensibles.

• Un tema sensible es el que tiene muchas probabilidades de ofender, herir, enfurecer o avergonzar a quienes lo oyen.

• De la misma manera, la palabra «sensible» suele ir acompañada de un adverbio: No seas demasiado sensible; ¿Por qué eres tan sensible?

Debido a estas definiciones, tiene sentido que te irrites cuando te llamen «sensible». Para muestra, un botón: mientras escribíamos este libro, los amigos y los familiares curiosos nos preguntaban de qué iba. «De personas altamente sensibles», contestábamos. Algunos se emocionaban porque sabían lo que quería decir el término. «¡Soy yo!», nos decían entusiasmados. «Me estás describiendo». Pero casi todos se hacían una idea equivocada de a qué nos referíamos, y dejaban patentes sus ideas erróneas sobre la sensibilidad. Algunos creían que estábamos escribiendo un libro sobre el hecho de que la sociedad se ha vuelto demasiado políticamente correcta. Otros creían que íbamos a dar consejos sobre cómo ofenderse con menos facilidad (la palabra «blandengue» salió a colación más de una vez).

En otra ocasión le pedimos a una amiga, que también es escritora, que leyera un primer borrador del libro y lo comentara. Mientras lo leía, se dio cuenta de que es una persona sensible y de que el hombre con el que está saliendo también encaja en esa descripción. Para ella esta revelación fue reafirmante. Sin embargo, cuando le habló del tema a su novio, él se puso a la defensiva. «Si alguien me llamara sensible, me ofendería muchísimo», replicó.

Por lo tanto, la sensibilidad, como dimensión de la personalidad humana, se ha ganado una reputación muy desafortunada: se ha asociado erróneamente con la debilidad. Se considera un defecto que hay que corregir. Busca la palabra «sensibilidad» en Google y comprobarás lo que queremos decir: en diciembre de 2021 las tres búsquedas más importantes relacionadas eran «recelosa», «avergonzada» e «inferior». O escribe la frase «Soy demasiado sensible»[9] y descubrirás artículos del tipo «Soy demasiado sensible. ¿Cómo puedo curtirme?» y «Cómo dejar de ser tan sensible».[10] Por culpa de esas ideas erróneas sobre la sensibilidad, incluso las personas sensibles han interiorizado una especie de vergüenza por ser como son. Llevamos años dirigiendo una comunidad online para personas sensibles llamada Sensitive Refuge y aunque hay una creciente conciencia sobre el tema, los lectores nos siguen preguntando a menudo: «¿Cómo puedo dejar de ser tan sensible?».

Por supuesto, la respuesta no es que dejen de ser sensibles; porque en realidad estas definiciones basadas en la vergüenza no son en absoluto lo que significa ser sensible.

Lo que significa ser sensible en realidad

Comenzó con una sencilla observación sobre bebés:[11] a algunos les molestaban las nuevas imágenes y los nuevos olores, mientras que otros se quedaban tan tranquilos. El psicólogo Jerome Kagan y su equipo llevaron a cabo una serie de pruebas en su laboratorio en la década de 1980 con unos quinientos bebés. Les pusieron juguetes móviles de Winnie the Pooh delante, les colocaron cerca de la nariz hisopos de algodón mojados en alcohol diluido y proyectaron una cara en una pantalla que parecía hablar con una voz muy rara y sintética. Algunos bebés apenas reaccionaron y permanecieron tranquilos durante los tres cuartos de hora que duraba la sesión. Otros se movieron constantemente, pataleando, retorciéndose, arqueando la espalda e incluso llorando. Kagan etiquetó a estos bebés como «muy reactivos»,[12] mientras que los otros eran «poco reactivos» o encajaban en una categoría intermedia. Parecía que los bebés muy reactivos eran más sensibles a su entorno y probablemente tenían ese rasgo desde su nacimiento. Pero ¿ese temperamento los acompañaría de por vida?

En la actualidad sabemos que sí. Kagan y su equipo siguieron el desarrollo de muchos de los bebés hasta la edad adulta. Los niños muy reactivos, ya con treinta y cuarenta años, se han convertido en adultos muy reactivos. Siguen reaccionando de forma muy notoria: confiesan que las multitudes los ponen nerviosos, que les dan muchas vueltas a las cosas y que se preocupan por el futuro. Pero también se esfuerzan en su trabajo y sobresalen de muchas maneras. La mayoría obtuvieron muy buenas notas en el colegio, se labraron una buena carrera profesional e hicieron amigos con la misma facilidad que cualquier otra persona;[13] muchos prosperaban. Y muchos aseguraron haber forjado la confianza y la calma en sus vidas mientras conservaban su sensibilidad.

Aunque Kagan asoció este temperamento con el miedo y la preocupación, conectándolo a la amígdala (el «centro del miedo» en el cerebro), en la actualidad sabemos que es un rasgo saludable. Muchos investigadores han confirmado este descubrimiento;[14] cabe destacar a Elaine Aron,[15] sin duda alguna la fundadora de la investigación en el campo de la sensibilidad. (De hecho, el miedo que Kagan observó en algunos de esos niños muy reactivos desapareció al llegar a la edad adulta).[16] Hoy en día el mismo rasgo que estudió Kagan se conoce con muchos nombres: persona altamente sensible (PAS), sensibilidad de procesamiento sensorial, sensibilidad biológica al contexto, susceptibilidad diferencial o incluso «orquídeas y diente de león», siendo las orquídeas las personas sensibles. Sin embargo, los expertos que han acuñado cada uno de esos términos concuerdan en que se refieren al mismo rasgo. Y desde hace poco hay una iniciativa para aunar todas estas teorías en un solo término que lo englobe todo: «sensibilidad ambiental». Nosotros seguimos a estos investigadores y nos referiremos a este rasgo como «sensibilidad ambiental» o «sensibilidad» a secas para abreviar.

Da igual cómo la llames, la sensibilidad se define como la capacidad para percibir, procesar y responder de forma comprometida al ambiente, o entorno, de cada cual. Esa capacidad tiene lugar a dos niveles: 1) percibir la información de los sentidos y 2) sopesar a fondo dicha información o encontrar muchas conexiones con otros recuerdos, conocimientos o ideas. Las personas que son sensibles hacen más las dos cosas. Reciben más información del ambiente de forma natural, la procesan a un nivel más profundo y, en última instancia, están más determinadas por él. Gran parte de este proceso profundo se produce de modo inconsciente, y muchas personas sensibles ni siquiera son conscientes de que lo hacen. Este proceso se aplica a todo lo que recibe una persona sensible.

Sin embargo, nosotros preferimos una definición más sencilla: si eres sensible, todo te afecta en mayor medida, pero le sacas más provecho. De hecho, mejor que «sensible» sería «receptivo y reactivo». Si eres una persona sensible, tu cuerpo y tu mente responden más al mundo que te rodea. Respondes más al amor perdido, al dolor y a la pérdida, pero también a la belleza, a las nuevas ideas y a la alegría. Te sumerges cuando los demás se quedan en la superficie. Sigues pensando cuando los demás se dan por vencidos y pasan a otra cosa.

No solo artistas y genios

Por lo tanto, la sensibilidad es una parte normal de la vida. Todos los humanos —y también otros animales— son sensibles a su entorno en cierta medida. Algunos momentos estresantes logran que todos lloremos o que nos resulten dolorosos o abrumadores. Y también hay momentos que nos hacen reflexionar a todos, maravillarnos por la belleza o pasarnos horas inmersos en un tema que nos fascina. Pero algunos individuos son de forma intrínseca más receptivos a su entorno y a lo que experimentan que otros. En ese caso es cuando hablamos de las personas altamente sensibles.

Al igual que otros rasgos, la sensibilidad es un continuo, y todos nos encuadramos en algún punto: baja, media o alta sensibilidad. Las tres categorías se consideran rasgos normales y saludables. Y las personas sensibles no están solas: algunas investigaciones recientes sugieren que los individuos altamente sensibles suponen alrededor del 30 por ciento de la población.[17] (Otro 30 por ciento corresponde a personas de baja sensibilidad y el restante 40 por ciento encaja en una categoría intermedia). En resumidas cuentas, ser sensible no es algo raro que te toca por casualidad, reservado solo a artistas y genios. Hablamos de una de cada tres personas en cada ciudad, trabajo y colegio. La sensibilidad es igual de habitual entre hombres y mujeres. Puede que a los hombres se les diga que no sean sensibles, pero eso no cambia el hecho de que lo son.

CON TUS PROPIAS PALABRAS
¿Qué significa ser sensible para ti?

«Soy sensible y me he pasado casi toda la vida creyendo que tenía un defecto porque nadie más era como yo. Ahora veo mi sensibilidad como un don. Tengo una vida interior muy rica e imaginativa. Nunca me he aburrido. Me dan pena algunos de mis amigos porque viven en la superficie, nunca experimentan una conexión profunda con la naturaleza, las artes y el universo en todo su magnífico esplendor. No se hacen preguntas profundas sobre la vida y la muerte. Hablan de lo que han visto en la tele o lo que van a hacer el domingo».

SALLY

«Para algunas personas la palabra "sensible" tiene la connotación de ser quisquilloso o débil. Pero puede ser un gran recurso estar emocionalmente conectado con lo que otros sienten además de con lo que sientes tú. Para mí, ser sensible es una forma de mostrarme amable y respetuoso conmigo mismo y con los demás. Es especial, una conciencia importante con la que no cuenta todo el mundo».

TODD

«Como hombre que soy, si te llamaban "sensible" era lo mismo que decirte afeminado, malhumorado o tiquismiquis por culpa de la masculinidad tóxica. En realidad, no era nada de eso. Era supercons-

ciente de mi persona y de mis sentimientos, y sabía que esas etiquetas no eran ciertas, pero no tenía ni idea de lo que era hasta que me
encontré unos libros sobre los PAS (personas altamente sensibles)».

DAVE

«Antes consideraba la palabra "sensible" como algo negativo porque mi padre me decía: "Eres demasiado sensible". Pero ahora la
veo de otra forma. Me siento bien siendo sensible y ya sé que es algo
positivo en este mundo, que puede ser muy frío. En general, no
cambiaría mi sensibilidad si pudiera. Me encanta lo mucho que
aprecio todo lo que me rodea».

RENEE

«Antes creía que la sensibilidad era una debilidad porque mi primera familia y mi exmarido no dejaban de repetirme que necesitaba
madurar o curtirme y que estaba exagerando. Me humillaban a todas horas. Pero ahora que ya no los tengo en mi vida, me estoy
centrando en la sensibilidad como un punto fuerte, y la verdad es
que he vuelto a la universidad para sacarme un segundo máster a fin
de cambiar de profesión y convertirme en terapeuta. Ahora voy a
usar mi sensibilidad para ayudar a otras personas».

JEANNIE

¿Eres una persona sensible?

A lo mejor puedes apreciar las notas del roble en un chardonnay
antes que cualquier otra persona en una cena. A lo mejor te sobre-
coge de forma placentera la *Novena sinfonía* de Beethoven o se te
saltan las lágrimas al ver vídeos de rescates de animales. O a lo
mejor el constante martilleo de alguien que teclea cerca te impide
concentrarte. Todo esto puede ser un indicio de una sensibilidad
aguzada... y muchos somos más sensibles de lo que creemos.

A continuación tienes una lista con las características más habituales de las personas sensibles. Cuantas más casillas marques, más sensible eres. No tienes que marcar todas las casillas —ni encajar con todos los puntos que se detallan en este libro— para que se te considere una persona sensible. Recuerda que la sensibilidad es un continuo y que todos estamos en algún punto.

Además, ten en cuenta que tus experiencias vitales definirán la expresión de tu sensibilidad. Por ejemplo, si te enseñaron a establecer unos límites saludables cuando eras pequeño, puede que nunca hayas tenido que lidiar con las ganas de complacer a los demás o con la necesidad de evitar conflictos, tal como les sucede a algunas personas sensibles. Otros aspectos de tu personalidad también afectan a lo mucho o lo poco que te identifiques con los siguientes supuestos. Por ejemplo, si te consideras más extrovertido que introvertido, puede que necesites menos tiempo de relajación que una persona sensible introvertida.

¿Cuáles de los siguientes supuestos son verdad en tu caso?

- ☐ Sueles pararte antes de actuar para darle a tu cerebro tiempo de hacer su trabajo.
- ☐ Te fijas en los detalles sutiles, como en la leve diferencia de tono entre las pinceladas de un cuadro o en una microexpresión que desaparece de inmediato de la cara de un compañero de trabajo.
- ☐ Tus emociones son muy fuertes. Te cuesta mucho desentenderte de emociones intensas como la rabia o la preocupación.
- ☐ Eres muy empático, incluso hacia desconocidos o hacia personas que solo conoces por las noticias. No te cuesta nada ponerte en la piel de los demás.
- ☐ Los cambios de humor de otras personas te afectan mu-

chísimo. Absorbes con facilidad las emociones de los demás y asimilas sus sentimientos como si fueran tuyos.

☐ Te sientes estresado y cansado en ambientes ruidosos y ajetreados, como un centro comercial abarrotado, un concierto o un restaurante.

☐ Necesitas mucho tiempo de relajación para recargarte de energía. A menudo te descubres alejándote de los demás para poder calmar tus sentidos y procesar tus pensamientos.

☐ Sabes leer a los demás y puedes intuir, con sorprendente precisión, lo que piensan o sienten.

☐ Te cuesta mucho ver películas violentas o de terror, así como presenciar cualquier tipo de crueldad hacia los animales o los humanos.

☐ Detestas que te metan prisa y prefieres hacer las cosas con tranquilidad.

☐ Eres perfeccionista.

☐ Te cuesta dar lo mejor de ti bajo presión, como cuando tu jefe está evaluando tu trabajo o te estás preparando para una competición.

☐ A veces tu entorno es el enemigo. Una silla con el respaldo duro, las luces demasiado brillantes y la música muy alta pueden hacerte creer que es imposible relajarte o concentrarte.

☐ Te sobresaltas con facilidad por ruidos inesperados, como cuando alguien se acerca a ti sin que te des cuenta.

☐ Eres inquisitivo. Reflexionas largo y tendido sobre tu vida y te preguntas el porqué de las cosas. Puede que siempre te hayas preguntado por qué los misterios de la naturaleza humana y del universo no cautivan tanto a otras personas como a ti.

☐ Tu ropa es muy importante. Las telas ásperas o ceñidas —como los pantalones con la cinturilla muy estrecha— pueden echarte a perder el día.

☐ Pareces tener menos tolerancia al dolor que los demás.

☐ Tu mundo interior está vivo y presente. Te describen como imaginativo y creativo.

☐ Tienes sueños muy vívidos (pesadillas también).

☐ Parece que te cuesta más que a los demás adaptarte a los cambios.

☐ Te han llamado tímido, tiquismiquis, intenso, exagerado, demasiado sensible o te han dicho que tienes afán de protagonismo.

☐ También te han llamado meticuloso, atento, prudente, perspicaz, apasionado o perceptivo.

☐ Captas de un vistazo el estado anímico general.

☐ Eres sensible a los cambios en la dieta y en tus niveles de azúcar. Si llevas un rato sin comer, puede que te pongas de muy mal humor.

☐ En tu caso, un poco de cafeína o de alcohol cunde mucho.

☐ Lloras con facilidad.

☐ Deseas la armonía en tus relaciones, así que los conflictos pueden resultarte muy estresantes, tal vez incluso te provoquen malestar físico. De resultas, puede que siempre quieras complacer a los demás o que te esfuerces al máximo para evitar desacuerdos.

☐ Deseas que tus relaciones sean profundas e intensas emocionalmente. Los vínculos transaccionales o superficiales no te bastan.

☐ Tu mente funciona a gran velocidad. Esto quiere decir que a menudo no te sientes en sintonía con los demás, y esta sensación puede ser especialmente desoladora.

☐ Das mucha importancia a las palabras. No se pueden descartar así como así las palabras hirientes o críticas.

☐ Eres introspectivo, conoces muy bien tus puntos fuertes y tus puntos débiles.

☐ Te emocionan muchísimo el arte y la belleza, ya sea una canción, un cuadro o los matices que la luz del sol arranca a las hojas otoñales.

También puedes llevar a cabo la siguiente autoevaluación sobre lo que te resulta sencillo y lo que te resulta un desafío. Si te sientes identificado con la mayoría de estos supuestos, es muy probable que seas una persona sensible.

Me resulta fácil...	Me resulta un desafío...
☐ captar el estado anímico o las intenciones de las personas.	☐ lidiar con las emociones fuertes de otras personas, sobre todo la rabia, el estrés o la decepción.
☐ llevar a cabo trabajos lentos y cuidados con un nivel de exigencia muy alto.	☐ trabajar deprisa bajo presión o escrutinio.
☐ percatarme de detalles que los demás pasan por alto.	☐ priorizar mis necesidades personales.
☐ buscar soluciones integrales que benefician al grupo.	☐ hacer caso omiso de olores, texturas o ruidos intrusivos.
☐ encontrar la belleza y el sentido en el mundo cotidiano.	☐ soportar ambientes muy bulliciosos o activos.
☐ crear arte, ser creativo u ofrecer una visión única.	☐ pasar tiempo en entornos feos o duros.
☐ empatizar con los demás, sobre todo cuando sufren.	☐ ver o leer descripciones de violencia.

Quizá te estés dando cuenta por primera vez en la vida de que eres una persona sensible. Si es así, bienvenido al club, no estás solo. De hecho, estás en buena compañía: muchos de los mejores eruditos, artistas, dirigentes y activistas de la historia han sido sensibles. Sin una mente sensible, el mundo no tendría:

- La teoría de la evolución
- La teoría del contagio
- *West Side Story*
- La banda sonora de *La guerra de las galaxias*
- El final del apartheid
- Studio Ghibli
- *Yo sé por qué canta el pájaro enjaulado* de Maya Angelou
- Netflix
- La jerarquía de las necesidades de Maslow
- *El beso* de Klimt
- La Declaración de Independencia de los Estados Unidos de América
- El primer token no fungible (NFT)
- El *Frankenstein* de Mary Shelley
- Mister Rogers' Neighborhood*

* Charles Darwin, Girolamo Fracastoro, Jerome Robbins, John Williams, Nelson Mandela, Hayao Miyazaki, Maya Angelou, Reed Hastings, Abraham Maslow, Gustave Klimt, Thomas Jefferson (con verrugas y todo), Kevin McCoy, Mary Wollstonecraft Shelley y Fred McFeely Rogers. No podemos saber a ciencia cierta que todas estas personas se considerasen sensibles, pero todas ellas —según entrevistas, biografías o sus propias palabras— muestras rasgos comunes a las personas altamente sensibles.

Lo más importante que debes saber es que no estás estropeado ni te pasa nada malo porque seas sensible. La verdad es que tienes un superpoder en el que los seres humanos como especie hemos confiado durante millones de años.

UNA VENTAJA EVOLUTIVA

Además de ser algo normal, la sensibilidad también es algo bueno. De hecho, los científicos creen que es una ventaja evolutiva que ayuda a los organismos a sobrevivir en una miríada de ambientes. Como prueba solo tienes que ver la cantidad de especies que han desarrollado el rasgo:[18] la lista es de más de cien, incluyendo gatos, perros, peces, aves, roedores, insectos y numerosos primates. Es más, los investigadores han averiguado que la sensibilidad ha evolucionado varias veces en diferentes líneas de primates:[19] una evidencia clara de que tiene beneficios sociales y de supervivencia. Basta con seguir a los macacos Rhesus para ver dichos beneficios en acción.[20] Un estudio descubrió que los macacos sensibles que tenían madres atentas acababan siendo individuos inteligentes y precoces, resistentes al estrés. A menudo se convertían en los líderes de sus grupos. La sensibilidad se puede encontrar a lo largo y ancho del mundo animal. Puede que hayas visto a una ardilla la mar de lista que burla todos tus intentos por evitar que acceda a tu comedero para pájaros o tienes una mascota que se las sabe todas. (Uno de los gatos de Jenn, Mattie, que creemos que era altamente sensible, aprendió a abrir las puertas de los armarios de la cocina).

Entre los primeros humanos la ventaja era tal vez incluso más vital... y sigue siéndolo. Al fin y al cabo, la capacidad de ver patrones y de percatarse de detalles clave significa que las personas sensibles a menudo son muy buenas a la hora de predecir sucesos: su intuición está muy desarrollada. Este vínculo entre la intuición y la sensibilidad es cuantificable:[21] en un estudio las personas sensibles sobresalieron por encima de los demás en un juego de azar. En otro estudio, usando una simulación de selección natural llevada a cabo por ordenador, se demostró que, con el tiempo, los individuos sensibles acababan mejor que los individuos menos sensibles.[22] A efectos prácticos, pasaron más tiempo analizando sus opciones y comparándolas con resultados pasados, y este análisis les supuso contar con más recursos a la larga; más que suficientes para compensar el tiempo y la energía extra invertidos.

Por lo tanto, teorizan los investigadores, las personas sensibles seguramente aumentan la probabilidad de supervivencia de toda la humanidad. Cuando ves y oyes lo que otros pasan por alto, puedes evitar mejor a los depredadores y las amenazas, o encontrar recursos. Cuando aprendes de tus errores, no los repites y también ayudas a los demás a evitar fracasos. Y cuando eres capaz de interpretar bien a los demás —también lo que no dicen—, estás mejor equipado para formar alianzas y ayudar a que las personas cooperen.

Eso quiere decir que la sensibilidad es una ventaja, ya sea en la tundra o en la jungla. Las personas sensibles tal vez fueran nuestros pronosticadores del tiempo, nuestros consejeros espirituales o nuestros rastreadores. Si ese mismo rasgo se lo aplicas a un profesor, a un inversor en bolsa o al directivo de una empresa, puedes ver que las personas sensibles siguen estando hechas para prosperar hoy en día..., aunque la sociedad no lo crea así.

Nuestro mundo necesitaba a las personas sensibles
y sus superpoderes

A la enfermera no le gustaba protestar, pero no podía desentenderse de la sensación de que algo iba mal.[23] Su última paciente, una mujer de mediana edad, se estaba recuperando de una cirugía valvular. Contó su historia en el libro *The Power of Sensitivity*, de Ted Zeff, pero quiso mantener el anonimato. Así que la llamaremos Anne. Anne era una enfermera canadiense con más de veinte años de experiencia en unidades de críticos. «Aunque soy la clase de enfermera que se crece con la emoción habitual en las unidades de cuidados intensivos, en mis días libres me quedo tirada en el sofá viendo películas para recuperarme de la sobreestimulación. Mis colegas se burlan de mí, porque mis momentos de relax difieren mucho de sus comportamientos en busca de adrenalina»,[24] dijo.

Hasta aquel momento la paciente de Anne se había estado recuperando bien, y el médico creía que no hacían falta más cuidados intensivos. Para ella habría sido muy fácil tacharla de su lista y devolverle el control al equipo de cirugía. Pero algo en su interior le impedía hacerlo. Cada vez que iba a comprobar su estado, la paciente parecía un poco peor. Entre otras cosas, solo estaba cómoda si descansaba sobre el lado derecho, algo poco habitual.

Anne había descubierto hacía poco que era una persona sensible, de modo que acudió aquel día a trabajar muy consciente de sus superpoderes. Mientras hacía un descanso en su despacho para procesar lo sucedido ese día, se preguntó: «Y si el cuerpo [de la paciente] me intenta decir algo, ¿qué puede ser? Y ¿por qué me preocupa tanto?».[25] Quizá, como persona sensible que era, estaba percibiendo cosas que a los demás miembros de su equipo se les estaban escapando. Normalmente al finalizar su turno se sentía en paz, como si pudiera volver a casa sabiendo que había ayudado a alguien. Pero ese día no se sentía así. Pensó en lo que pasaría si les llevaba la contraria a los médicos. Las enfermeras que se saltaban el orden recibían reprimendas o tenían que participar en cursillos de orientación, incluso podían despedirlas. Aunque no pasara lo peor, no quería ofender ni alterar a sus compañeros porque sabía que las relaciones tensas podrían poner en peligro el cuidado de los pacientes. Por si eso no fuera suficiente, admitió, le tenía un poco de miedo al cirujano jefe, que era quien llevaba el seguimiento del caso.

Pese al miedo, Anne sabía lo que tenía que hacer: hablar. «Sabía que yo podía ser su única oportunidad para sobrevivir»,[26] dijo. Después de que uno de los médicos del equipo descartara su preocupación, no se rindió; fue en busca de otra persona. Ese otro médico sí la creyó y le sugirió hacerle una ecografía al corazón de la paciente con un ecógrafo portátil para ver si había fluidos alrededor del órgano. Anne aceptó, aunque eso implicaba llevar a cabo la prueba sin el consentimiento del cirujano, algo que detestaba hacer. Pero la prueba validó de inmediato su intuición: la paciente tenía un gran coágulo en el corazón, que en pocos minutos se habría parado.

Llevaron a la paciente al quirófano de urgencia y eliminaron el coágulo. Gracias a Anne, la mujer se recuperó por completo. Más tarde, le dijeron que de no haber hecho lo que hizo, la paciente habría muerto. «Me sentí honrada al poder usar mis dones como PAS para ayudarla.[27] Ahora sé que mi aguda capacidad de observación y mi fuerza interior me ayudaron a ver la situación desde varias perspectivas», dijo. Y si estuviera en la misma situación, ya no le tendría tanto miedo al equipo de cirugía. Se limitaría a «explicar con tranquilidad y firmeza mis preocupaciones, a sabiendas de que puedo hacerme oír». Cuando se corrió la voz de lo sucedido, se convirtió en una heroína en la unidad.

Anne solo es una persona cuya sensibilidad le ofrece una ventaja en el trabajo. Su historia demuestra que la sensibilidad no solo es un superpoder personal, es un rasgo que evolucionó para beneficiar a toda la humanidad. Si tus seres queridos o tú estuvierais enfermos, Anne es la clase de enfermera que querrías a vuestro lado. La sensibilidad bien podría salvarte la vida.

El cerebro sensible y su procesamiento profundo

¿Cómo lo hacen las personas sensibles como Anne? ¿Qué les otorga sus superpoderes? La respuesta se encuentra en el funcionamiento del cerebro humano.

Para una neurona todas las clases de información, desde el ruido de un tren de mercancías hasta la sonrisa de un ser querido, son unidades de información que tiene que procesar. Algunos cerebros —los de las personas sensibles— procesan de forma más profunda y en mayor medida que otros. Un cerebro puede ser un adolescente aburrido trabajando a media jornada y obviando la mitad de lo que sucede a su alrededor o puede ser un abogado que repasa todos y cada uno de los detalles de un caso. Los cerebros sensibles son los abogados y, como un abogado estrella, no se toman descansos. Están diseñados para profundizar.

La ciencia respalda estas diferencias. En 2010 Jadzia Jagiellowicz y su equipo usaron resonancias magnéticas funcionales (FMRI) para echar un vistazo al interior del cerebro de las personas sensibles.[28] Observaron el cerebro de personas altamente sensibles y de personas menos sensibles mientras les enseñaban imágenes en blanco y negro de la naturaleza, como una casa con una cerca o balas de heno en el campo. Después se cambiaron algunos detalles de las imágenes y se las volvieron a enseñar a los participantes del estudio. Algunos cambios eran importantes, como añadir un poste a la cerca, y otros eran menores, como agrandar un poco una de las balas de heno.

A lo mejor crees saber cómo va a acabar la historia, pero si supones que las personas más sensibles captaron las diferencias más rápido que las personas menos sensibles, te has equivocado. Al contrario, las personas más sensibles tardaron un poco más en percatarse de los cambios..., sobre todo de los menores. Tardaron más seguramente porque, según los investigadores, «prestaban más atención a los detalles sutiles de la imagen».[29] (Si tienes por costumbre examinar durante mucho rato las imágenes que se comparten en redes sociales para encontrar las diferencias, puede que seas una persona sensible).

Cuando los científicos revisaron las resonancias, se percataron de otra diferencia: las personas altamente sensibles mostraban muchísima más actividad en áreas clave del cerebro relacionadas con el procesamiento de imágenes, la evaluación de complejidades y los detalles en vez de rasgos meramente superficiales. Las personas altamente sensibles tenían más actividad sobre todo en los lóbulos parietales medio y posterior y en los lóbulos temporal y occipitotemporal izquierdo. Estas diferencias se mantuvieron aun cuando los investigadores buscaron otros rasgos, como neuroticismo e introversión. En resumidas cuentas, era el rasgo de la sensibilidad —no otra cosa— lo que los hacía procesar con más profundidad.

Y este procesamiento profundo no se detenía una vez terminada la experiencia: la mente sensible siguió funcionando. Lo sabemos porque Bianca Acevedo, una neurocientífica de la Universidad de California, estudió el cerebro sensible en reposo.[30] Para ello, Acevedo y su equipo hicieron resonancias del cerebro de personas sensibles mientras realizaban una tarea empática: mirar las imágenes y las descripciones de sucesos felices, tristes o neutros; y después veían las caras de sus parejas y de desconocidos con la emoción correspondiente a cada suceso. Entre foto y foto, se les pidió que contaran hacia atrás de siete en siete a partir de un número bastante alto «para eliminar la experiencia de sentir cualquier tipo de emoción»,[31] explica Acevedo. También se les pidió que describieran cómo se sentían después de ver cada foto y, al final, se les dijo que se relajaran mientras les hacían la resonancia cerebral.

Los investigadores descubrieron que incluso después de que terminase el suceso emocional —e incluso después de eliminar las emociones resultantes—, el cerebro de las personas sensibles seguía procesando dicho suceso de forma profunda. Este procesamiento profundo, explica Acevedo, «es una característica fundamental de la alta sensibilidad».[32] Así que si de forma habitual te encuentras reflexionando sobre algo —una idea, un suceso o una experiencia— mucho tiempo después de que otras personas hayan pasado página, podrías ser una persona sensible.

La alta inteligencia se correlaciona con la alta empatía

Estas diferencias cerebrales demuestran por qué la sensibilidad física y la emocional son básicamente el mismo rasgo: la mente sensible pasa más tiempo procesándolo todo, ya sea una brillante luz sobre su cabeza, la sonrisa de un niño o una nueva teoría científica. A su vez, la sensibilidad se muestra de formas distintas: una inteligencia profunda y atenta, y una conciencia de las personas profunda y empática. Si te ves reflejado en uno de estos sentidos más que en otro, no quiere decir que no seas sensible; muchas personas sensibles se decantan por un extremo. Pero tienes la capacidad para experimentar ambos.

De hecho, el procesamiento profundo que hace una mente sensible es tan valioso que a menudo la sensibilidad se relaciona con la brillantez. Linda Silverman, la directora del Gifted Development Center (Centro de Desarrollo del Talento) en Denver, dice que los individuos con más talento son altamente sensibles, sobre todo las personas más talentosas que están entre el 1 y el 2 por ciento superior en cuanto a inteligencia. «Mi investigación clínica, que abarca más de cuarenta y dos años, con más de seis mil quinientos niños evaluados con escalas de inteligencia individual en el Gifted Development Center, sugiere que hay una correlación entre talento y sensibilidad. Cuanto mayor es el cociente intelectual de un individuo, más probabilidades hay de que la persona también encaje en las características de una PAS»,[33] nos cuenta.

La investigación llevada a cabo con músicos de éxito apoya estos hallazgos.[34] La psicóloga Jennifer O. Grimes estudió a los intérpretes en Ozzfest, nada más y nada menos, que es uno de los festivales más concurridos y extremos de heavy metal en Estados Unidos. Descubrió que entre bambalinas, estos roqueros eran a menudo sensibles y retraídos, lo opuesto a su personaje sobre el escenario. Aunque este patrón no solo se da en las artes. Ser sensible significa pensar en profundidad en cualquier situación, de modo que la alta sensibilidad lleva a la innovación en ciencia y a un buen liderazgo en el mundo empresarial. Cuanto más sensible sea la persona, más conexiones ven..., conexiones que otros suelen pasar por alto. El hecho de que también puedan ser amables y empáticos no es más que la guinda del pastel.

LO QUE NO ES SENSIBILIDAD

Tan importante como comprender lo que es la sensibilidad es saber lo que no lo es. El rasgo de la sensibilidad no es lo mismo que la introversión, el autismo, el desorden de procesamiento sensorial o el trauma.

Es fácil darse cuenta de que la introversión y la sensibilidad se confunden entre sí. De un tiempo a esta parte la introversión está menos estigmatizada, gracias en parte al revelador libro *Quiet* de Susan Cain.* Sin embargo, la sensibilidad sigue muy estigmatizada pese a la tendencia de los introvertidos y de las personas sensibles a compartir ciertas características, como necesitar tiempo de relajación a menudo, pensar en profundidad y tener un mundo interior muy rico. (Algunos expertos, incluida Aron, creen que Cain estaba escribiendo más sobre las personas altamente sensibles que sobre las introvertidas).[35] Tiene sentido que si eres más sensible a tu ambiente, prefieras pasar menos tiempo rodeado de personas para reducir la estimulación.

Sin embargo, hay algunas diferencias clave entre introvertidos y personas sensibles. La introversión describe una orientación social: una persona que prefiere la compañía de grupos reducidos y que disfruta pasando tiempo a solas. La sensibilidad, en cambio, describe una orientación hacia el entorno de cada cual. Por lo tanto, podríamos decir que los introvertidos se ago-

---

* Hay trad. cast.: *El poder de los introvertidos*, Barcelona, RBA Libros, 2020. (*N. de las T.*)

tan principalmente por la socialización, mientras que las personas sensibles se agotan por los ambientes altamente estimulan-
tes, ya estén socializando o no. De hecho, Aron estima que
alrededor de un 30 por ciento de las personas sensibles son extrovertidas, mientras que el 70 por ciento son introvertidas.[36]
Así que puedes ser una persona sensible extrovertida que se
expresa abiertamente y a quien le encantan las relaciones, o puedes ser una persona sensible introvertida a quien le encanta la
soledad y el silencio. (En resumidas cuentas, no hay una forma
incorrecta de sensibilidad).

De la misma manera, tal vez las personas autistas y las personas sensibles compartan algunas características, como la tendencia a evitar ciertos olores, comidas o texturas, o a verse abru-
madas por ciertos estímulos. Sin embargo, según la investigación
de Acevedo, hay diferencias entre el cerebro de las personas
autistas y el de las personas sensibles. En primer lugar, el cerebro autista y el sensible son prácticamente polos opuestos en
cuanto a su forma de procesar las conductas sociales y emocionales. En especial, el cerebro sensible muestra niveles de actividad más altos de lo normal en zonas relacionadas con la calma,
el equilibrio hormonal, el autocontrol y la autorreflexión. En
cambio, el cerebro autista es menos activo en zonas relacionadas
con la calma, las emociones y la sociabilidad. Esto es evidente en
el aprendizaje de las conductas sociales que necesitan algunas
personas con autismo, mientras que las personas sensibles no
tienen problema a la hora de entender a los demás (de hecho, lo
hacen con más facilidad que las personas menos sensibles).

El trastorno de procesamiento sensorial a veces se confunde
con la sensibilidad porque ambos implican una reacción emocional a los estímulos. Sin embargo, el trastorno de procesamiento
sensorial se da cuando el cerebro tiene problemas para recibir y

responder a la información que le llega a través de los sentidos. Por ejemplo, un niño afectado por este trastorno tal vez responda de forma exagerada a los estímulos y grite cuando lo toquen, o tal vez apenas responda a los estímulos y juegue a lo bruto en el parque. Aunque la sensibilidad se caracteriza por cierta incomodidad sensorial, no llega al punto de alterar el funcionamiento diario tal como lo hace el trastorno de procesamiento sensorial. Además, la incomodidad sensorial no es la única característica de la sensibilidad. De hecho, la sensibilidad implica tener un procesamiento mental inusualmente profundo o elaborado.

El trauma es cualquier cosa que resulte demasiado intensa para que el sistema nervioso lo procese en el momento. Las situaciones graves como los abusos, las hambrunas o la violencia pueden causar traumas, pero también lo pueden causar experiencias como perder una relación especial (o una mascota), enfermar o que te acosen. Experimentar un trauma cambia el sistema nervioso de manera fundamental, dejando al superviviente en un estado de hipervigilancia e hiperexcitación. Las personas sensibles también pueden entrar con facilidad en un estado de hiperexcitación debido a su procesamiento mental profundo. De esta experiencia, a la que llamamos «sobreestimulación», hablaremos con detalle en el capítulo 4. Los expertos concuerdan en que es posible que las personas sensibles sufran traumas con más facilidad que las demás porque son más receptivas a todos los estímulos, incluida la estimulación que sea traumática.[37] Sin embargo, el trauma y la sensibilidad no son inherentemente lo mismo;[38] una vez más, Acevedo descubrió diferencias en el cerebro de las personas sensibles y en el cerebro de personas con trastorno de estrés postraumático.

Un último apunte: de la misma manera que una persona puede ser alta y zurda, es posible ser sensible y experimentar otro rasgo, enfermedad o trastorno junto a la sensibilidad. Por ejemplo, puedes ser una persona sensible y tener el trastorno de estrés postraumático (o depresión, ansiedad, trastorno del procesamiento sensorial, etc.). Pero la sensibilidad en sí misma no es un trastorno. No puedes recibir un «diagnóstico» de persona altamente sensible, y la sensibilidad no necesita tratamiento, aunque las personas sensibles se beneficiarán si aprenden estrategias para lidiar con la sobreestimulación y la regulación emocional. Algunos incluso empiezan a considerar la sensibilidad como una forma de neurodiversidad. La teoría de la neurodiversidad dice que las diferencias cerebrales no deberían considerarse déficits; de hecho, son variaciones saludables del espectro normal de los rasgos humanos. Las personas sensibles perciben el mundo de forma distinta y tienen diferentes necesidades que las personas menos sensibles. La sensibilidad no es inferior ni deficiente. Ayuda a nuestra especie a progresar.

EL MITO DE LA DUREZA

Mientras piensas si eres o no una persona sensible —o si alguno de tus conocidos lo es—, recuerda que las personas sensibles no siempre lo parecen. Una persona sensible puede ser un hombre totalmente desubicado en el mundo de las citas por su deseo, poco habitual, de encontrar profundidad emocional e intensidad en las relaciones románticas. O una madre primeriza que se pregunta por qué es incapaz de soportar las exigencias de la maternidad como parece que lo hacen otras madres. Una persona sensible puede ser una trabajadora a la que la naturaleza competitiva de su ambiente laboral o el comportamiento poco ético de su jefe la alteran. Otra persona sensible puede ser un soldado cuya intuición mantiene a salvo a toda su unidad. O una científica cuyas insistentes preguntas la llevan a realizar un importante avance médico. En resumidas cuentas, no siempre es fácil identificar a las personas sensibles. En muchas culturas la sociedad exige que ocultemos nuestra sensibilidad. A esta actitud la llamamos «el mito de la dureza». Este mito afirma lo siguiente:

• La sensibilidad es un defecto.
• Solo los fuertes sobreviven.
• Mostrarse emocional es una prueba de debilidad.
• La empatía hará que se aprovechen de ti.
• Cuantas más cosas seas capaz de soportar, mejor.
• Es vergonzoso descansar o pedir ayuda.

En consecuencia, muchas personas sensibles ocultan en parte o niegan su sensibilidad. Se ponen una máscara para parecerse a la mayoría, aunque sepan desde una edad muy temprana que son diferentes. Van a otra fiesta agotadora o aceptan otro proyecto laboral exigente, aunque su cuerpo le suplique un respiro. Fingen que una bonita canción o una película emotiva no las han conmovido. Tal vez lloren, sí, pero en la intimidad de su casa, lejos de miradas curiosas.

Los hombres sensibles son los que más acusan el mito de la dureza. En muchas culturas se les enseña desde pequeños que los niños no lloran y que para ser un hombre de verdad hay que soportar contra viento y marea el dolor físico y emocional. Fábio Augusto Cunha es un hombre sensible que vive en Brasil, un país de reconocido machismo, en el que se equipara la hombría al valor, la fuerza y el poder..., y a veces incluso a la violencia. «Siempre me he sentido fuera de lugar y he tenido problemas para encajar en el comportamiento tradicional que "deberían" tener los hombres»,[39] escribe Cunha en nuestra web, Sensitive Refuge. «Nunca he podido encajar en el comportamiento competitivo entre hombres. Era como si los demás no sintieran lo mismo que yo, como si no vieran el mundo de la misma manera que mi alma sensible. En muchos momentos de mi vida, pero sobre todo cuando era adolescente, me obligué a adaptarme. Tenía un grupo de amigos e intenté ser "duro" como ellos. Pero solo me encontraba de verdad cuando estaba solo y nutría mi alma sensible a través de libros, canciones y películas dramáticas, casi en secreto, como si tuviera una identidad oculta».

Las mujeres también son víctimas del mito de la dureza, pero de un modo distinto, como cuando las desprecian por ser «demasiado emocionales». La escritora, directora y productora Nell Scovell, la creadora de *Sabrina, cosas de brujas*, se encontró con este mito cuando aceptó su primer trabajo como guionista para televisión. «Creía que si mis compañeros hombres no se daban cuenta de que yo era una [susurro] mujer, me dejarían estar allí»,[40] escribe en un ensayo. Así que durante tres décadas, rebajó sus emociones en el trabajo: «Me desentendía de la decepción con un encogimiento de hombros. Me reía cuando me acosaban. Cuando un jefe me explicó por qué tenía sentido que él se apropiara de mi trabajo, la sonrisa de mi cara no cedió a los gritos de mi cabeza».

De hecho, Scovell dice que los hombres —las personas supuestamente más duras— tenían un listón diferente que les permitía expresar fragilidad de sobra siempre que estuviera disfrazada de rabia. Después de una tensa reunión con la cadena, por ejemplo, un compañero entró gritando en la sala, soltó un taco y tiró su guion encima de la mesa. «De repente, se me ocurrió que la rabia también es una emoción»,[41] escribe. «Pero nadie lo tildó de histérico. Cuando un hombre sale en tromba de la habitación, es apasionado. Cuando lo hace una mujer, está desequilibrada y es poco profesional».

Las personas marginadas por la sociedad, como los miembros de otras etnias o pertenecientes al colectivo LGBTQ+, pueden enfrentarse a un doble peligro con el mito de la dureza. Dado que ya sufren discriminación y la existencia de estereotipos dañinos, puede que se resistan a que los vean como sensibles. Puede que el término «sensible» les parezca una flecha que reduce todavía más su identidad, cuando dicha identidad ya está siendo analizada por el color de su piel o por su sexualidad. Pero, para muchos, aceptar su sensibilidad puede resultar empoderador. Michael Parise, que escribió acerca de ser altamente sensible para LGBT Relationship Network, lo explica de esta manera: «Comprender mis rasgos como PAS[42] me ha ayudado a dejar de sentirme como una víctima y a dejar de juzgarme y de juzgar a los demás. También me ha liberado para ser el hombre gay que soy, sin añadirle una carga innecesaria a mi sexualidad».

Las personas negras en particular a menudo dicen que se espera que proyecten una imagen de dureza mental y de fuerza, libre de emociones, para lidiar con el estrés del racismo.[43] Raneisha Price, colaboradora de Sensitive Refuge, es una mujer negra que ha tenido esta experiencia. Recuerda que le gritaron un insulto racista mientras crecía en una ciudad de mayoría blanca en Kentucky. En vez de ayudarla a comprender la situación —su «insaciable hambre por saber más»—,[44] su padre insistió en que se mantuviera firme y que no dejara aflorar sus emociones (y que replicara con el equivalente de «besa mi negro culo»). «Cuando te educan como una mujer negra, te enseñan que no es que tengas que ser fuerte, es que lo eres. Punto», escribe. «Muchas veces —tantas que he perdido la cuenta— lo que sentía por dentro no encajaba con lo que me decían que "se suponía" que debía ser». Como resultado, Price sentía que algo fallaba en su interior. «Si me escondía en mi habitación para pasar el tiempo a solas que mi parte sensible ansiaba —el tiempo a solas que todas las PAS necesitan para procesar sus pensamientos y sus sentimientos—, me decían que me estaba "comportando de forma rara" y que estaba "enfurruñada", o se reían de mí por tener un problema psicológico sin diagnosticar». Con treinta y tantos años, cuando un terapeuta maravilloso la ayudó a aceptar su sensibilidad, Price por fin creyó que ya no tenía que esconderla.

Esta presión constante para ocultar la sensibilidad es algo que permanece prácticamente invisible al mundo. Alabamos de forma continua los logros de las almas sensibles —discos musicales que cambian la vida, movimientos pro derechos civiles que cambian el mundo y muchas cosas más— y al mismo tiempo intentamos aplastar la sensibilidad en sí. Es bueno ser amable, pero no seas un trozo de pan. Es bueno ser creativo, pero no te pongas tan intenso. Expresa tus sentimientos, pero no tanto, no vaya a ser que alguien tenga que tomárselos en serio. Por decirlo de otra manera, el mito de la dureza nos roba algo. Nos lleva a tomar decisiones dañinas para nuestro bienestar, nuestro equilibrio laboral y social, el trato que aceptamos por parte de los demás y el que nosotros demostramos. Tal vez, como Simmel advirtió, cuando intentamos ser duros en un mundo abrumador, perdemos nuestra compasión de verdad.

Así que a lo mejor ha llegado el momento de intentar algo nuevo.

EL MODO SENSIBLE

Volvamos a la conferencia en Dresde. Simmel habló de un mundo en el que los ciudadanos de las urbes estaban tan bombardeados con información sensorial que se volvían apáticos.[45] Más de cien años después, el bombardeo no ha hecho más que empeorar. Si eres una persona sensible, sientes este mundo excesivo en profundidad. Lo sientes mientras buscas el amor, crías a tus hijos o vas a trabajar. Sientes los subidones y los bajones muchísimo más, y acabas sobreestimulado con facilidad en la clase de ambiente que Simmel describió.

De resultas, las personas sensibles nos muestran otro enfoque. Puedes llamarlo el «modo sensible». Este modo es la creencia, en lo más hondo, de que la calidad de vida es más importante que los logros puros; que los vínculos humanos son más satisfactorios que dominar a los demás; y que tu vida es mucho más plena cuando pasas tiempo reflexionando sobre tus experiencias y decidiendo con el corazón. Frente al mito de la dureza, el modo sensible nos dice lo siguiente:

- Todos tenemos límites (y eso es bueno).
- El éxito llega cuando trabajamos juntos.
- La compasión siempre tiene recompensa.
- Podemos aprender mucho de nuestras emociones.
- Hacemos cosas mejores y más importantes cuando nos cuidamos.
- La calma puede ser tan bonita como la acción.

¿Qué pasaría si empezamos a aplicar el modo sensible en vez de aplicar el mito de la dureza? ¿Qué pasaría si empezaran a alzarse las voces sensibles? ¿Si dejamos de ocultar nuestra sensibilidad y empezamos a enorgullecernos de ella? Al fin y al cabo, los políticos de Dresde nunca le pidieron a Simmel que hablara sobre cómo la vida moderna afectaba al alma. Lo hizo sin permiso. Hizo falta una voz osada, aunque contemplativa a la vez, para señalar lo que todos sabemos en secreto: que el progreso económico es bueno, pero el progreso en felicidad humana es mejor.

De manera que tu sensibilidad puede ser una bendición para el mundo..., aunque a veces pueda parecer una maldición. En este libro celebramos los excepcionales puntos fuertes a los que tú, como persona sensible, tienes acceso, y también te ofrecemos herramientas para reducir y superar los desafíos a los que te enfrentas. Albergamos la esperanza de que, a través de este viaje, llegues a considerar tu sensibilidad como algo bueno. (Tal como nosotros, los autores, hemos hecho con la nuestra).

Esta nueva etapa comienza con el descubrimiento de lo que te hace sensible... y la sorprendente ventaja que esto conlleva.

2

El efecto impulsor de la sensibilidad

> Creo que toda tu vida es un proceso de desentrañar el significado de algunos de los mensajes que recibiste al principio.
>
> BRUCE SPRINGSTEEN

Bruce Springsteen explota en el escenario durante los conciertos. Es una leyenda del rock que no ha perdido fuelle con setenta y tantos años, y lleva a cabo actuaciones que un crítico describió como «conciertos de tres horas absolutamente extravagantes, incendiarios, cañeros, demoledores y estratosféricos».[1] Es esta energía la que le valió el apodo de The Boss, el jefe, y la que mantiene hechizados a sus fans. Muchos tienen orígenes humildes como el propio Springsteen. Para ellos es la personificación del emblemático espíritu americano duro, trabajador y rebelde que —citando una de sus canciones— no se rinde. Sus fans dicen de él muchas cosas, pero «sensible» seguramente no esté en la parte alta de la lista.

Esos mismos fans se llevarían una sorpresa al ver a Springsteen fuera del escenario. De pequeño era «un niño bastante sensible y neurótico, lleno de ansiedad»,[2] dijo en una entrevista. Aullaba de terror durante las tormentas y corría al dormitorio de su hermana pequeña cuando lloraba para ocuparse de ella. Él mismo se describió como un «niño de mamá»[3] y a veces se ponía tan nervioso que se mordía los nudillos y parpadeaba «cientos de veces por minuto», revela en su biografía, *Born to run*. Su sensibilidad y su timidez tampoco lo convirtieron en el favorito de sus compañeros de clase. Springsteen escribe que pronto se convirtió «en un rebelde sin pretenderlo, un niño blandengue, raro e inadaptado, un paria. Alienante, alienado y socialmente sin hogar». Y eso con siete años.

Al padre de Springsteen, Douglas, que inspiraría varias de las canciones más importantes de su hijo, no le gustaba ese ramalazo sensible. Tenía la constitución de un toro, y era un hombre muy trabajador que admiraba la fuerza, la dureza y la habilidad para pelear. Según la biografía de Springsteen, la desaprobación de su padre se manifestó como un distanciamiento con él, además de maltratos verbales en plena borrachera todas las noches. (Más adelante, a Douglas Springsteen se le diagnosticaría esquizofrenia paranoide). Una de las veces que le mostró orgullo paternal fue cuando Bruce lo pilló gritándole, borracho, a su madre. Asustado por lo que podría sucederle a su madre —a quien adoraba—, se colocó detrás de su padre con un bate de béisbol y se lo rompió en los hombros. Su padre se dio media vuelta con una mirada asesina, pero en vez de explotar, se echó a reír. Esa se convirtió en una de sus anécdotas preferidas: a lo mejor su chico sí era duro.

Las vivencias de Springsteen no son únicas ni mucho menos. De niños muchas personas sensibles se consideran defectuosas. Los padres quieren arreglarlas o endurecerlas..., al igual que hacen los compañeros de trabajo, los amigos e incluso las parejas románticas más adelante. Estos intentos están mal, no solo porque la sensibilidad es una fortaleza, sino porque no funcionan. Para muestra un botón: tal como Douglas Springsteen descubrió, los gritos no sirvieron para que su hijo fuera menos sensible. Esto se debe a que tu sensibilidad tiñe todo lo que eres, ya seas una estrella del rock o no. Así que ¿qué te hace ser sensible? ¿Y cómo te ayuda la sensibilidad en la vida? Los científicos no tienen todas las respuestas sobre lo que causa la sensibilidad, pero gracias a los nuevos avances tecnológicos, han descubierto algunas pistas importantes.

ESTÁ EN TUS GENES

Cuando se descubrió en la década de 1990 la versión corta del gen transportador de serotonina (*SERT* por sus siglas en inglés), se creyó que causaba la depresión. O mejor dicho, dado que la depresión es más compleja de lo que un gen podría explicar, se creyó que aumentaba el riesgo que tenía una persona de sufrir depresión. La prueba para este vínculo parecía firme: varios estudios demostraban que las personas con esta versión del gen tenían más probabilidades de reaccionar a las malas rachas deprimiéndose o presentando ansiedad.[4] Y eso tenía sentido. La variante corta del gen *SERT* —que en una zona tiene una sección más corta del código genético que la variante larga— afecta a la producción de serotonina, y la serotonina tiene un papel fundamental en la regulación del estado de ánimo, el bienestar y la felicidad. Por lo tanto, muchos investigadores aceptaron el vínculo entre la versión corta del gen *SERT* y la depresión como un hecho. Pero esta conclusión no terminó de convencer a Joan Chiao.[5] Como neurocientífica, Chiao había encontrado datos que sugerían que las personas de origen sudasiático —como ella— tenían más probabilidades de ser portadoras de dicha variante. Casi el doble, de hecho, en comparación con los occidentales blancos. Pero Chiao había pasado gran parte de su vida entre asiáticos y norteamericanos de procedencia asiática, y no parecían más deprimidos que el resto. Por supuesto, como científica, Chiao no aceptó experiencias personales como prueba. Decidió investigar: ¿hay una mayor tasa de depresión en zonas como Asia oriental, donde viven muchísimas personas portadoras de ese gen?

Obtener la respuesta no fue fácil. Chiao tuvo que recabar una ingente cantidad de datos de diferentes estudios, además de los proporcionados por la Organización Mundial de la Salud, y con todos ellos confeccionó dos mapas que publicó en un artículo de 2010. Un mapa mostraba las zonas donde el gen es más común; el otro revelaba las zonas con más casos de depresión. Si de verdad fuera el «gen de la depresión», argumentó, los dos mapas serían prácticamente iguales. Pero no lo eran. De hecho, si se colocaban uno al lado del otro, los mapas presentaban algunos aspectos completamente opuestos. Asia oriental —un lugar donde muchas personas portan el gen— apenas si destacaba en el mapa de la depresión. Sin embargo, Estados Unidos y partes de Europa —lugares donde las personas no tienen muchas probabilidades de tener este gen— eran una gran mancha roja por la alta incidencia de la depresión.

Usando únicamente los mapas, sería fácil pensar que el gen hace que ciertas personas sean resistentes a la depresión (no es así). Chiao estudió con detenimiento otras opciones, como que la depresión estuviera sobrediagnosticada en Occidente e infradiagnosticada en Asia. (Tal vez sea así, pero seguramente no lo suficiente para explicar una diferencia tan acusada). Sin embargo, ninguna de sus rutas de investigación dio frutos. Así que ¿qué pasaba? ¿Por qué las personas con el gen de la depresión no se deprimían?

Para algunos, el apoyo social pesa mucho

Chiao no era la única científica que se hacía esta pregunta, y algunos investigadores estaban encontrando pistas. Por ejemplo, un estudio descubrió que las personas con la versión corta del gen *SERT* que habían sobrevivido a una experiencia traumática (en este caso, un huracán) no tenían más riesgo de padecer depresión que las personas con la versión larga del gen *SERT*..., siempre que creyeran tener una buena red de apoyo social. Si carecían de apoyo social, era 4,5 veces más probable que sufrieran depresión.[6] Otro estudio, este centrado en adolescentes en casas de acogida, descubrió algo similar. Los adolescentes con la versión corta del gen *SERT* no tenían más probabilidades de sufrir depresión siempre y cuando contaran con un mentor adulto responsable en sus vidas. Solo si carecían de dicho mentor tenían mayores probabilidades de padecer depresión.[7]

Poco a poco fue emergiendo una nueva imagen. Mientras Chiao comparaba los mapas, se dio cuenta de que el gen corto era más habitual en lugares con culturas colectivistas, como los países de Asia oriental. Tal vez en esos sitios ciertas características culturales —como las relaciones duraderas y la estrecha relación familiar— proporcionan más apoyo social, ayudando a proteger de la depresión. Ahora compáralo con las culturas individualistas —como la de Estados Unidos— donde las relaciones suelen ser más variadas y más fáciles de reemplazar. De hecho, quizá las personas con la variante corta del gen obtengan muchas más ventajas del apoyo social que reciben. Otros estudios han descubierto que, por ejemplo, las personas con la versión corta del gen *SERT* pueden interpretar con más facilidad —y también reaccionar y predecir— las emociones de los demás en comparación con las personas con la variante larga. También serían capaces de evaluar con mayor precisión el peligro y ser más creativas y más empáticas. Más adelante, otros dos científicos, Baldwin Way y Matthew Lieberman, llegaron a una conclusión parecida en 2010. En su estudio le dieron a la variante corta del gen *SERT* otro nombre: el «gen de la sensibilidad social».[8]

Un enfoque moderno de los genes

En la actualidad los científicos ya no buscan un solo gen candidato como el *SERT* para explicar las características humanas.[9] La mayoría de los rasgos hereditarios —incluso los que parecen más evidentes, como la altura o el color de piel— están controlados por muchos genes, no solo por uno. (Ese es el motivo de que no tengamos exactamente la misma altura que uno de nuestros progenitores ni su color de piel). Gracias a unos brazos robóticos que depositan diminutas muestras de ADN en bandejas de reactivos químicos, los investigadores ya pueden escanear todo el genoma de una persona y comprobar millones de variaciones genéticas de una sola vez. Si este proceso se repite en una muestra lo bastante amplia —usando bases de datos de ADN como las que se utilizan para comprobar tu ascendencia—, los investigadores pueden identificar miles de variaciones genéticas implicadas en un solo rasgo. Ninguno de estos genes basta, por sí solo, para activar o desactivar un rasgo, pero todos contribuyen a dicho rasgo en alguna medida. Por lo tanto, la sensibilidad —y la mayoría de los demás rasgos— puede verse como un patrón que emerge a lo largo de todo el genoma de una persona. Cuantas más partes de tu genoma encajan en el patrón, más sensible eres.

Actualmente se sigue investigando en este tema sobre la sensibilidad y el patrón no se ha identificado por completo. Sin embargo, es probable que el gen *SERT* sea uno de los implicados. Ahora los investigadores consideran que el *SERT* es un «gen de la plasticidad»[10] porque al parecer logra que las personas se abran más a su ambiente, permitiendo así que los moldee en mayor medida. Otros genes de la plasticidad son el *MAOA*, el *DRD4* y otros implicados en el sistema de dopamina, el centro de recompensas del cerebro. Este hallazgo sugiere que las personas sensibles no solo experimentan el mundo de forma distinta, sino que también quieren cosas distintas de la vida.

Por último, el rasgo de la receptividad es lo que podría explicar el vínculo con la depresión. Es evidente que si tienes una mayor respuesta a los sucesos acaecidos en tu vida, los negativos podrían pasarte también mayor factura. Por ejemplo, perder tu trabajo o una relación importante podría ponerte en mayor riesgo de depresión que a cualquier otra persona. Pero la receptividad no explica por qué el vínculo no siempre existe. ¿Qué sucede, por ejemplo, cuando una persona con genes de la plasticidad recibe apoyo, ánimos y afirmación positiva? Siguen mostrando una fuerte respuesta a sus circunstancias, pero en esta ocasión es positiva: les ofrece una ventaja que otras personas no reciben. Llamamos a esta ventaja el «efecto impulsor de la sensibilidad». Este impulso permite a las personas sensibles saltar mucho más lejos que los demás cuando les ofrecen un apoyo básico. Por lo tanto, tiene sentido que estos individuos tengan poco riesgo de depresión porque están protegidos por el poderoso efecto positivo de su ambiente de una manera que otras personas no lo están.

En resumidas cuentas, cuanto más sensible eres, más obtienes de cualquier experiencia, buena o mala. Y en gran medida por tus genes.

Los tres tipos de sensibilidad[11]

El hecho de que la sensibilidad no está determinada solo por un gen ayuda a explicar por qué no hay dos personas sensibles iguales. De momento los investigadores han identificado tres variantes que diferencian a las personas sensibles.

Umbral sensorial bajo. Eres sensible a la información que recibes a través de tus sentidos, como las imágenes, los olores, los sonidos y las texturas. O como nos gusta decir, eres un «supersensor». Este tipo de sensibilidad determina, por un lado, lo sintonizado que estás con tu ambiente y, por otro, lo rápido que te sobreestimulas. Puedes tener un umbral sensorial bajo si alguna de estas tendencias encaja contigo:

- Te sientes cansado o te abrumas con facilidad en lugares concurridos o ajetreados.
- Tienes fuertes reacciones a pequeñas cantidades de cafeína, alcohol, medicación u otras sustancias.
- Los ruidos fuertes (como alarmas o gritos), las texturas ásperas o incómodas (como un jersey de lana) o las luces brillantes te molestan muchísimo.
- Eres sensible a leves cambios de temperatura, como cuando estás en una habitación un pelín más caldeada o más fría de la cuenta.

Facilidad de excitación. Respondes con facilidad a estímulos emocionales, tanto procedentes de tu interior como de otras personas. Eres un «superantena». Este tipo de sensibilidad a menudo va acompañada de la habilidad innata para entender a las personas, pero también implica que puedes estresarte por los detalles o que te cuesta más lidiar con las emociones dolorosas. Puede que tengas este tipo de sensibilidad si experimentas estos comportamientos o sentimientos:

- Absorbes con facilidad los estados de ánimo y las emociones de los demás.
- Necesitas mucho tiempo de relax para tranquilizar tu sistema nervioso y recargarte de energía.
- Te sientes estresado o agotado cuando tienes que hacer muchas cosas en poco tiempo.
- Te enfadas cuando tienes hambre.
- Eres muy sensible al dolor físico (tienes baja tolerancia al dolor).
- Te esfuerzas por no cometer errores (porque los errores te provocan una fuerte sensación de bochorno o vergüenza).
- Te sobresaltas con facilidad (tienes un reflejo de alarma muy desarrollado).

Sensibilidad estética. Prestas mucha atención a los detalles de tu entorno, sobre todo a los artísticos. Eres un «esteta», alguien que aprecia más que los demás el arte y la belleza. Algunas características que pueden indicar que tienes una alta sensibilidad estética incluyen:

- Te conmueven mucho la música, la poesía, los cuadros, las novelas, las películas, los programas de televisión y las obras de teatro..., o una habitación muy bien decorada o un paisaje natural deslumbrante.
- Aprecias mucho los olores o los sabores delicados (como los de un buen vino).
- Te percatas de los detalles minúsculos que otros pasan por alto.

- Sabes lo que hay que cambiar para mejorar un ambiente incómodo (como bajar el termostato o atenuar la luz).
- Tienes un mundo interior rico e imaginativo.

Si eres una persona sensible, tal vez seas muy receptivo en estas tres formas a la vez o tal vez lo seas más en una o en dos. Michael Pluess, un científico conductual de la Universidad Queen Mary de Londres y uno de los investigadores más punteros en el campo del comportamiento, señala que además de estos tres tipos de sensibilidad, algunos de nosotros estamos diseñados para responder más a las experiencias negativas (un mal día, una pérdida, el trauma, etc.), mientras que otros respondemos más a las experiencias positivas (por ejemplo, ver una película inspiradora o recibir la felicitación de tu jefe). Estas diferencias en la sensibilidad están causadas en parte por variaciones en nuestros genes. En su capítulo en el libro *The Highly Sensitive Brain*, las investigadoras Corina U. Greven y Judith R. Homberg lo explican de esta manera: «La sensibilidad puede considerarse como algo multifacético y altamente flexible, ya que se ve alterada por las variaciones en los genes y en las experiencias vitales, incluidos los ambientes durante las infancia».[12]

Esto nos lleva a la siguiente causa de la sensibilidad: tu ambiente durante la infancia, incluido el primer ambiente que experimentaste: el vientre materno.

LO QUE NOS ENSEÑARON LOS HIJOS DE LOS SUPERVIVIENTES DEL 11 DE SEPTIEMBRE

La mañana del 11 de septiembre de 2001, decenas de miles de personas empezaban su jornada en los alrededores del World

Trade Center.[13] Unas mil setecientas de dichas personas eran mujeres embarazadas, según Annie Murphy Paul, autora de *Origins: How the Nine Months Before Birth Shape the Rest of Our Lives*.[14] Cuando los aviones se estrellaron y las Torres Gemelas cayeron, estas mujeres se vieron en medio del caos. Algunas lucharon por sus vidas para escapar de las torres antes de que las estructuras se derrumbaran. Otras presenciaron el horror desde edificios vecinos. Alrededor de la mitad de las mujeres desarrollarían trastorno de estrés postraumático, algo que fue habitual entre los supervivientes del 11S.[15] Mucho después de que terminase el terror de aquel día, su cuerpo estaba convencido de que seguían en peligro, aunque estaban a salvo. Sufrían ataques de pánico y pesadillas. Se sobresaltaban al menor indicio de amenaza.

Aquella misma mañana a unos veinticinco kilómetros de distancia, Rachel Yehuda llegaba al trabajo al Bronx Veterans Affairs Medical Center, donde atendía a veteranos del ejército.[16] Después de buscar una tele y ver las atrocidades que se sucedían, Yehuda comenzó a preguntarse por los efectos a largo plazo que el 11S tendría en los supervivientes. Como investigadora sobre el trastorno de estrés postraumático, se había pasado toda su carrera trabajando con supervivientes del Holocausto y con veteranos de la guerra de Vietnam. En 1993 abrió la primera clínica psiquiátrica dedicada a tratar a los supervivientes del Holocausto. Esperaba un aluvión de llamadas de aquellos que habían experimentado la crueldad nazi directamente, pero lo que sucedió la sorprendió. Porque recibió más llamadas de los hijos ya adultos de los supervivientes que de estos personalmente, en una proporción de 5 a 1. «Muchos de los integrantes de la segunda generación tenían síntomas de estrés postraumático»,[17] le dijo Yehuda a Paul en su libro. Describían las mismas pesadillas, la misma ansiedad e incluso la misma hipervigilancia que sus padres, aunque ellos no habían tenido vidas especialmente traumáticas.

En aquel momento la teoría decía que los hijos de los supervivientes de un trauma estaban marcados por haber oído las historias de sus padres y haber visto sus problemas. A su vez esta experiencia los hacía más temerosos, más nerviosos y más sensibles a los peligros omnipresentes del mundo. Pero a Yehuda se le ocurrió otra idea. En años posteriores colaboró en varios estudios que examinaban los efectos del trauma en los hijos de los supervivientes. Descubrió que los bebés de las supervivientes del 11S tenían niveles de cortisol similares a los de sus madres. Los niveles de cortisol son un indicador clave para saber quién desarrollará trastorno de estrés postraumático y quién no..., y el efecto fue todavía mayor si los atentados ocurrieron estando la madre en el tercer trimestre del embarazo. Un estudio posterior añadió un detalle más: los niños eran más propensos a desarrollar trastorno de estrés postraumático si sus madres —no así sus padres— también lo tenían.[18]

¿Qué pasaba? Dado que estos niños eran demasiado jóvenes para haber oído y comprendido las aterradoras historias sobre el 11S de sus madres, la explicación habitual no se sostenía. Y dado que el efecto era mayor cuando el trauma tuvo lugar durante el tercer trimestre, no se trataba sin más de que los bebés hubieran heredado los genes que aumentaban el riesgo de padecer trastorno de estrés postraumático. ¿Podía pasar el trauma vivido por una madre a su hijo incluso antes de que este naciera?

Mensajes de nuestros antepasados

Yehuda había llegado sin pretenderlo a lo que los científicos llaman ahora «epigenética», un estudio relativamente reciente que investiga hasta qué punto las experiencias de cada uno cambian el funcionamiento de los genes.[19] Y no solo son nuestras experiencias las que cambian la expresión genética: también lo hace la experiencia de nuestros antepasados. Para entendernos, los marcadores epigenéticos activan o desactivan ciertos genes, permitiéndole a una especie responder de forma rápida a su ambiente. No todos los cambios son permanentes y los marcadores no alteran el código del ADN.

Imagínate que tus genes son una biblioteca. Cada libro contiene las instrucciones para hacerte quien eres. La epigenética ayuda a elegir qué libros leer y qué libros dejar en la estantería. Los eventos traumáticos —como la guerra, el Holocausto o los atentados del 11 de septiembre— pueden cambiar la forma en la que se leen o se expresan tus genes, pero las cosas normales y corrientes también pueden cambiarla. La epigenética también ayuda a explicar por qué algunas personas son sensibles.

La prueba de la epigenética nos llega a través de un estudio reciente sobre los topillos de la pradera,[20] unos animalitos marrones que parecen ratones. En este estudio, llevado a cabo por Jay Belsky y sus colaboradores, algunas topillas preñadas fueron sometidas a situaciones estresantes (compartían jaula con un topillo agresivo), mientras que otras no. Después les dieron sus crías a padres adoptivos. La mitad de dichos padres eran reconocidos buenos cuidadores; en el caso de los topillos, los buenos cuidados conllevan mucho amamantamiento, muchos lametones y muchas sesiones de acicalamiento. La otra mitad se les dio a padres negligentes. Cuando los topillos llegaron a la edad adulta, los científicos evaluaron sus niveles de ansiedad.

Los resultados no dejaron lugar a dudas para los científicos. Los topillos cuyas madres estuvieron estresadas y a los que después adoptaron buenos padres eran los animales menos ansiosos de todos, incluso comparados con los de los topillos cuyas madres no estuvieron sometidas a estrés. Los topillos que soportaron estrés prenatal y a los que luego adoptaron malos padres eran los más estresados de todos. Los otros topillos que no soportaron estrés prenatal acabaron en una situación intermedia entre ambos extremos, y el haber tenido buenos o malos padres no supuso diferencia alguna para sus niveles de ansiedad.

A simple vista estos resultados tal vez no parezcan nada del otro mundo, pero en realidad son revolucionarios. Hasta ese momento los científicos solo se habían centrado en las desventajas del estrés prenatal, como el trauma transmitido a futuras generaciones después del 11 de septiembre. Pero de la misma manera que los astrónomos pueden cegarse por una simple mota de polvo, la ciencia social puede empañarse por la subjetividad humana. A veces dicha subjetividad es excusable; como nos dijo en una ocasión un investigador sobre el desarrollo, nadie te pide que estudies a su hijo cuando todo va bien. Por lo tanto, los primeros trabajos sobre la sensibilidad se centraron en las personas que tenían problemas. Belsky, junto con Pluess, lo consideró desde otro punto de vista. Al igual que pasó con el gen *SERT*, a lo mejor el estrés prenatal aumenta de alguna manera la plasticidad, enviándoles a los bebés un «mensaje» antes de que nazcan. «¡Cuidado!» tal vez les diga el estrés a los bebés. «El mundo de aquí fuera es una locura». Este mensaje los prepara para ser más receptivos a su ambiente después del nacimiento, haciendo que tengan más capacidad para lidiar con un mundo fluctuante que los niños con menos estrés prenatal: el efecto impulsor de la sensibilidad.

La otra mitad de la historia

En el gran debate entre naturaleza o crianza, la respuesta popular es: ambas. Pero esta observación es mucho más certera en el caso de las personas sensibles, porque su patrón genético los hace más receptivos a la crianza. Por sorprendente que parezca, los científicos han podido cuantificar la división: tus genes son responsables en un 47 por ciento de lo sensible que eres.[21] El otro 53 por ciento se debe a lo que los científicos denominan «influencias ambientales». (Pluess lo infirió al estudiar a unos gemelos que tenían los mismos genes, pero una diferente puntuación en cuanto a sensibilidad). De resultas, las influencias como tu familia, tu colegio y tu comunidad pueden hacerte más sensible... y también pueden ser más importantes que para otros rasgos.

En concreto, los investigadores creen que nuestras experiencias durante los primeros años de vida son importantísimas, aunque no saben cuáles son las que nos hacen más o menos sensibles. «Es una de las preguntas clave que quedan por investigar»,[22] nos dijo Pluess en una entrevista.

Un indicio nos llega gracias a un estudio reciente en Estados Unidos llevado a cabo por Zhi Li y su equipo de colaboradores, que observaron los cambios en los niveles de sensibilidad de los niños a lo largo de un año.[23] En un laboratorio decorado como un salón, los niños hacían puzles, jugaban y, en un caso, ponían a prueba su paciencia con chucherías que les pedían que esperasen para comer. El equipo buscaba señales de sensibilidad, como la creatividad, el pensamiento profundo y la persistencia en tareas desafiantes. Los investigadores incluso hicieron cosas peculiares para ver la reacción de los niños. En un experimento un desconocido con una bolsa negra de plástico puesta entró en la habitación, se quedó noventa segundos y después se marchó sin decir nada ni mirar siquiera a los niños. El objetivo era saber si los niños sensibles tendrían más miedo que los niños menos sensibles (no fue así). En otro experimento Li y sus colaboradores fingieron hacerse daño en la cabeza o la rodilla, gritando de dolor. Estaban probando si los niños sensibles mostrarían más empatía (lo hicieron). Todos los niños del experimento tenían unos tres años durante la primera sesión y regresaron cuando tenían alrededor de cuatro años para la segunda, y se repitieron la mayoría de los experimentos.

Los investigadores estaban preparados para buscar reacciones sutiles. Sabían que los niños sensibles suelen ser más abiertos a la hora de entablar relaciones positivas con los demás, pero también más reservados en sus formas. De modo que el equipo de Li buscó indicios, como el deseo de un niño de complacer a los investigadores siendo educado y siguiendo las instrucciones al pie de la letra. También esperaban que los niños sensibles controlasen su propia actuación y reflexionasen sobre las opiniones que les daban antes de tomar decisiones. Y, pensaron los investigadores, los niños sensibles serían más cautelosos en general y se esforzarían más para controlar sus emociones e impulsos.

Li también quería atisbar la vida familiar de los niños. ¿Su casa era impredecible y caótica o segura y estable? ¿Los padres era amables, atentos y justos o eran bruscos, impacientes y críticos, y les gritaban a los niños cuando cometían un error o se portaban mal? Para evaluar ese ambiente, los investigadores observaron a las madres hablarles a sus hijos sobre un mal comportamiento reciente. También evaluaron la función cognitiva de los niños y cualquier problema de comportamiento, como la depresión, los problemas de atención o la agresión.

Después de llevar a cabo el último experimento y de echar cuentas, los científicos se percataron de un patrón interesante: un gráfico con forma de U. Los niños que vivían en los ambientes más extremos —o muy protectores o muy negligentes— mantenían un nivel consistente de alta sensibilidad de un año para otro. Los niños con ambientes neutros o medios —no muy protectores, pero tampoco negligentes— vieron reducido su nivel de sensibilidad. Y tal como sucedió en el estudio de los topillos de la pradera, los niños criados en ambientes edificantes se beneficiaron más que el resto, ya que mostraban la mejor función cognitiva y también tenían menos problemas de comportamiento.

¿Por qué? Los científicos no están seguros, pero creen que tiene algo que ver con lo que tiene sentido para el cuerpo, en términos de uso energético. El cerebro de una persona sensible trabaja mucho, y una persona sensible puede emplear más tiempo en las tareas, usando más energía. En los ambientes edificantes, los niños seguramente se beneficien de volverse sensibles pese al coste energético porque su sensibilidad les permite aprender mejor y evolucionar: aprovechan al máximo su excepcional ambiente. Por desgracia, en ambientes negligentes, los niños seguramente también se beneficien de la sensibilidad, porque esta los ayuda a permanecer atentos a las amenazas y a evaluar con cuidado las situaciones antes de actuar. También los ayuda a cumplir las órdenes de sus cuidadores, que podrían ser impredecibles, insensibles a sus necesidades o duros con la disciplina.

Después tenemos a los niños criados en ambientes neutros. Seguramente no se vuelven tan sensibles porque la sensibilidad no los beneficiaría tanto. La sensibilidad es una pérdida de energía, porque tienen pocas amenazas de las que defenderse y pocas experiencias enriquecedoras de las que aprender. Como cualquier adulto sensible podrá decirte, ser altamente receptivo a tu ambiente puede resultar un proceso agotador porque consume mucha energía, y no es algo en lo que embarcarse a la ligera.

De modo que aquí tenemos otra pista de lo que causa la sensibilidad. En tus primeros años de vida, si te criaste en un ambiente complicado, puede que te volvieras más sensible para sobrevivir. En cambio, si te criaste en un hogar edificante, puede que te volvieras más sensible para exprimir hasta la última gota de beneficio.

EL PODER DE LA SENSIBILIDAD VENTAJOSA

¿Hasta qué punto son importantes estas primeras experiencias vitales?[24] Por ejemplo, si no heredaste gran parte del patrón genético de la sensibilidad, pero tus padres discutían mucho cuando eras pequeño, ¿ahora eres un adulto altamente sensible? No necesariamente. Y si heredaste los genes de la sensibilidad, pero te criaste en un ambiente neutro, ¿dicho ambiente elimina el efecto de tus genes? Seguramente no. Parece que las primeras experiencias vitales son un aporte para tu sensibilidad, pero antes debes tener el patrón genético adecuado. Si retomamos el estudios en niños, los que ya tenían una alta sensibilidad no cambiaron tanto como los otros niños a lo largo de ese año, seguramente porque sus genes ya los habían convertido en sensibles. Fueron los niños que empezaron con menos sensibilidad los que la aumentaron en los ambientes más extremos, porque se estaban adaptando a su entorno.

Tal como Pluess nos dijo, si la sensibilidad fuera solo cuestión de respuesta al trauma, sería bastante rara.[25] Pero no lo es.

Al contrario, las personas sensibles están por todas partes —alrededor del 30 por ciento de la población— y muchas tuvieron infancias normales. Para Pluess significa una cosa: la sensibilidad debe ofrecer una ventaja mayor de lo que los científicos creían. Mientras repasaba los datos, creyó saber de qué se trataba dicha ventaja. ¿Y si la curva pudiera subir más de lo que los científicos creían? ¿Y si las personas sensibles pudieran dejar muy atrás a las demás, en las condiciones adecuadas, incluso con más edad? Pluess llamó a esta idea «sensibilidad ventajosa», la teoría de que la alta sensibilidad es un rasgo adaptativo que maximiza el beneficio de cualquier tipo de apoyo.

Para poner a prueba esta teoría, Pluess llevó a cabo un estudio sobre la depresión por su cuenta, no basado en el gen *SERT*, sino en cómo se clasificaban las personas según la sensibilidad.[26] Lo más importante es que el estudio se centró en adolescentes que ya habían dejado atrás los primeros años de desarrollo. No solo eran mayores, sino que los adolescentes vivían en uno de los barrios más pobres de Inglaterra. Estadísticamente, tenían menos probabilidades de contar con hogares estables, lo que los situaba en riesgo de sufrir depresión. Pero si la sensibilidad ventajosa era correcta, los adolescentes más sensibles serían los más capaces de sobreponerse.

Para el estudio todos los adolescentes participaron en un programa antidepresión. El programa duró unos cuatro meses y se les enseñaba técnicas para reconocer y hacerse resistentes a los síntomas de su depresión. Los evaluaron en busca de depresión varias veces antes, durante y después del programa, para cuantificar en qué medida los estaba ayudando. Los resultados fueron sorprendentes. Para el conjunto de adolescentes en sí, el programa pareció tener poco impacto..., hasta que se tuvieron en cuenta las pruebas de sensibilidad. Resultó que los adolescentes menos sensibles apenas obtuvieron beneficios del programa, mientras que para los sensibles este fue una gran victoria: se sobrepusieron a la depresión durante el programa y al menos durante un año después de que terminase, cuando los investigadores dejaron de hacer comprobaciones. El éxito de los adolescentes parecía burlarse de los modelos previos. Allí estaban unos críos con lo que tal vez fuera el ambiente infantil más duro, y su sensibilidad no solo los estaba ayudando a sobrevivir, sino que era un trampolín para destacar sobre sus iguales.

Estos resultados se han repetido con personas sensibles de otras edades y en otras circunstancias. Los adultos sensibles a punto de divorciarse tienen más probabilidades de salvar su matrimonio si van a terapia de pareja.[27] Los niños sensibles que reciben una buena atención[28] desarrollan mejores habilidades sociales y sacan mejores notas que los niños menos sensibles con los mismos cuidados, e incluso tienen mejor puntuación en cuanto a comportamientos altruistas.[29] Mientras tanto, los terapeutas nos dicen que las personas sensibles de todas las edades parecen progresar más y sacar más provecho de las sesiones. Llegadas a la edad adulta, las personas sensibles acaban siendo más resistentes al estrés que las personas menos sensibles: lo contrario de lo que esperaríamos la mayoría. Parece que las personas sensibles no son una tierna florecilla que se marchita si no cuenta con las condiciones perfectas. De hecho, se parecen más a las suculentas: no se les escapa ni una gota de alimento y siguen absorbiendo hasta que ofrecen unas flores maravillosas.

Las personas sensibles están hechas para el superdesarrollo

El motivo de que esta ventaja pase desapercibida —para personas como el padre de Bruce Springsteen y, durante mucho tiempo, para muchos científicos sociales— se debe, en parte, a que es ilógica. ¿Cómo es posible que las personas que se estresan con más facilidad sean también las que se adelanten a los demás? También es un problema de léxico. Tenemos muchas palabras para describir a quien es más vulnerables a las cosas malas o —y aquí nos vamos acercando— a quien está más protegido de ellas. ¿Cómo llamas a alguien que obtiene un beneficio extra de las cosas buenas? Belsky, que llevó a cabo el experimento con los topillos de la pradera y que fue el mentor de Pluess, fue más lejos y les preguntó a varios colegas que hablaban un total de ocho idiomas si conocían una palabra para eso. Lo más que atinaron a decir fue «afortunado».

Por eso Belsky y Pluess acuñaron el término «sensibilidad ventajosa» y por eso nosotros usamos un término menos especializado, el efecto impulsor de la sensibilidad. Las personas sensibles reciben un mayor beneficio de las mismas cosas que ayudan a todo el mundo: un mentor, un buen hogar, un buen grupo de amigos. Este impulso les permite hacer más y llegar más lejos que si les indicaran sin más el camino. Las personas sensibles están hechas para el superdesarrollo.

Las dos mitades de la ecuación de la sensibilidad se parecen a los primeros años de Springsteen. Crecer con un padre furioso y crítico es la clase de trauma que sabemos que aumenta la sensibilidad.[30] (En cierto sentido, los intentos de su padre por endurecerlo podrían haberlo hecho más sensible). La madre de Springsteen, Adele, era distinta. Trabajaba como secretaria en un bufete y era quien llevaba el pan a la mesa, además de ser una fuerza estabilizadora en la caótica vida del joven Bruce. Según él, Adele era amable, compasiva y muy atenta a los sentimientos de los demás. También lo animaba. Por ejemplo, cuando Bruce creyó que podría convertirse en una estrella del rock, su madre reunió como pudo el dinero para comprarle su primera guitarra. Ese primer intento fue un falso comienzo —renunció a la música hasta encontrar a un mejor mentor unos años más tarde—, pero ese es justo el tipo de apoyo incondicional que hace que la sensibilidad ofrezca su máximo beneficio.

Nuestro pasado no tiene por qué lastrarnos

A lo largo de una carrera profesional de seis décadas Bruce Springsteen ha ganado un Oscar, un Tony y veinte Grammy, entre otros premios. La revista *Rolling Stone* declaró su actuación en el descanso de la Super Bowl de 2009 como la mejor de la historia. Está en la sala de la fama del Rock & Roll y es uno de los músicos más famosos y mejor pagados del mundo.[31] Su padre, Douglas, vivió para verlo alcanzar la fama. Al final, Bruce descubrió que su padre y él tenían más en común de lo que creía. Tal vez Douglas fuera un toro por fuera, pero por dentro «albergaba ternura, timidez e inseguridad con cierto tinte soñador».[32] Pudo ver que su padre también era sensible; pero lo ocultaba. Todo eso era lo que el joven Bruce «llevaba por fuera...[33] Era "blando". Y detestaba lo blando. Por supuesto, lo habían criado como a un "blando". Un niño de mamá, como yo», escribe en sus memorias. Mientras Douglas ocultaba su sensibilidad con la cerveza y los puños, Bruce la aceptaba con los brazos abiertos, y eso lo llevó a la cima.

Pese a su extraordinario éxito, una pregunta sigue atormentándolo: ¿quién es? Después de tantos años, todavía no lo sabe. Dice que Bruce Springsteen es «una creación», algo que permanece «líquido».[34] En una entrevista a *Esquire* afirma: «Buscas cosas como todos los demás. La identidad es muy resbaladiza, da igual cuánto tiempo llevas con ella». Más concretamente, ¿por qué es así? ¿Su ADN regirá siempre su vida?

Al igual que Springsteen, tal vez te hayas hecho estas preguntas. ¿Por qué eres así? ¿Es cosa de tu ADN? ¿De tus experiencias vitales? La respuesta, tal como ya sabemos, es que se debe a ambas cosas.

Aunque hay otra respuesta. Springsteen nos demuestra que no estamos atados por las experiencias pasadas sobre las que no tuvimos control alguno. Puede que hayas tenido una infancia normal o incluso que hayas sufrido maltrato. Pero ahora tienes poder para moldear quién quieres ser —incluso más poder que las personas menos sensibles— gracias al efecto impulsor de la sensibilidad. Springsteen ha empleado bien dicho poder. Después de dos crisis mentales, con treinta y tantos y con sesenta y tantos años, ha vuelto a la terapia y al autoanálisis. Como descubrió, su infancia lo puso en un camino, pero su sensibilidad le permitió cambiarlo. En resumidas cuentas, su sensibilidad fue un don.

3

Los cinco dones de la sensibilidad

> Tener un don no significa que te hayan dado
> algo. Significa que tienes algo que dar.
>
> IAIN S. THOMAS

Cuando Jane Goodall se sentó para su entrevista con PBS en 2014,[1] ya era un icono. Apareció acariciando a un rollizo chimpancé, y para entonces ya era uno de los nombres más importantes de la biología: una mujer que no solo llevaba varias décadas realizando una investigación innovadora, sino que había tendido un puente entre la biología y la imaginación del público. Fue la primera persona en mostrar el increíble comportamiento humano —así como las emociones— de los chimpancés, lo que borró la línea que antes separaba a la humanidad de los animales «sin alma». Si alguna vez has visto a la gorila Koko comunicarse con la lengua de signos, es en parte gracias a Jane Goodall.[2] Y si alguna vez has pensado que tiene mucho sentido que los humanos hayan evolucionado a partir de los primates, se debe también en parte gracias a ella.

Sin embargo, si le preguntas a Jane Goodall qué le permitió realizar un trabajo tan innovador, no dirá que fue su formación académica.[3] Cuando empezó, no había ido a la universidad. Fue a África y siguió las instrucciones de un profesor con el que había contactado. Tampoco la impulsaba una pasión especial por los chimpancés, al menos no al principio. Aunque había crecido idolatrando a personajes como Mowgli, de *El libro de la selva*, e incluso tenía un chimpancé de peluche llamado Jubilee, decidió estudiar a los chimpancés después de preguntarle a su mentor dónde podía cambiar las cosas. Dicho mentor, el antropólogo Louis Leakey, creía que los chimpancés podían arrojar luz sobre la naturaleza humana, y Goodall se tomó muy en serio su sugerencia.

Así que, sin una formación académica, ¿cómo pudo destacar Jane Goodall? Se debió, en concreto, a su personalidad, a la calidez y la simpatía con la que veía a sus sujetos, los chimpancés. En aquella época otros científicos identificaban a los animales con números; ella les ponía nombres. «Me dijeron que había que identificarlos con números porque una científica debe ser objetiva.[4] Y no se debe empatizar con tu sujeto. Y creo que es aquí donde la ciencia se ha equivocado», explicó en su entrevista. Otros científicos se mantuvieron al margen, como observadores imparciales; Jane Goodall se ganó la confianza de los chimpancés y caminó entre ellos.

El resultado fue espectacular. Lo que parecía un comportamiento poco inteligente desde la distancia, por ejemplo, a ella le pareció una preocupación muy humana vista de cerca. Una hembra, llamada Señora Maggs, probó con cautela las ramas de la copa de un árbol antes de decidirse a instalarse en ellas. Jane Goodall escribió que la gente comprobaba las camas de los hoteles del mismo modo. ¿Sería demasiado dura, demasiado blanda, demasiado abultada? ¿Debían pedir otra habitación?

Incluso llegó a entender el humor de los chimpancés. Un día, mientras caminaba por el borde de un acantilado, un chimpancé macho salió de la maleza para atacarla. Cualquier otro biólogo se habría preparado para evitar que la empujara y habría registrado el suceso como un ataque. Sin embargo, ella sabía que ese macho era un bromista. Fingió alarmarse, y el chimpancé se detuvo en seco, y ambos «rieron» a su manera. (La risa de los chimpancés suena como una respiración chirriante a nuestros oídos). El chimpancé repitió la broma un total de cuatro veces, como un niño pequeño que cuenta su chiste favorito una y otra vez. Jamás llegó a atacarla.

Al carecer de una guía de procedimientos, Jane Goodall se limitó a hacer lo que le resultaba natural, algo que, por suerte, era la empatía. Otro observador sin formación podría haberse limitado a identificar a los chimpancés por su descripción física o habría vivido con miedo al siguiente ataque. Otras personas sin formación académica incluso podrían haber intentado controlar a los chimpancés por la fuerza, añadiendo una historia de terror más al ámbito de la investigación científica. Sin embargo, la personalidad de esta mujer tenía una característica diferente: nunca perdía la calidez y la afabilidad, siempre se esforzaba por comprender lo que sentían las personas (y los animales) y trataba a todo el mundo, incluidos los chimpancés, como le gustaría que la trataran a ella. «La empatía es importantísima.[5] Solo cuando nuestro cerebro inteligente y nuestro corazón humano trabajan juntos en armonía podemos alcanzar nuestro verdadero potencial», dijo.

Pese a su éxito, decir que su enfoque encontró resistencia sería quedarnos muy cortos. En aquella época, estaba prohibido antropomorfizar a los animales de cualquier manera —incluso dándoles nombres— y hacerlo podía acabar con la carrera de un científico. Se consideraba un enorme sesgo suponer que cualquier animal, sin tener en cuenta su comportamiento, podría experimentar sentimientos internos parecidos a los de las personas. Atreverse a hablar del sesgo contrario —que los biólogos pudieran estar pasando por alto las emociones reales de los animales— era algo que nadie publicaría. Incluso hoy en día los respetados investigadores herederos del trabajo de Jane Goodall deben mostrarse cautos, tal como explicó el primatólogo Frans de Waal en una entrevista en 2019. Si le haces cosquillas a un chimpancé, dice, se ríe, tal como descubrió Jane Goodall, pero sus colegas siguen sin utilizar el verbo «reírse» abiertamente y recurren a eufemismos.[6]

A Jane Goodall no le pareció relevante borrar la vida interior de sus sujetos de esa manera. Pese a las críticas que recibió su trabajo inicial, siguió estudiando los aspectos emocionales, sociales y a veces humanos de los primates. Al fin y al cabo, razonaba, sus emociones eran reales y podían observarse y documentarse. Por tanto, mostrarse empática y cariñosa no estaba reñido con su trabajo científico. Lo potenciaba.

Ahora sabemos que su enfoque cambió la historia de la ciencia. Su investigación no solo dio frutos para los primatólogos, sino que influyó en el medioambiente y en la incipiente ciencia del ecologismo. Y, tal como predijo su mentor, nos ha ayudado a comprender nuestra propia herencia como seres humanos. Hay muy pocos científicos que puedan decir que han contribuido a crear varias disciplinas nuevas al tiempo que han revolucionado otras, pero Jane Goodall puede hacerlo. Y todas sus contribuciones se habrían perdido si alguien la hubiera convencido de que no se preocupara tanto.

Además del efecto impulsor de la sensibilidad, que describimos en el capítulo 2, tu sensibilidad te da acceso a cinco dones distintos. Jane Goodall ilustra uno de los dones más poderosos de la sensibilidad: la empatía. Los otros cuatro son la creatividad, la inteligencia sensorial, el procesamiento profundo y la emoción profunda. Todos estos dones se basan, en última instancia, en la capacidad de respuesta ambiental con la que has nacido.

Mientras lees sobre estos dones, ten en cuenta que tal vez no te identifiques por igual con los cinco. Es normal: como persona sensible, puedes acceder a todos ellos, pero la experiencia vital te habrá llevado a desarrollar unos más que otros. Sin embargo, cada don es un tesoro en sí mismo, y cada uno de ellos ofrece una ventaja.

EMPATÍA

La palabra «empatía» es una invención moderna.[7] Nos llega del campo de la estética, el estudio de lo que hace que el arte sea bello. Hace poco más de un siglo los filósofos alemanes debatían cómo es posible que una obra de arte pueda provocarnos emociones, ya que solo es un conjunto de formas y colores. Llegaron a la conclusión de que nos «zambullíamos» en el arte —*Einfühlung*, o empatía— y aportábamos nuestra propia perspectiva emocional a lo que veíamos. De esta forma, cuando contemplas un cuadro, puedes imaginar las emociones que tendrías si lo hubieras pintado tú mismo —o si estuvieras en él— y sientes algo parecido a lo que podría haber sentido el artista. Las emociones, nos dice la empatía, se pueden transferir a través de los sentidos físicos, como cualquier otra información. Este concepto no tardó en saltar a la incipiente ciencia de la psicología. Si podemos «zambullirnos» en una obra de arte, seguramente también podemos hacer lo mismo con otro ser humano.

Las personas sensibles tienen empatía a raudales, hasta el punto de que se aprecia la diferencia en un escáner cerebral. En un estudio comentado en el capítulo 1, los participantes observaron fotos de personas que sonreían o estaban tristes.[8] Algunas de las fotos eran de desconocidos, pero otras eran de las parejas de los participantes. A nivel cerebral, todos mostraron algún nivel de respuesta empática, sobre todo con los seres queridos tristes, pero los participantes más sensibles tenían más actividad cerebral en general en las regiones asociadas a la conciencia, la empatía y la relación con los demás, incluso con las fotos de desconocidos. En el cerebro de las personas sensibles también se activaban áreas relacionadas con la planificación. Esto indica que —tal y como afirman con asiduidad las personas sensibles— son incapaces de ver a un desconocido sufriendo sin sentir un fuerte deseo de ayudar. Parece que las personas sensibles son los atletas universitarios de la empatía.

Y ese es el rasgo al que Jane Goodall atribuye su éxito.[9] Y aunque su historia pueda parecer extraordinaria, cuando se trata del poder de los individuos con gran empatía, no debería sorprendernos tanto. En las últimas décadas, un número cada vez mayor de investigadores ha centrado su atención en este rasgo humano antes infravalorado, y su trabajo ha dado lugar a una serie de avances. La empatía, por ejemplo, es tanto genética[10] (algunas personas tienen más que otras) como enseñable (todo el mundo puede aprender a tener más).[11] Pero quizá el mayor descubrimiento sea que la empatía es la raíz de dos de las actividades humanas más importantes: promueve la moralidad e impulsa el progreso.

Lo contrario de la empatía

La profesora de psicología Abigail Marsh vio el poder de la empatía de primera mano.[12] Empezó a estudiar la empatía después de sufrir un accidente de coche y de que un desconocido atravesara cuatro carriles de la autopista, en la oscuridad, para salvarle la vida. Más de veinte años después, mientras trabajaba con un equipo de la Universidad de Georgetown,[13] demostró que el cerebro de las personas altamente altruistas —como ella describiría a la persona que la salvó— es diferente del de las personas «normales» y que la diferencia es en gran medida la empatía.

Sin embargo, Abigail Marsh no empezó su investigación con estos individuos de alta empatía. Empezó buscando a personas que carecieran de empatía.

Un ejemplo extremo de un individuo con poca empatía sería un psicópata de manual, pensó.[14] Y eso no era una especulación. Se ha demostrado que los psicópatas diagnosticados tienen una amígdala más pequeña y menos activa, que es la parte del cerebro que reconoce las señales de miedo o dolor en otras personas y que, a su vez, permite que se produzca la empatía. Aunque los psicópatas tienen la capacidad de empatizar si se lo proponen, los datos de las imágenes neuronales sugieren que su sistema de empatía está apagado de forma predeterminada. Es lo contrario de lo que nos ocurre a los demás. Mientras que la mayoría de la gente tiene que hacer un gran esfuerzo para que el sufrimiento ajeno no le afecte, los psicópatas deben hacer un esfuerzo para verse afectados.

La falta de empatía provoca gran parte de lo que nos resulta tan escalofriante de los psicópatas.[15] Lo normal es que posean una personalidad fría y que carezcan del deseo de ayudar a los demás. Aunque no todos cometen delitos, caen fácilmente en comportamientos antisociales, insensibles o incluso directamente violentos.[16] Los casos judiciales lo avalan: los psicópatas son solo un 1 por ciento de la población general, pero constituyen el 25 por ciento de los reclusos en las cárceles federales de Estados Unidos.[17]

Los psicópatas se encuentran en el extremo inferior de la escala de empatía. ¿Cómo es el extremo superior? ¿Tener un nivel elevado de empatía también conlleva algún tipo de trastorno grave? No, en absoluto. De hecho, sucede todo lo contrario; los individuos con los niveles más altos de empatía, además de estar sanos, destacan por sus extraordinarios actos compasivos. Resulta que las personas como la que le salvó la vida a Abigail Marsh no se guían solo por ideales, sino también por una capacidad superior a la de la media para sentir el dolor de los demás y por un elevado sentido del cariño. La empatía, en muchos sentidos, es la diferencia entre el bien y el mal.

Esta cualidad es también el rasgo clave que la humanidad puede necesitar para sobrevivir. Tal y como advierten los profesores de la Universidad de Stanford Paul R. Ehrlich y Robert E. Ornstein en su libro *Humanity on a Tightrope*,[18] es poco probable que la civilización continúe a menos que un mayor número de personas aprendan a ponerse en el lugar de los demás. Señalan que muchos de los problemas más graves de hoy en día —como el racismo, el calentamiento global y la guerra— se alimentan de la peligrosa mentalidad de «nosotros contra ellos» que separa a las personas en vez de unirlas. Del mismo modo, Claire Cain Miller, asegura en un artículo para el *New York Times* que vivimos con un «déficit de empatía».[19] Según ella, «Cada vez vivimos en más burbujas. Casi todos estamos rodeados de personas que se parecen a nosotros, que votan como nosotros, que perciben un sueldo similar al nuestro, que gastan el mismo dinero que nosotros, que tienen una educación similar a la nuestra y que profesan la misma religión». Este déficit de empatía, sugiere Claire Cain Miller, «es la raíz de muchos de nuestros mayores problemas». Y aquí es donde entran en acción las personas sensibles con su don de la empatía, gracias a una parte muy activa de su cerebro.

Neuronas espejo incomprendidas

Ninguna de estas conclusiones habría sorprendido al filósofo del siglo XVIII Adam Smith, que también se preguntaba qué motiva a los humanos a actuar con moralidad. Adam Smith sugirió que la respuesta podría estar en nuestra capacidad de imitar a los demás entre otras cosas.[20] Al igual que podemos copiar lo que hace la gente, propuso, podemos copiar sus sentimientos, simulando mentalmente lo que los demás están experimentando. Utilizamos esta capacidad para juzgar a los demás, para bien o para mal, pero también podemos hacerlo a la inversa. Somos capaces de imaginar cómo nos juzgarían los demás. Esta capacidad, según Adam Smith, es nuestra forma de decidir lo que está bien y lo que está mal. Los actos que aprobaría un espectador imaginario deben de ser morales. Los actos que desaprobaría dicho espectador imaginario deben de ser inmorales. Según él, la conciencia humana se basa en nuestra capacidad de emular los sentimientos de los demás. David Hume, un filósofo contemporáneo de Adam Smith, estaba de acuerdo con él, pero lo dijo de forma mucho más sucinta: «Las mentes de los hombres son espejos unas de otras».[21]

La teoría de Adam Smith fue controvertida en su momento,[22] pero ahora sabemos que es correcta en gran medida.[23] Aquí aparece uno de los conceptos más modernos —y más malinterpretados— de la neurociencia: las neuronas espejo. Las neuronas espejo son células motoras del cerebro, esas que te ayudan a mover el cuerpo.[24] Pero también se especializan en copiar la forma que tienen otras personas de moverse y, por extensión, las emociones que expresan. Para que lo veas más claro: si alguien mira fijamente a tu izquierda, es posible que tú también mires en esa dirección. Si frunce el ceño, tal vez empieces a preocuparte. A estas células cerebrales especializadas se les ha atribuido varias veces la explicación del lenguaje, el nacimiento de la civilización e incluso los poderes psíquicos. (Stephen King hace un buen uso de esta explicación con el personaje de Molly en *Castle Rock* de Hulu. Las capacidades empáticas de Molly incluyen visiones perturbadoras que controla, a duras penas, consumiendo opioides). Claro que no es necesario llegar a esos extremos. Lo que se desprende de los estudios es que las personas que manifiestan más empatía también tienen neuronas espejo más activas,[25] y esto incluye a las personas sensibles.[26] Tal como predijo Adam Smith, nuestra capacidad de simular sentimientos está intrínsecamente ligada a la capacidad de simular gestos físicos.[27] Esta conexión es evidente en los experimentos en los que se impide a los participantes imitar expresiones faciales sosteniendo un lápiz entre los labios.[28] A partir de ese momento les cuesta más trabajo adivinar los estados emocionales de los demás.

En cuanto a la pregunta de si el sistema de neuronas espejo constituye el corazón de la moralidad, la respuesta también parece ser afirmativa. El trabajo de Abigail Marsh ha demostrado que las personas altruistas que se desviven por ayudar a los demás, pese a las consecuencias para ellas mismas, suelen ser individuos de alta empatía.[29] Son el «ángel», en oposición al «diablo» de los psicópatas. Esto está respaldado por un gran número de estudios que correlacionan los altos niveles de empatía en general, o la actividad de las neuronas espejo más concretamente, con todo tipo de conductas prosociales.[30] En estos estudios ha intervenido incluso el campo en ciernes de la ciencia del heroísmo,[31] que se centra en aquello que lleva a las personas a realizar actos desinteresados de heroísmo. Los investigadores de este campo han descubierto que la empatía es un ingrediente clave que hace que la gente arriesgue su vida o su carrera profesional para ayudar a los demás.

La base del progreso humano

Dado que la empatía es tan poderosa, no solo promueve la moralidad. En muchos sentidos también es clave para los logros humanos. Esto se debe a que la innovación es sobre todo una actividad de grupo que requiere un intercambio de ideas, y la empatía es el lubricante de dicho intercambio. Para ver este efecto en acción, solo hay que analizar la antigua Biblioteca de Alejandría.[32] Casi todos la conocemos porque el gran tesoro de conocimiento que albergaba acabó siendo pasto de las llamas. Sin embargo, rara vez se menciona que no era solo una biblioteca, sino un laboratorio de ideas donde se reunían las mentes brillantes de innumerables culturas. Los resultados fueron espectaculares. En el siglo II a. C., los investigadores de la Biblioteca de Alejandría inventaron la neumática, construyeron un dispensador automático para servir el vino, calcularon correctamente la circunferencia de la Tierra (redonda, decían, no plana), crearon el reloj más preciso del mundo en aquella época, construyeron un dispositivo para calcular las raíces cúbicas e inventaron un algoritmo para encontrar números primos, es decir que estaban minando Bitcoin antes de que se pusiera de moda. Fue el acto de reunir múltiples puntos de vista lo que impulsó estos grandes avances, y ese acto requería empatía.

A la postre los romanos conquistaron Alejandría y trasladaron a sus pensadores. Todos los patricios ricos querían un genio alejandrino como tutor de sus hijos, así que se repartieron a los eruditos. Los intelectuales continuaron con sus investigaciones, pero, privados de un estrecho contacto con diversos puntos de vista, los maravillosos inventos llegaron prácticamente a su fin.

La empatía, al parecer, ayuda a impulsar el éxito. Este vínculo entre la empatía, el progreso y el éxito es parte de la razón por la que Simon Baron-Cohen (primo del famoso actor), investigador de la Universidad de Cambridge, cree que la empatía es el «disolvente universal».[33] Según él, mejora los resultados en cualquier situación porque «cualquier problema sumergido en la empatía se vuelve soluble». Por tanto, las personas sensibles están preparadas para tener un gran impacto en el mundo si aprenden a aprovechar su empatía con eficacia.

CREATIVIDAD

La imagen del artista sensible es un cliché por una razón: se basa en la verdad. Una mente que percibe más detalles, establece más conexiones y siente las emociones de forma intensa está preparada casi de forma perfecta para la creatividad. Eso no significa que todas las personas sensibles sean creativas, pero muchas personas creativas son, de hecho, personas sensibles, como puede atestiguar cualquiera que trabaje con ellos.

Nina Volf, investigadora de la Academia Rusa de Ciencias Médicas, decidió comprobar la veracidad de dicha afirmación.[34] Reunió varios tipos de pruebas para medir la creatividad verbal y visual, haciendo hincapié en la originalidad de las ideas de una persona, no solo en su cantidad. A los participantes se les daba, por ejemplo, conjuntos de dibujos incompletos y se les pedía que hicieran dibujos a partir de ellos. Lo importante es que utilizó criterios cuantitativos «duros» (¿con qué frecuencia se repetía una respuesta entre los participantes?) e impresiones subjetivas «blandas» (¿qué calificación le daba un grupo de tres jueces a la originalidad del trabajo?). A continuación, la investigadora sometió a sesenta personas a esta rigurosa prueba, tras lo cual les pidió una muestra para analizar el ADN. El resultado fue que las personas con la versión corta del gen *SERT* vinculado a la sensibilidad eran las más creativas.

La pregunta más interesante es por qué, y la respuesta está muy relacionada con el proceso de la creatividad a nivel cognitivo. Sin duda, la creatividad es difícil de definir, y existen varias teorías sobre su funcionamiento. Todas ellas reconocen que la inteligencia desempeña un papel y todas valoran la originalidad tanto como el talento o la habilidad; es decir, que una copia perfecta del cuadro de otra persona no se consideraría creativa.

Sin embargo, el autor y periodista Arthur Koestler puso en marcha una teoría en la década de 1960.[35] Según él, la verdadera creatividad surge cuando se mezclan dos o más sistemas de referencia diferentes. Este principio aparece en cualquier metáfora o en las revelaciones emotivas del tipo «estamos hechos de polvo de estrellas»,[36] que es a la vez una verdad científica y la creencia de estar destinados a un fin superior. Arthur Koestler conocía de primera mano el poder de este cambio de perspectiva porque esa era su forma de vivir. Nació en Budapest, se educó en Austria y se convirtió en ciudadano británico; fue un comunista apasionado en su juventud y después se pasó la vida escribiendo propaganda antisoviética.[37] Fue incapaz de frenar el efecto de todo este cruce de fronteras —literal y figurado— en su capacidad para generar ideas originales. Su experiencia podría explicar por qué hay tantos creadores famosos con una vida de raíces multiculturales y por qué tantos dedican años a viajar y vivir en el extranjero. Cuantas más perspectivas conozcas a lo largo de tu vida, más podrás aprovechar y combinar, creando algo nuevo.

La teoría de Arthur Koestler también explica el vínculo entre las personas sensibles y la creatividad. La mente sensible, que está preparada para establecer conexiones entre conceptos muy diferentes, puede mezclar distintos sistemas de referencia sin salir de casa. Las personas sensibles son quizá los polímatas por excelencia, ya que no piensan en términos de ciencia, poesía, experiencia vivida o esperanzas y sueños, sino en términos que lo engloban todo. Muchas personas sensibles también hablan de esta manera, usando metáforas y vinculando diferentes temas para explicar algo. Esta forma de hablar no solo de los grandes artistas, sino también de los científicos brillantes, como Carl Sagan, creador de la frase «Somos polvo de estrellas».

Si eres una persona sensible, puedes trabajar o no como creador y puedes tener o no pasatiempos «creativos». Sin embargo, tienes los componentes básicos para hacerlo. (Una persona sensible, Elizabeth, nos dijo: «Nunca creí que fuera más creativa que los demás hasta que muchos amigos me dijeron que no entendían cómo podía imaginarme tantas cosas. Nunca se me ocurrió que ellos no pudieran hacer lo que yo hacía»). Esta creatividad no funciona sola. Juntos, los tres siguientes dones de la sensibilidad —la inteligencia sensorial, el procesamiento profundo y la emoción profunda— dan lugar a una mente creativa.

CON TUS PROPIAS PALABRAS
Como persona sensible, ¿cuál es tu mayor virtud?

«Como profesora de secundaria, podía estar de pie entre mis alumnos, sin mirarlos siquiera, y percibir su estado emocional. Con los adolescentes siempre pasan muchas cosas. Sabía qué decir y qué no decir para que todos se sintieran seguros en mi clase».

CORINNE

«Soy médico y he captado detalles que los anteriores médicos de mis pacientes han pasado por alto, lo que ha permitido mejorar el diagnóstico y el cuidado de su salud. Me preocupo de verdad por mis pacientes, y ellos han comentado que lo perciben y me lo agradecen».

JOYCE

«Mis mayores virtudes son la empatía y la compasión. Me he dado cuenta de que soy capaz de ayudar a los que sufren sin arriesgar mi bienestar. Utilizo estas habilidades como consejera, asesora y escritora».

LORI

«Tengo cierta intuición para los grupos de personas: enseguida distingo quién es el líder, cuál es la dinámica, cuándo dejan de apoyar una idea y qué quieren los individuos frente a lo que quiere el grupo. En mi trabajo, siempre iba varios pasos por delante de las grandes decisiones o movimientos de la empresa gracias a este "superpoder", y eso me ayudó a ascender».

TORI

«Al ser sensible, soy muy consciente de los factores estresantes e irritantes de mi entorno, y también estoy muy en sintonía con las emociones de los que me rodean, por lo que puedo saber cuándo alguien se molesta por algo. Por eso me esfuerzo en todo momento por crear un entorno agradable, cómodo y acogedor, y me han dicho que mi personalidad es igual. La gente se siente a gusto conmigo; suelen confiar en mí aunque jamás confiarían en otra persona. Cuando voy al supermercado, hasta los desconocidos acaban contándome las historias de su vida, sus desengaños amorosos y sus preocupaciones».

STEPHANIE

«Mi mayor virtud es que la belleza y la bondad del mundo a veces me conmueven hasta las lágrimas».

SHERRY

«Soy una artista. No solo veo un amanecer, ¡sino que lo siento!».

LISA

INTELIGENCIA SENSORIAL

La inteligencia sensorial significa que eres más consciente de tu entorno y le das un gran uso a ese conocimiento. Puedes prestarles más atención a los detalles sensoriales en sí mismos (como la textura de un cuadro o la falta de un paréntesis en una línea de código) o a sus implicaciones (ayer llovió, así que habrá barro cuando salga a pasear). Cualquiera puede darse cuenta de estas cosas, pero las personas sensibles suelen hacerlo con mayor facilidad, en una amplia variedad de situaciones. Lo que podríamos llamar «estar en sintonía con el entorno». (Tal como nos dijo una persona sensible, se considera «una antena» que capta todas las señales). Estas percepciones pueden ir desde lo mundano hasta lo impactante. Más de una persona sensible ha salvado a un empresario de un desastre por percatarse de un detallito irritante.

En algunos casos, esta habilidad puede parecer casi mística. Piensa, por ejemplo, en el espadachín Zatoichi, famoso por las películas japonesas de serie B. Zatoichi es ciego, pero siempre se da cuenta de que lo están engañando cuando juega a los dados porque percibe la diferencia cuando caen (y con sus afinadísimos sentidos siempre gana en los enfrentamientos a espada que se producen a continuación). Eso es ficción, por supuesto; en la realidad, los ciegos no tienen superoído. Simplemente utilizan el cerebro de forma diferente y prestan atención a los mismos sonidos sutiles que las personas videntes son capaces de oír, pero descartan. Hasta cierto punto, las personas sensibles pueden hacer algo similar con los cinco sentidos.

A veces, este nivel de sensibilidad es una carga —nadie quiere percibir todas las colonias de la oficina—, pero también puede dar resultados sorprendentes, como descubrió de primera mano una mujer irlandesa llamada Sanita Lazdauska.[38] Una mañana, se despertó porque percibió un cambio en la respiración de su marido: siempre roncaba, pero ese día sus ronquidos le parecían apagados. Así que lo miró y vio que estaba morado. Había sufrido un paro cardiaco. Sanita estuvo media hora haciéndole reanimación

cardiopulmonar hasta que llegaron los técnicos de emergencias. Pocas personas son lo bastante sensibles como para despertarse ante un cambio en la respiración. Si no hubiera estado atenta a sus ronquidos —o no le hubiera dado importancia al cambio en estos aquella mañana—, su marido habría muerto mientras dormía. Su elevada inteligencia sensorial le salvó la vida.

Esta forma de inteligencia tan excepcional es la otra cara de la sobreestimulación. Las personas sensibles pueden saturarse en entornos muy concurridos, ya que perciben mucho más de dicho entorno. Pero la mayoría de las veces, en vez de provocarles una saturación, esa mayor conciencia supone una ventaja, sobre todo si toman medidas para evitar la sobreestimulación, algo de lo que hablaremos en el capítulo 4.

La inteligencia sensorial supone una ventaja en muchísimos ámbitos. En el ejército, por ejemplo, se engloba bajo el término «conciencia situacional» —la capacidad de percibir y comprender lo que ocurre a tu alrededor— y es la clave para que tanto tú como tu unidad os mantengáis vivos durante el combate.[39] De hecho, la conciencia situacional se valora mucho en cualquier profesión relacionada con la seguridad. Es clave a la hora de que los aviones no se estrellen,[40] de que las centrales nucleares no fallen[41] y de que los delitos se resuelvan.[42] Por desgracia, lo contrario también sucede. Se ha demostrado que el déficit de conciencia situacional es una de las principales causas de los accidentes causados por errores humanos,[43] como que se inyecte un anticoagulante a un paciente que no lo necesita en un hospital.[44] (Eso ocurrió de verdad, y el caso se utiliza ahora en la literatura médica para formar a los trabajadores de los hospitales en la mejora de la conciencia situacional. Por suerte, al paciente no le pasó nada).

En el mundo del deporte la inteligencia sensorial se conoce como «visión de campo».[45] Es la capacidad de asimilar todo lo que ocurre en el campo de juego y de interpretar el juego tal como hacen los maestros de ajedrez con las piezas del tablero. La visión de campo distingue no solo a los grandes jugadores de los buenos, sino también a los entrenadores de leyenda de los mediocres. Los investigadores han descubierto que los entrenadores inexpertos tienden a centrarse sobre todo en las habilidades técnicas, como los pases en el fútbol o los lanzamientos a canasta en el baloncesto. Los entrenadores experimentados, en cambio, valoran la visión de campo en sus jugadores, porque es la habilidad que les permite pasarle la pelota al compañero adecuado o situarse en el lugar correcto para realizar un lanzamiento. En resumidas cuentas, con un buen entrenador, los deportistas menos sensibles ejercitan una habilidad con la que nacen los jugadores sensibles.

Si alguna vez has visto al exjugador de hockey Wayne Gretzky sobre el hielo, te habrás dado cuenta de cómo funciona la visión de campo.[46] Gretzky, al que apodaban el Grande,[47] se retiró en 1999, pero sigue siendo el jugador con más goles, más puntos y más asistencias de la historia de este deporte. Sin embargo, no cumplía ninguno de los requisitos de un jugador profesional normal. Gretzky era lento, pequeño, delgado y cualquier cosa menos agresivo; además, siempre acababa en el suelo si lo golpeaban. Sin embargo, una vez que estaba en el hielo, era capaz de ver dónde iba a estar todo el mundo al cabo de cinco segundos. Según él mismo explica: «Intuyo dónde va a estar un compañero de equipo. Muchas veces puedo girar y hacer un pase sin mirar».[48] Tenía visión de campo, o como diríamos nosotros, inteligencia sensorial. Eso le otorgaba tal valor que un compañero de equipo actuaba como su guardaespaldas no oficial en el hielo, manteniendo a los rivales alejados de él para que el famoso centro pudiera poner el disco donde debía estar.

El caso del *quarterback* de la NFL Tom Brady es muy parecido.[49] Era un corredor lento, pero otros jugadores lo describían como alguien con «ojos de lagarto», porque jugaba como si pudiera ver a ambos lados y a la espalda. Es tan sensible que llora cuando habla del día que lo ficharon.[50] Llevó a sus equipos a conseguir siete victorias en la Super Bowl y se le considera con diferencia el mejor *quarterback* de la historia.

Gretzky y Brady se convirtieron en los mejores deportistas de dos de las disciplinas más rápidas y brutales del mundo, porque incluso esos escenarios favorecen a los jugadores sensibles. La verdad es que la inteligencia sensorial da sus frutos en casi todos los ámbitos de la vida, desde las profesiones que nos parecen «sensibles», como la enfermería y el arte, hasta las más duras, como los deportes y la policía. Quienes no la poseen suelen infravalorar la inteligencia sensorial, pero si eres sensible, tienes un radar incorporado del que carecen otras personas.

PROCESAMIENTO PROFUNDO

Las personas sensibles no solo procesan más información, sino que la utilizan más a fondo. En el capítulo 1 vimos que el cerebro sensible procesa toda la información con mayor detalle, pero no vimos que esta forma de procesarlo todo con más profundidad diferencia a las personas sensibles. Imagina dos contables de una gestoría: el primero se encarga de tu contabilidad, se asegura de que cuadre y lo envía a Hacienda. Ya está hecho. El segundo va más allá. Comprueba todas las facturas y documentos para asegurarse de que no falta nada. Te asesora para que ahorres dinero. Y lo examina todo en busca de algo que pueda ser problemático y acabe provocando un requerimiento. ¿Quién prefieres que te haga la declaración de la renta?

Si prefieres al segundo, entiendes el valor del procesamiento cognitivo más profundo. Por supuesto, cualquiera puede ser minucioso si se lo propone, pero —al igual que la inteligencia sensorial— el procesamiento profundo es la configuración predeterminada del cerebro sensible. Esta capacidad suele manifestarse de varias maneras:

- Una toma de decisiones más cuidadosa y a menudo mejor.
- Pensamiento exhaustivo y de amplio alcance.
- Conexión creativa de los puntos entre diferentes temas e ideas.
- Preferencia por ideas y actividades profundas y relevantes.
- Profundizar en una idea en vez de hacer un análisis superficial.
- Ideas y perspectivas sorprendentes y originales.
- Frecuente capacidad de predecir correctamente cómo se desarrollará algo o qué efecto tendrá una decisión.

El procesamiento profundo no solo se aplica a tareas largas y complejas como los impuestos (¡por suerte!). Tanto en humanos como en monos, los individuos con los genes de la sensibilidad superan a los demás en una serie de tareas mentales.[51] Por ejemplo, hay un estudio en el que se entrenó a monos para que trabajaran con dispositivos de pantalla táctil, de modo que bebían agua mientras interactuaban con las pantallas y recibían fruta como recompensa cuando lo hacían bien, de forma parecida a un niño pequeño con una aplicación de aprendizaje. Los monos aprendieron rápidamente a conseguir el mayor número de recompensas posible, calculando las probabilidades, percatándose del cambio en los patrones y siendo lo bastantes observadores como para conseguir incluso pequeñas victorias. Pronto quedó claro que la sensibilidad era una ventaja en este tipo de tareas mentales. Los monos más sensibles no solo obtuvieron mejores resultados y más recompensas, sino que también mostraron diferencias cerebrales similares a las de los humanos sensibles.

De esta forma, el procesamiento profundo puede conducir a una mejor toma de decisiones, sobre todo en lo que respecta al riesgo y la probabilidad. Este don es inestimable en el trabajo, en las relaciones y en las elecciones importantes de la vida. Las personas menos sensibles pueden impacientarse cuando necesitas reflexionar antes de tomar una decisión, pero probablemente deberían aprender a esperar; esa breve pausa es tu mente profundizando. En muchos sentidos las personas sensibles piensan como los estrategas militares y sopesan todos los puntos de vista para maximizar las posibilidades de victoria. Esa predisposición puede conducir a resultados asombrosos y es parte de la razón por la que las personas sensibles son grandes líderes (más sobre esto en el capítulo 9).

Por supuesto, esos instintos no son brujería, y una persona sensible puede equivocarse como cualquier otra. Sin embargo, las personas sensibles dedican muchos más recursos mentales a acertar.

Emoción profunda

La profundidad de las emociones es quizá el don más incomprendido. Por término medio, las personas sensibles tienen reacciones emocionales más fuertes que las de los demás. Y tal vez no las consideres un don en absoluto; si posees emociones más fuertes, la ira, el dolor y la tristeza pueden ser experiencias intensas para ti. A veces incluso pueden abrumarte. Pero tener emociones profundas y poderosas también significa que dominas una lengua que a otras personas les cuesta hablar. Esa es una llave maestra del espíritu humano.

El origen de este don puede estar en una pequeña parte del cerebro llamada «corteza prefrontal ventromedial» (VMPFC por sus siglas en inglés).[52] Se encuentra varios centímetros detrás de la frente y tiene el tamaño y la forma aproximados de la lengua. Es una encrucijada que reúne información sobre emociones, valores y datos sensoriales. La razón por la que pensamos en las flores como algo romántico, y no solo como vegetales de colores, es por la VMPFC.

La corteza prefrontal ventromedial es una zona con una gran carga de trabajo en cualquier cerebro, pero para las personas sensibles se asemeja a un lienzo de Jackson Pollock. Esta mayor actividad tiene el efecto de colorear el mundo con mayor profundidad, haciendo que las personas sensibles vean la vida con una paleta emocional más intensa. Esa intensidad puede ser dura a veces. (Que levante la mano quien desee una experiencia más intensa de la tristeza... ¿Nadie?). Sin embargo, también ofrece una serie de beneficios, sobre todo en lo referente a la inteligencia y al bienestar mental. Ya en la década de 1960 el psiquiatra Kazimierz Dąbrowski teorizó sobre la conexión entre la intensidad emocional y el potencial para alcanzar logros importantes.[53] En su trabajo, demostró que las personas con altas capacidades tienden a ser «sobreexcitables» o sensibles de diversas maneras, incluso física y emocionalmente. Según él, a los niños con altas capacidades se les acusa a menudo de exagerar, pero simplemente son más conscientes de sus propios sentimientos. Descubrió que muchos de estos niños mantienen diálogos internos complejos sobre sus sentimientos —algo que no hace todo el mundo— y que les afecta tanto la compasión y la conexión humana que las emociones son una preocupación mayor para ellos. Dąbrowski creía incluso que la intensidad emocional era la clave para alcanzar niveles superiores de crecimiento personal, lo que hoy llamaríamos «autorrealización».

Los educadores que trabajan con alumnos de altas capacidades pueden observar esta intensidad emocional de primera mano, y muchos de ellos están de acuerdo en que las personas que tienen una vida intelectual profunda suelen tener también una vida emocional profunda.[54] Podemos encontrar una posible explicación para este vínculo en la memoria.[55] Un acontecimiento vivido con mayor intensidad emocional tiene más probabilidad de ser recordado a la larga, por lo que las personas con mayor intensidad emocional —las personas sensibles— pueden ser las más propensas a absorber e integrar la nueva información.

Sin embargo, hoy acostumbramos a centrarnos en un tipo diferente de inteligencia: la inteligencia emocional.[56] Vamos a dejar clara una cosa: la inteligencia emocional es una habilidad, no algo con lo que se nace. Al igual que ser alto no implica que seas un buen jugador de baloncesto, ser sensible no te otorga de forma automática una alta inteligencia emocional. Pero te ayuda, al igual que lo hace la altura en los partidos de baloncesto. Y eso se debe a que la inteligencia emocional incluye varios componentes que son puntos fuertes de las personas sensibles.[57] Las personas sensibles, por ejemplo, suelen tener muy desarrollada la conciencia de sí mismas.[58] Reconocen sus emociones y les prestan atención. Reflexionan sobre lo que sienten tanto en el mismo momento como después. Y también perciben e interpretan con facilidad las emociones de los demás, algo que ayuda a alcanzar una alta inteligencia emocional con un poco de esfuerzo. Ese esfuerzo puede dar sus frutos. Se ha demostrado que la inteligencia emocional contribuye a mejorar la salud mental,[59] el rendimiento laboral[60] y la capacidad de liderazgo.[61] Tu emocionalidad puede propulsarte a lo más alto si la aprovechas. Las emociones intensas también tienen otros beneficios. Por un lado, ayudan a profundizar las relaciones. Por otro, te proporcionan una poderosa herramienta para influir sobre la gente. Si eres sensible, tu profunda emotividad es lo que te convierte en un oyente excepcional, el confidente al que acude tu grupo de amigos cuando necesita consejo, lo que hace que la gente confíe en ti de forma natural. Con la práctica, la profundidad emocional te permite incluso unir a las personas, reuniéndolas en torno a un ideal. Esa es la base de todos los movimientos sociales. (Por ejemplo, se cree que Martin Luther King era una persona sensible).[62]

A nivel personal, la emoción profunda también te permite disfrutar a fondo de la vida. Se ha demostrado que las personas sensibles reaccionan con más intensidad a todo tipo de experiencias, tanto positivas como negativas, en distintos estudios que miden la respuesta emocional. Por suerte, en general son las experiencias positivas las que obtienen la mayor reacción. Esto puede explicar por qué es tan habitual que las personas sensibles tengan ideales elevados, establezcan poderosos vínculos con los demás y obtengan una gran alegría de las pequeñas cosas de la vida, sobre todo de las cosas bonitas, como una calle con una alfombra de hojas caídas en un soleado día de otoño o la canción que está interpretando un guitarrista en la esquina.

Aunque experimentar este nivel de emoción profunda conlleva desafíos, también te hace excepcional. Por ejemplo, un productor musical no muy sensible, cuyo nombre no estamos autorizados a revelar, ve a los músicos sensibles casi con asombro. Describió que piensa en las emociones como «el mundo invisible». Aunque percibe sus efectos en su trabajo —algo se mueve en el mundo invisible y, de alguna manera, todo encaja—, es incapaz de ver la causa y el efecto, y no puede predecir la emoción que va a crear una acción determinada. (Según afirmó, los músicos sensibles con los que trabaja se asoman a ese mundo casi como si fueran videntes). Debido a su incapacidad para interpretar las emociones, y al igual que le sucede a una gran parte de la humanidad, el productor se siente a su merced. Las personas sensibles son la excepción; ellas ven lo invisible.

Piensa en Bruce Springsteen, del que ya hablamos en el capítulo 2, y podrás ver todos los dones de la sensibilidad en acción. En su música y en sus letras de fracasados y solitarios hay empatía, creatividad y emoción profunda. Solo tienes que escuchar «Thunder Road», una canción que habla de un hombre que «no es un héroe» que elige a una mujer que «ya no es tan joven» para vivir una última aventura, y lo sentirás. Bruce Springsteen incluso oye la música de forma diferente a la mayoría de la gente, y la procesa profundamente. Cuando era pequeño, las canciones que le gustaban eran aquellas en las que los cantantes parecían alegres y tristes al mismo tiempo. «Eran canciones que rebosaban un anhelo profundo» dice, «una cualidad trascendental, una resignación madura y... esperanza... esperanza por esa chica, por ese momento, por ese lugar, por esa noche en la que todo cambia, descubres lo que es la vida y te descubres a ti mismo».[63] Para él, las canciones no solo contienen un ritmo y una melodía, sino también distintos matices; pintan todo un mundo. Muchos músicos podrán sentirse identificados con él, porque muchos son personas sensibles. Escuchan de forma diferente —más profunda— que cualquier otra persona que los rodee.

Bruce Springsteen aplica esta profundidad e inteligencia sensorial a su relación con sus seguidores. Según cuenta, cuando estaba con su primer grupo, los Castiles, cambió por completo el repertorio de un concierto al ver que el público estaba compuesto por moteros con chupas de cuero y pintas de estar pasando un mal bache. «Los ingredientes secretos eran doo-wop, soul y Motown. Esa era la música que lograba que a esos tíos duros les diera un vuelco el corazón», recuerda.[64] Parecía atisbar todas sus vidas —sus dificultades, sus sueños— y adaptaba su música en consecuencia.

Ese enfoque reflexivo y perceptivo simboliza toda su carrera. Al concentrar todo ese procesamiento profundo en sí mismo, afirma que supo desde el principio lo que podía ofrecer: no era el mejor cantante, ni siquiera el mejor guitarrista, pero creía que podía labrarse una carrera gracias a la fuerza de sus composiciones. Después, y siempre tratando de no perder el camino como les sucedió a algunos de sus ídolos musicales cuando alcanzaron cierta fama, se mantuvo cerca de sus raíces, viviendo con su familia en una granja donde criaban caballos en New Jersey. «Me gustaba quién era cuando estaba aquí... Quería mantener los pies en la tierra», dijo en una entrevista.[65] Esta clara conciencia de sí mismo lo ayudó no solo a triunfar como músico, sino también a elegir una vida que le parecía adecuada.

El héroe de la clase obrera, al parecer, es también un héroe sensible.

4

Demasiado ruidoso,
demasiado caótico y excesivo

> A menudo me he lamentado de que no poda-
> mos cerrar los oídos con tanta facilidad como
> los ojos.
>
> Sir RICHARD STEELE, *Ensayo n.º 148*

Ningún don es gratuito. Si eres una persona sensible, el coste de tu don es la otra cara de ese cerebro de procesamiento profundo que te da superpoderes. Como ya has visto, un cerebro así engulle energía mental; trabaja a destajo casi todo el tiempo y, como resultado, necesita descansos frecuentes. Sobre todo, necesita espacio. Requiere un poco más de tiempo, un poco más de paciencia, un poco más de tranquilidad y de calma.

Si se dan todas estas condiciones, los dones de la sensibilidad alcanzan su máximo esplendor y la mente sensible se dispara hasta la genialidad, procesando al máximo toda la información que recibe.

Sin embargo, si no se dan esas condiciones —si hay prisas, presión y sobrecarga de trabajo—, ese cerebro se ve incapaz de procesar todo lo que recibe. La información física y emocional lo sobrecarga, como si fuera una lavadora con más ropa de la cuenta. Por lo tanto, la sobreestimulación es uno de los costes de ser altamente sensible a tu entorno y uno de los mayores retos a los que se enfrentan todas las personas sensibles. ¿Qué debes hacer si eres una criatura sensible en un mundo no tan sensible? ¿Cómo te enfrentas a esos espacios tan concurridos, a la hora punta con tantas prisas y a esos sitios tan ruidosos? ¿Qué haces cuando tienes muchos dones, pero la sociedad ve tus necesidades de persona sensible como un inconveniente? ¿Cómo actúas si quieres utilizar esos dones para ayudar al mundo, pero necesitas calma, tranquilidad y descanso para hacerlo?

Cuando no hay escapatoria

Alicia Davies[1] acababa de pasar por una ruptura sentimental mientras terminaba un máster de un año de duración «cargado de trabajos de exposición, muchas horas de estudio y presión constante», escribe en Sensitive Refuge.[2] Por si fuera poco, le quedaba solo un mes para decidir dónde viviría y cómo sería su vida cuando acabara el máster. El momento sería abrumador para cualquiera, por supuesto, pero Alicia no es una persona cualquiera; es una persona sensible. Lo que necesitaba era una gran cantidad de tiempo de descanso para encontrarle el sentido a todo lo que acababa de pasar. En ese momento más que nunca necesitaba tiempo en su santuario: un «coqueto dormitorio» que le recordaba a su infancia, con su sillón de terciopelo verde y sus estanterías de madera con muchas plantas, libros y velas.[3] Ese espacio privado era crucial para su bienestar porque evocaba sentimientos de seguridad y calma.

Por desgracia, su casero tenía una idea diferente: había elegido ese verano, de entre todos los veranos, para hacer obras en la casa. Esto significaba «taladrar, serrar y golpear todos los días de la semana, desde primera hora de la mañana hasta última hora de la tarde», justo al otro lado de su dormitorio.[4] Los trabajadores hablaban a voces, ponían la música a todo volumen y parecían estar en todas partes. Cada vez que tenía que ir a algún lugar de la casa, debía pasar a toda prisa entre ellos y todo su desorden mientras se disculpaba. Pronto empezaron a bromear diciendo que «Alicia les estorbaba». En semejantes circunstancias, la intimidad o el descanso eran imposibles.

Como no podía ser de otro modo, el estrés de Alicia se disparó. Las pequeñas tareas alcanzaron dimensiones gigantescas en su mente. En un momento dado, se dio cuenta de que no podía ni siquiera encadenar frases sencillas. «Cualquier tipo de conversación me resultaba dolorosa, como cuando llevas demasiado tiempo con los auriculares puestos y tienes que dejarlos. Era como si mis sentidos se hubieran retraído por culpa de la tensión excesiva y hubieran olvidado cómo relajarse. Como una bebida efervescente que sale disparada nada más abrir la lata».[5] El ruido y el caos volvían a empezar al día siguiente.

Lo que necesitaba era escapar. Fue a una cafetería local, pero allí no encontró refugio. Después de pedir el café, empezó a sonar música funk demasiado enérgica. Un bebé comenzó a llorar. Eso fue la gota que colmó el vaso. «Yo también quería llorar, más fuerte que el niño, hasta ahogar todos los sonidos del mundo».[6]

En pleno estado de sobrecarga sensorial, salió de la cafetería en un arrebato de frustración y echó a andar por la calle, refunfuñando a cualquiera que hiciera ruido a su alrededor. Incluso insultó al secador de manos de un baño público por ser demasiado ruidoso. Aunque era consciente de la irracionalidad de su enfado, la sobrecarga sensorial tampoco es racional.

Por suerte, se tropezó con una exposición de arte. Entró y, de repente, la envolvió el silencio. Paseó entre las obras de arte, contemplándolas con tranquilidad y por primera vez aquel día sintió que sus sentidos se relajaban poco a poco, se expandían, revivían. Había un lugar para ella en el mundo después de todo, un lugar bastante grande y rebosante de belleza y quietud. Otra mujer, sola como ella, entró en la exposición con una energía pacífica. Alicia se sintió cerca de ella de inmediato, como si aquella desconocida comprendiera de algún modo su necesidad de soledad. Cuando se miraron por casualidad, se descubrió sonriéndole.

Por supuesto, la visita de Alicia a la galería de arte no puso fin a su sobreestimulación. Solo fue el principio del fin, una disminución de los síntomas, como si sus sentidos aún fueran frágiles y corrieran el riesgo de romperse de nuevo al menor contacto. Durante los días siguientes, descubrió algunas técnicas para recuperarse por completo de la sobreestimulación causada por las reformas. Escuchaba música, que ahogaba parte del ruido y ayudaba a frenar sus pensamientos acelerados. Y pasó tiempo fuera, escuchando el canto de los pájaros y respirando el aire fresco. Al final, Alicia encontró la paz.

CON TUS PROPIAS PALABRAS
¿Qué sientes cuando sufres sobreestimulación?

«Cuando sufro sobreestimulación, me siento atrapada y ansiosa, y necesito con urgencia estar sola. Si no puedo marcharme ni alejarme, dicen que parezco aturdida o desconectada, aunque puedo seguir pensando sin problema. La gente que me rodea me dice cosas como: "¿Te encuentras bien? Estás muy callada" o "¿Te diviertes?". Si la sobreestimulación se produce de forma rápida o inesperada, experimento una breve sensación extracorporal y de repente no reconozco mi cuerpo. Lo único que me ayuda cuando estoy sobreestimulada es retirarme a un lugar acogedor, tranquilo y cómodo».

JESSI

> «Creo que es un proceso gradual. Físicamente todo me resulta incómodo. Todo se convierte en un incordio. Me irritan las conversaciones. Antes iba de un lado para otro, intentando solucionar esas cosas que me irritaban, pero no funcionaba, y acababa estallando de ira y frustración. Ahora sé que estoy cansado y que necesito tiempo para recargarme de energía o echarme a llorar».
>
> MATHEW
>
> «Para mí la sobreestimulación es como si un montón de gente me tocara a la vez. Siento una presión suave que se va extendiendo por todo el cuerpo y que me incomoda».
>
> ALY

Causas comunes de sobreestimulación

Lo que Alicia experimentó no es inusual para las personas sensibles, y tal vez tú también hayas experimentado algo parecido. Si es así, no estás solo y no te pasa nada malo. Todas las personas sensibles se enfrentarán a la sobreestimulación en algún momento de su vida, y lo más probable es que se enfrenten a ella con regularidad mientras trabajan, cuidan de sus hijos y se relacionan. Aquí te planteamos algunas de las causas más comunes de sobreestimulación para las personas sensibles. No es una lista exhaustiva y puede que no se incluyan cosas que a ti te causan sobreestimulación. ¿Cuáles de estas emociones o situaciones te han parecido sobreestimulantes a veces?

- Estímulos sensoriales excesivos, fuertes o perturbadores (aglomeraciones, música alta, sonidos repetitivos o irregulares, temperatura, fragancias, luces brillantes).

- Preocupaciones, ansiedad o pensamientos recurrentes.
- Emociones percibidas de los demás, sobre todo críticas negativas, estrés o ira.
- Tus propias emociones.
- Socializar y tener muchos planes.
- Plazos ajustados, agendas apretadas o ir con prisas de una actividad a otra.
- Sobrecarga de información o información perturbadora (por ejemplo, ver las noticias o pasar demasiado tiempo leyendo noticias negativas en internet).
- Cambios (a veces incluso positivos, como conseguir el trabajo de tus sueños o tener por fin un hijo).
- Novedades, sorpresas e incertidumbre.
- Un horario caótico o salirse de una rutina conocida.
- Desorden en tu entorno (por ejemplo, una habitación o un escritorio desordenados).
- Realizar tareas —aunque te resulten familiares— mientras alguien te observa (por ejemplo, una comprobación de rendimiento en el trabajo, participar en una competición deportiva, escribir en un teclado mientras alguien te mira por encima del hombro, dar un discurso o incluso asistir a tu propia boda).
- Tener que prestar atención a demasiadas cosas a la vez.

POR QUÉ SE PRODUCE LA SOBREESTIMULACIÓN

Las cosas de la lista anterior pueden sobreestimular a cualquier persona, ya sea sensible o no, sobre todo si ocurre más de una a la vez, pero las personas sensibles alcanzarán ese estado antes y lo sentirán en mayor profundidad. ¿Por qué ocurre esto? Imagina que todos llevamos encima un cubo invisible. Algunas personas tienen un cubo grande, mientras que otras —las personas sensibles— tienen un cubo más pequeño. Nadie puede elegir el tamaño de su cubo; todos nacemos con un sistema nervioso diferente y una capacidad también diferente para afrontar la estimulación. Sin embargo, con independencia del tamaño del cubo, cada sonido, cada emoción y cada olor lo van llenando, según dice Larissa Geleris, terapeuta ocupacional que trabaja con niños y adultos con dificultades de procesamiento sensorial.[7]

Si tu cubo está casi vacío, te sientes aburrido, inquieto o incluso deprimido. Pero si tu cubo se desborda, te sientes estresado, fatigado y abrumado, quizá incluso al borde del pánico, enfadado y fuera de control. Por tanto, todo el mundo tiene un determinado umbral de estímulos, y todo el mundo busca llenar su cubo hasta el nivel adecuado para no superar el máximo y tampoco acabar en el mínimo. Por ejemplo, un niño con trastorno por déficit de atención e hiperactividad (TDAH) siente que ese cubo está siempre casi vacío. Así que golpea con los dedos el pupitre o da botes en la silla del colegio en un intento por estimularse. A ti, que eres una persona sensible, te ocurre lo contrario. Tu cubo se llena rápidamente solo con las actividades cotidianas, como un día de trabajo o el cuidado de tus hijos en casa. «Una vez que el cubo se llena —explica Larissa Geleris—, se desborda y vemos la desregulación emocional o la sobreestimulación. En el fondo solo es tu sistema sensorial que te está diciendo: "Se acabó. Ya he procesado bastante, ya he filtrado bastante, estoy sobrecargado, y he llegado al límite de mi capacidad para seguir haciéndolo"».[8]

Para ella, la analogía del cubo es algo más que una teoría; ella misma es una persona sensible («Mi terapeuta dice que lo soy», comenta con una sonrisa mientras hablamos por Zoom).[9] Por eso, es frecuente que su cubo esté demasiado lleno. Hace poco tiempo le sucedió mientras le cambiaba el pañal a su hija de tres meses. La niña no paraba de llorar, los juguetes estaban desparramados por el suelo y, como todo padre ha experimentado en numerosas ocasiones, el pañal estaba a rebosar. De repente, Larissa empezó a sentirse abrumada y sus emociones se descontrolaron: «Sentía que estaba llegando al límite de mi aguante», dice.[10] Para empeorar las cosas, acababa de sufrir una conmoción cerebral poco antes. La lesión le había provocado dificultades físicas y mentales para desenvolverse en espacios abarrotados, lo que la dejó atrapada junto al cambiador. «Me di media vuelta, vi todo el desorden y los juguetes, y me puse a llorar», recuerda.[11] La sensación de pánico no pasó hasta que su marido fue a rescatarla, apartó los juguetes y la ayudó a huir del bombardeo sensorial.

CON TUS PROPIAS PALABRAS
¿Qué hace que te sientas sobreestimulado?

«En mi caso, la sobreestimulación es un estado mental en el que es fácil caer. A veces, algo tan sencillo como llegar cinco minutos tarde basta para desencadenarlo. Tengo que ser muy consciente para no descargar mis emociones sobre mis seres queridos».

JOSEPH

«Suele ocurrir cuando siento que toda la gente y las cosas que me rodean (como las tareas, las notificaciones del teléfono móvil, el ruido del tráfico, los vecinos ruidosos, etc.) exigen mi atención, y no puedo escapar».

JANA

«Puedo soportar los conciertos ruidosos y los aeropuertos, normalmente porque son actividades planificadas para las que me he preparado mentalmente. Lo que lo desencadenan son cosas más sencillas. Mi hijo pequeño hace un sonido concreto que sabe que no soporto, pero los niños sobrepasan esos límites. Se me tensa el cuerpo, y siento como si mis terminaciones nerviosas estuvieran al límite. Si no puedo escapar, lo que sucede a menudo, me abruman la ira y la rabia mientras intento controlar la irritación».

TANJA

«Me siento sobreestimulada cuando hay demasiadas emociones a mi alrededor, ya sea rodeada por una multitud o estando con una sola persona. Me entran ganas de llorar porque me siento atrapada. Un baño caliente con una bomba de baño de buen olor o encerrarme en una habitación oscura y tranquila sola o con mi gato me ayuda a calmarme».

JESSICA

Los ocho sistemas sensoriales del cuerpo

¿Qué ocurre exactamente en el cuerpo cuando nuestro cubo se desborda? Echemos un vistazo a los sistemas sensoriales de nuestro cuerpo. Aunque pensamos que tenemos cinco sentidos, el cuerpo tiene ocho sistemas sensoriales:[12]

1. Visual: vista.
2. Auditivo: sonido.
3. Olfativo: olor.
4. Táctil: tacto.
5. Gustativo: gusto.
6. Vestibular: sentido del equilibrio y del movimiento de la cabeza; situado en el oído interno.
7. Propioceptivo: sentido del movimiento del propio cuerpo. Controla y detecta la fuerza y la presión. Se localiza en los músculos y las articulaciones.

8. Interoceptivo: sistema de control de las actividades del cuerpo, como la respiración, el hambre y la sed. Se localiza en todo el cuerpo (en los órganos, en los huesos, en los músculos y en la piel).

Durante todo el día tus sistemas sensoriales trabajan tanto juntos como por separado para mantenerte seguro, regulado y atento a tus tareas. Esto incluye cosas importantes, como completar un proyecto en el trabajo, pero también incluye otras más pequeñas, de las que seguramente ni siquiera seas consciente. Por poner un ejemplo, esta mañana, cuando te has vestido, tu cerebro ha tenido que decidir si lo que te rozaba el brazo era seguro o peligroso. ¿Una camisa? Segura. Tu cerebro envía una señal a tu cuerpo para que lo ignore. Pero ¿y si fuera un mosquito? Peligroso. Tu cerebro envía una señal a tu cuerpo para que lo aplaste. Este proceso de asimilar un estímulo, interpretarlo y luego responder a él ocurre constantemente. Tu cerebro filtra el ruido de fondo para que puedas oír hablar a la gente. Mientras cortas verduras para preparar la cena, tu cerebro ajusta la cantidad de presión que tus manos ejercen sobre el cuchillo para mantenerte seguro. Incluso ahora, mientras lees esta frase, tu cerebro está trabajando para enfocar tus ojos y descodificar el significado que hay detrás de los símbolos que aparecen en esta página. «A lo largo de nuestro día no hay ni un solo momento en el que no estemos utilizando esta habilidad de procesamiento sensorial», explica Larissa Geleris.[13]

En total son ocho flujos de información continuos los que entran en tu cerebro cada segundo de cada día. Si añades las emociones que sientes o las tareas de alto nivel que realizas, la información se acumula rápidamente. Como ya hemos visto, las personas sensibles tienen un sistema nervioso que responde más a determinados estímulos, sobre todo a la información sensorial del sonido y el tacto, señala Larissa.[14] De la misma manera que se te cansan los brazos después de hacer flexiones, tus sentidos también se cansan. Sin embargo, a diferencia de los brazos, que pueden tomarse un descanso, los sistemas sensoriales de tu cuerpo están siempre activados.

INCENTIVO, AMENAZA, CALMA

Cuando estás sobreestimulado, la sensación es la de un ataque físico. Puedes experimentar pensamientos acelerados, tensión muscular, ira o pánico intensos y un deseo abrumador de escapar de la situación. El psicólogo clínico Paul Gilbert llama a este estado «modo amenaza».[15] Paul ha dedicado su carrera a investigar los mecanismos que sustentan los motivos y las emociones humanas. Sus trabajos se encuentran entre los más citados del mundo y uno de ellos fue tan fundamental para la ciencia que la reina Isabel II le concedió la Orden del Imperio Británico, uno de los galardones más prestigiosos que puede obtener un ciudadano británico. Según él utilizamos tres sistemas básicos —incentivo, amenaza y calma— para regular todas nuestras emociones. Aprender a prestar atención al sistema de emociones que estás utilizando en una situación determinada puede ayudarte a mantenerlo bajo control.

El primero, llamado «sistema de amenaza», es el más poderoso, porque es el que más capacidad tiene para hacerse con el control del cerebro. Su objetivo es mantenernos con vida, y su lema es: «Más vale prevenir que curar». Lo utilizan incluso los animales, cuando luchan contra un depredador, gruñen o se hinchan para parecer más grandes de lo que realmente son. Asociada a la respuesta de lucha o huida, o lo que Daniel Goleman, psicólogo y escritor, denomina «secuestro de la amígdala»,[16] el sistema de amenaza está siempre activado, escaneando nuestro entorno en busca de peligros, ya sea un autobús que se acerca a toda velocidad o una persona importante que no nos devuelve los mensajes de texto. Mientras responde a las amenazas reales y a las percibidas, da lugar a muchos falsos positivos. Por ejemplo, el comentario sarcástico de tu pareja o la rabieta de tu hijo seguramente no sean un peligro para tu vida, pero el sistema de amenaza puede hacer que lo parezca. Cuando sientes miedo, ira o ansiedad, has entrado en el modo amenaza. La autocrítica también puede formar parte de este modo; en ese caso, el cuerpo cree que tú mismo eres el peligro.

Si el primer sistema nos mantiene vivos, el siguiente nos ayuda a «conseguir más». Este sistema, llamado «sistema de incentivo», hace que nos sintamos bien cuando obtenemos recursos y alcanzamos objetivos. Estás en «modo incentivo» cuando completas los elementos de tu lista de tareas pendientes, pides un aumento de sueldo en el trabajo, compras una casa o un coche nuevo, sales con tus amigos o usas las aplicaciones de citas. Los animales también utilizan el sistema de incentivo cuando construyen nidos, atraen a sus parejas y almacenan comida para el invierno. Combinado con los otros dos, el sistema de incentivo «nos provoca esas descargas de alegría y placer», nos dice Paul Gilbert.[17] Pero si se desajusta, como ocurre a menudo en nuestra cultura del exceso, el sistema de incentivo puede caer en una espiral de búsqueda insaciable de «nada es suficiente». Si caemos en esta espiral, señala Paul, «la gente se obsesiona con conseguir, tener, hacer y poseer, y puede empezar a sentir que ha fracasado si no lo consigue».[18] Como ejemplo: el juego descontrolado, las adicciones a la comida y a las drogas, y la codicia. Para ilustrar esta mentalidad nos viene al pelo la película *El lobo de Wall Street*, que cuenta la historia real de los delitos del corredor de bolsa Jordan Belfort. Vemos el sistema de incentivo en acción cuando Belfort comenta: «A los veintiséis años y siendo mi propio jefe, gané cuarenta y nueve millones en un año. Y eso me cabreó mucho porque con tres más, habrían podido ser un millón a la semana».

Debido a la poderosa naturaleza del sistema de amenaza y del sistema de incentivo, somos más felices cuando los mantenemos bajo control y los usamos solo a tiempo parcial. Por desgracia, y sin darnos cuenta, la mayoría nos pasamos la mayor parte de nuestro tiempo en estos sistemas (y nos sentimos justificados, porque al fin y al cabo es lo que exige el mito de la dureza). Tanto el sistema de amenaza como el de incentivo pueden contribuir a la sensación de estar sobreestimulados a la que nos enfrentamos las personas sensibles.

Sin embargo, existe un antídoto contra la sobreestimulación: el tercer sistema, llamado «sistema de calma», que se activa de forma natural cuando no hay ninguna amenaza de la que defenderse ni ningún objetivo que perseguir. Otros lo denominan «sistema de descanso y digestión», porque una vez en el «modo calma», nos sentimos tranquilos, contentos y reconfortados, como un bebé en los brazos de sus padres o un gatito acurrucado contra su madre para sentirse seguro y calentito. El sistema de calma, que utilizan todos los mamíferos, nos permite relajarnos, ir más despacio y disfrutar de lo que estamos haciendo en el momento presente. Lo usas cuando saboreas el café matutino, recibes un masaje o admiras con atención las flores de tu jardín. Este sistema nos permite abrirnos a otras personas y ofrecerles compasión en vez de verlas como un peligro potencial. Cuando te sientes a salvo, feliz, seguro, cuidado y tranquilo, has entrado en el modo calma.

Sin embargo, aunque es el más placentero de los tres sistemas, también es el más fácil de que acabe pasado por alto. Muchos de nosotros tenemos el sistema de calma infrautilizado o
incluso completamente bloqueado debido a un trauma o a una
infancia difícil. Aprender a activarlo con regularidad supone un
cambio radical para las personas sensibles, y más adelante en
este capítulo te ofreceremos técnicas para que lo hagas.

La diferencia entre la sobreestimulación ocasional y la crónica

Por suerte, caer de vez en cuando en el modo amenaza no es peligroso en sí mismo. Tampoco es perjudicial para la salud. Tal como
descubrió Alicia, en cuanto pudo refugiarse en un lugar tranquilo
y sosegado (la galería de arte), el estrés y la ira empezaron a disi-
parse. Escribe: «Por suerte para mí (y para todos los que me rodean), descubrí que la sobreestimulación es solo temporal. Con
las técnicas adecuadas, desaparece y apenas deja rastro».[19]

Sin embargo, la sobreestimulación crónica es harina de otro
costal. Sucede cuando nuestro cuerpo está constantemente su-
mido en el modo amenaza debido a situaciones inevitables y
continuas. Tal vez un compañero de trabajo que convierte tu
entorno laboral en un ambiente tóxico o tal vez porque eres el
principal cuidador de tus hijos pequeños. O puede que vivas o
trabajes en un lugar que sea demasiado estimulante por su propia naturaleza. Si alguna vez has dicho que estás quemado o que
la situación se te escapa de las manos, es muy posible que sufras
de sobreestimulación crónica. La fatiga es otro signo de sobreestimulación crónica. Si te sientes cansado todo el tiempo —incluso después de haber descansado—, puede ser porque tu sistema

nervioso está sobreexcitado. Como se suele decir: «Ese cansancio que no se arregla ni durmiendo». Otros síntomas son que llores con más facilidad (a veces sin ningún motivo real) o incluso síntomas físicos —como dolor muscular, dolores de cabeza o problemas digestivos— sin una causa clara. Aunque podemos recuperarnos de los episodios ocasionales de sobreestimulación, la sobreestimulación crónica es un problema más grave y puede acabar perjudicando tu rendimiento laboral, tus relaciones, tu salud mental y física, y tu felicidad.

Si experimentas una sobreestimulación crónica, tienes que pararte a evaluar la situación con cuidado. ¿Qué es exactamente lo que desencadena la sobreestimulación? ¿Son ciertas personas, tareas y ruidos o es otra cosa? ¿Qué puedes hacer para evitar o minimizar esos desencadenantes? ¿Podrías pasar menos tiempo con esa persona, a lo mejor al comunicarte con ella solo a través del correo electrónico en vez de hacerlo cara a cara? ¿Podrías usar auriculares para obviar el ruido, hacer descansos más frecuentes, reducir tu horario de trabajo, delegar algunas de tus responsabilidades o pedirle ayuda a alguien? A veces la única forma de salir de la sobreestimulación crónica es apartarse de la situación, de la relación o del trabajo. No es fácil dar ese paso, pero si necesitas irte, date permiso para hacerlo.

Kit de herramientas para reducir la sobreestimulación

La clave para hacer frente a la sobreestimulación, tanto crónica como ocasional, es crear un estilo de vida que trabaje a favor de tu sensibilidad, no en su contra. En primer lugar, necesitas formas fiables de activar el sistema de calma y acabar con la sobreestimulación en el momento. En segundo lugar, necesitas métodos realistas para construir un estilo de vida a largo plazo que nutra tu naturaleza sensible.

Establecer estas medidas no significa que vayas a dejar de sobreestimularte por completo o que nunca vayas a enfrentarte a un problema relacionado con la sobrecarga sensorial. Incluso Lama Lodro Zangmo, una monja budista sensible que pasó once años en casi total reclusión,* se encontró a veces sobreestimulada por las prácticas de oración y meditación del monasterio. Como ella misma dice, la dejaban con la sensación de «llevar un relámpago dentro».[20] Si hablaba con otras personas, los sentimientos se intensificaban y al final del día se sentía abrumada. Con el tiempo aprendió a sentirse cómoda con esta energía, ya que llegó a entenderla como una parte natural de sí misma, y dejó de intentar controlarla o hacerla desaparecer. Al contrario, según explica, «si guardaba silencio, era como dejar que el viento se calmara, y me sentía a gusto con lo que ocurría en mi interior».[21]

Tom Falkenstein, autor de *The Highly Sensitive Man*, lo expresa de otra manera: «La tendencia a la sobreestimulación no puede evitarse por completo, porque resulta imposible huir de todas las situaciones con potencial para desencadenarla, ya sea una visita a un supermercado muy concurrido, la fiesta de cumpleaños de tu hermano, una presentación en el trabajo, la organización o la reserva de tus próximas vacaciones, o una reunión con el tutor para hablar de lo bien que les va a tus hijos en el colegio».[22] Además, señala, si organizáramos nuestras vidas para evitar toda oportunidad de sobreestimulación, seguramente acabaríamos llevando una vida..., en fin, pues bastante aburrida. En todo caso, las personas sensibles deberían aceptar su tendencia a la sobreestimulación ocasional y recurrir al uso de herramientas para reducirla.

* Que da la casualidad de que es la hermana de Andre...

Como ya hemos visto, la sobreestimulación no tiene una única causa, por lo que no hay una única técnica para abordarla. Por eso recomendamos el enfoque del «kit de herramientas», consistente en tener una variedad de estrategias a tu disposición para que puedas elegir las más útiles en cada momento. Lo más importante es que todas las herramientas de tu kit te ayuden a calmarte de un modo u otro. Recuerda que se trata de pasar del modo amenaza o incentivo al modo calma, no de seguir un guion. Así que personaliza cada herramienta como mejor te parezca. Lo que no debes cambiar es el hábito de utilizar estas herramientas cuanto antes y con frecuencia.

Establece un sistema de alerta temprana para la sobreestimulación

Antes de que te pongas enfermo, es posible que notes la garganta irritada o que te sientas mal; son señales de advertencia temprana de un resfriado o una gripe. Del mismo modo, antes de que llegues a un estado de sobreestimulación total, tu cuerpo emite señales de advertencia tempranas. Cuanto más consciente seas de estas señales, más fácil será evitar la sobreestimulación antes de que se haga demasiado «grande». Comprueba tu estado de ánimo a lo largo del día y hazte estas preguntas:

- ¿Cómo me siento ahora mismo?
- ¿Qué pensamientos o imágenes me vienen a la mente?
- ¿En qué parte del cuerpo estoy experimentando estas emociones?
- ¿Cómo me siento desde el punto de vista físico?

Si te sientes inquieto, tenso, distraído, irritado o con ganas de taparte los oídos o los ojos para protegerlos de información sensorial —o si tienes tensión muscular, sensación de opresión en el pecho, dolor de cabeza o dolor de estómago—, es posible que estés al borde de la sobreestimulación.

Tómate un descanso si es posible

Cuando la sobreestimulación ataca, lo mejor que puedes hacer es alejarte de lo que te sobreestimula, ya sea un sonido o una conversación. Tómate un descanso. Cierra una puerta. Da un paseo corto. Entra en un baño. Haz lo que sea necesario. Si necesitas alejarte, es importante que comuniques lo que ocurre a los que te rodean. Di: «Me estoy sobreestimulando. Necesito un pequeño descanso para calmar mi cuerpo». Si estás en el trabajo, algo más apropiado sería: «Necesito un momento para despejarme un poco la cabeza y poder trabajar mejor. Vuelvo dentro de cinco minutos».

Lo más difícil de las pausas tal vez sea darte el permiso necesario para hacerlas y no tanto llegar a reconocer que las necesitas. Sin embargo, las pausas son cruciales para interrumpir la sobreestimulación. Recuerda que si realmente no quieres dar explicaciones, el baño es la mejor excusa. (Como dijo un hombre sensible: «Otro nombre para el "baño" es "refugio"»).

Mientras te tomas el descanso, concéntrate en el cuerpo. Acepta que en realidad no sufres ningún ataque, aunque eso sea lo que sientas. «En ese momento, cuando estás sobreestimulado, te sientes muy impotente —dice Larissa Geleris—. Creo que es de vital importancia reconocerlo. Aunque te sientas indefenso, no lo estás. Tu sistema nervioso te está diciendo: "Oye, que estamos en peligro", pero no lo estás. Recuérdalo».[23]

Busca información sensorial relajante

La mayoría de las veces nos resulta imposible escapar de la situación que nos sobreestimula. En esos momentos es cuando necesitamos otras herramientas para reducir el nivel de excitación. Cuando se activa el sistema de amenaza, debemos interrumpir la respuesta física del cuerpo (porque el modo amenaza es, esencialmente eso, una reacción física del cuerpo). La forma de interrumpir esa respuesta también es física. Por ejemplo, puedes apoyar la espalda en la pared y empujar firmemente contra ella. Tumbarte de espaldas en el suelo. Hacer miniflexiones con la encimera de la cocina o en la mesa de trabajo. Rodearte el cuerpo con los brazos y darte un fuerte abrazo (o, si es apropiado, pedirle a alguien que te abrace). La información propioceptiva, la sensación que recibes cuando tu cuerpo encuentra resistencia, es el tipo de información sensorial más relajante, afirma Larissa Geleris.[24] Lo mejor de la información propioceptiva es que puedes activarla en cualquier momento y lugar, por tu cuenta, sin que nadie se entere. (La información propioceptiva también es la razón por la que a la gente le encantan las mantas pesadas contra el estrés).

Mueve menos la cabeza

El sistema vestibular es el sistema sensorial que, entre otras funciones, controla la posición de tu cabeza en el espacio. Cuando giras la cabeza, el cerebro se ilumina con actividad eléctrica y el resto de los sentidos se aguzan, lo que puede contribuir a la sobreestimulación. Por tanto, colócate de tal forma que reduzcas el movimiento de la cabeza. Por ejemplo, si estás preparando la cena (una tarea a menudo sobreestimulante para los padres con bebés y niños pequeños), coloca antes en la encimera todo lo que necesitas para no tener que girar tanto la cabeza. Si estás en una comida familiar o de grupo, siéntate a la cabecera de la mesa para poder ver a todo el mundo a la vez. Si es posible, colócate de espaldas a una pared para no tener que recibir información sensorial por detrás. Esto hace que tu sistema de amenaza se calme porque los «depredadores» no pueden atacarte por la espalda. (También es la razón por la que nos gustan los espacios acogedores y preferimos el asiento que está junto a la pared en un restaurante o en una sala de reuniones).

Consuélate como consolarías a un niño

Tal como han aprendido todos los padres, los niños se sobreestimulan fácilmente porque su cerebro no para de aprender y de procesar información en todo momento. Así que demuestra la misma compasión contigo mismo que le demostrarías a un niño sobreestimulado. «Cuando eras pequeño, no te habrías calmado ni habrías dejado de llorar si tus padres te hubieran gritado, te hubieran criticado duramente o te hubieran dejado solo en una habitación. Así que es vital que en los momentos difíciles seas capaz de utilizar la regulación emocional para cuidarte y reconfortarte, en vez de juzgar con dureza tu tendencia a sobreestimularte rápidamente y a sentir las cosas con intensidad ("¡Ya empezamos otra vez!")», escribe Falkenstein.[25] «De esa forma solo consigues aumentar la tensión que sientes y la excitación emocional, algo que no te ayudará a calmarte». Puedes intentar imaginarte como un niño pequeño y hablarle directamente a ese pequeñín con palabras de consuelo: «Sé que esto no es fácil para ti», «Yo también siento tu dolor», «No estás solo, estoy aquí contigo», «Dime qué te pasa».

Activa tu cerebro cognitivo

Efectivamente, tenemos dos cerebros: uno cognitivo y otro emocional. Las personas sensibles tienden a pasar más tiempo en su cerebro emocional, dice la psicoterapeuta Julie Bjelland, especializada en el rasgo de la alta sensibilidad. «Cuando el cerebro emocional está activado, el cerebro pensante básicamente se duerme», explica.[26] (Si alguna vez has tenido la sensación de no poder pensar con claridad cuando estás enfadado o estresado, es porque tu cerebro emocional ha anulado a tu cerebro cognitivo). Al igual que el sistema de amenaza y el de calma no pueden activarse al mismo tiempo, tampoco pueden hacerlo nuestro cerebro cognitivo y nuestro cerebro emocional. Despertar tu cerebro cognitivo reducirá la intensidad de las emociones que sientes cuando estás sobreestimulado. Julie Bjelland sugiere coger un papel y anotar la emoción o emociones que sientes y lo que ella llama «hechos cognitivos». En este caso, los hechos cognitivos son observaciones que contrarrestan el mensaje de tus emociones. Por ejemplo, tus emociones pueden decirte: «La presentación ha sido una chapuza y he hecho el ridículo». Aquí tienes unos cuantos hechos cognitivos que pueden contrarrestar ese mensaje:

- He actuado según mis normas personales.
- Mis compañeros de trabajo me han dicho que he hecho un buen trabajo.
- Mi jefa no me habría encargado la presentación si no confiara en mí.

Julie Bjelland aconseja anotar al menos tres hechos cognitivos para cada emoción.[27] Como el cerebro cognitivo se encarga del lenguaje, el simple proceso de expresar tus sentimientos con palabras es una forma de activar esa parte de tu cerebro.

Crea tu santuario sensible

Configura tu entorno físico para que nutra tu sensibilidad. Por ejemplo, no siempre es posible sentirse tranquilo en una oficina abierta o en un aula, pero deberías tener al menos un espacio que te aporte paz inmediata. Ese es el concepto del santuario sensible. Este santuario es una habitación u otro espacio que es totalmente tuyo. Es donde te relajas y escapas del mundanal ruido. Si no es posible tener una habitación propia, empieza con un sillón cómodo, con tu propia mesa o con un rincón tranquilo. Decóralo con colores relajantes o con lo que te haga feliz. La comodidad física es clave, así que incluye cojines, tejidos suaves, iluminación cálida y muebles cómodos. Haz acopio de las cosas que más te alegran, como libros, diarios, velas, objetos religiosos, música relajante o tus aperitivos favoritos. Los detalles no importan tanto como la idea de que sea tu espacio personal, creado de forma que te permita procesar y relajarte.

Lo más importante es que te asegures de informar a tu familia o compañeros de piso sobre su existencia. Recalca que el «tiempo para mí» en tu santuario es importante para tu salud física y mental. Muchas personas sensibles crean un santuario de forma instintiva, pero a menos que tengan unos límites claros sobre su espacio y su uso, otros pueden entrometerse, interrumpirlo o incluso apoderarse de él. Recuerda que la idea de que alguien pueda necesitar un espacio privado especial para no hacer nada —o para relajarse— es un concepto desconocido para algunas personas. Por ejemplo, si para ti es importante que nadie cambie de sitio los objetos de tu santuario ni te interrumpa mientras disfrutas tomándote una infusión en él, asegúrate de dejarlo claro.

Establece límites saludables

Hablando de límites, la sobreestimulación crónica se produce porque nuestros límites tienen agujeros, es decir, zonas en las que no hemos establecido o comunicado un límite claro. (Que levante la mano quien sea una persona sensible que odia poner límites porque no quiere ofender ni defraudar a nadie). Es posible que los límites parezcan un concepto que va en contra de la empatía natural de la persona sensible. Sin embargo, los límites que establezcas no tienen por qué ser muros o separadores. Simplemente son una lista personal de cosas que te parecen bien o mal. Para las personas sensibles, los límites saludables pueden ser algo así:

- «No puedo ir a ese evento este fin de semana».
- «Solo puedo quedarme una hora».
- «Eso no me sirve».
- «No lo haré».
- «Me gustaría, pero así de repente me resulta imposible. ¿No podría ser a otra hora?».
- «Siento que lo estés pasando tan mal y me encantaría ayudar, pero sería demasiado para mí. ¿Puedo hacer otra cosa?».
- «Sé que es un tema importante, pero ahora mismo no puedo hablar de él».

- «Cuando comparto mis pensamientos contigo y me critricas, me encierro en mí mismo. Solo puedo hablar contigo si respondes con respeto».
- «Tengo problemas y necesito hablar con alguien. ¿Estás disponible ahora mismo?».
- «Necesito un poco de "tiempo para mí". ¿Puedes llevarte a los niños unas horas?».
- «Estoy cansado. Necesito descansar».

Escucha el mensaje que te transmiten tus emociones

Cuando te sientas abrumado por sentimientos intensos, recuerda que las emociones en sí mismas no son el problema, según explica Steven C. Hayes, coautor de *Get Out of Your Mind and Into Your Life*.[28] Al igual que una alerta en tu teléfono o una postal de un amigo, las emociones son simples mensajeros.

Por tanto, no estamos obligados a actuar ante cada emoción, aunque al menos los mensajes merecen ser escuchados. A veces las emociones nos dicen que se ha cruzado un límite importante, que es el momento de actuar o que la relación con nuestra pareja no satisface nuestras necesidades. Lo normal es que nos enseñen algo y nos ofrezcan una oportunidad de cambio. Aunque la idea de decirte a ti mismo que estás exagerando puede resultar tentadora —al fin y al cabo, tal vez lleves toda la vida oyéndolo—, no desoigas tus emociones ni los avisos de que estás sobreestimulado. Su función no es la de dejarte guiar siempre por ellos, pero tampoco hay que evitarlos por completo. «Su función es ir y venir, fluir a través de ti cuando es oportuno. Cuando estamos en un mal momento, nos ofrecen lecciones importantes; y cuando las cosas van bien, siempre traen una bonita recompensa», explica Steven C. Hayes.[29] Según él, cuando surjan sentimientos intensos, lo mejor es que te tomes un momento para reflexionar sobre estas preguntas: «¿Qué me pide que haga esta emoción?» y «¿Qué es lo que anhelo según ella?».

Dedica tiempo a reír y a jugar

Canta con la radio del coche, salta por el pasillo, juega con tu perro, haz un muñeco de nieve, da un paseo en bicicleta sin rumbo fijo o elije uno de los juguetes de tu hijo y juega con él. Busca la parte divertida de las situaciones. Los psicólogos denominan esta atención al juego y a la voluntad de participar en él como «ética del juego».[30] Consiste en aceptar al niño que llevas dentro y dedicarle tiempo a la diversión. Tal como escribe la terapeuta Carolyn Cole en Sensitive Refuge, este lado lúdico suele «quedar enterrado con los años por el miedo a no encajar, por estar demasiado pendiente de las responsabilidades y por sentir que ya no tienes tiempo para esta parte de ti mismo».[31] Recomienda a todos sus pacientes, sobre todo a los sensibles, cultivar la ética del juego para ayudar a frenar la sobreestimulación antes de que empiece. El humor, concretamente, requiere el uso de la corteza prefrontal, la parte del cerebro que está en desacuerdo con la sobreestimulación emocional. Es decir, no puedes reírte de algo gracioso y sentirte agobiado al mismo tiempo.

Dale tiempo

Cuando estás sobreestimulado, las emociones te parecen abrumadoras y tu cuerpo puede rebosar de ansiedad o estrés, por lo que tal vez te resulte difícil recordar el uso de las herramientas que hemos descrito. La misma Larissa Geleris admite que cuando estaba sobreestimulada mientras le cambiaba el pañal a su hija, todas sus técnicas salieron volando por la ventana, aunque es una experta en procesamiento sensorial que enseña dichas herramientas a otras personas. Así que quizá el consejo más importante para hacer frente a la sobreestimulación sea simplemente darse tiempo. «Si puedes, surfea la ola un poco, y cuando vuelvas a bajar, es el momento de que pongas en práctica tus herramientas —dice—. Lo conseguirás. Parece que no acabará nunca, pero lo conseguirás».[32]

Asume que a veces es imposible evitar la sobreestimulación. Recuerda que es tu cerebro haciendo lo que mejor sabe hacer: profundizar. En esos momentos, haz todo lo posible para usar tus herramientas, y sé amable contigo mismo si los resultados no son perfectos. Como se suele decir, «nada dura para siempre».

5

El dolor de la empatía

> A veces creo que necesito un corazón más para
> sentir todo lo que siento.
>
> SANOBER KHAN, «Spare Heart»
> *A Thousand Flamingos*

Rachel Horne tenía un problemón.[1] Había hecho todo lo posible para acceder a un prestigioso programa universitario dedicado a la administración de organizaciones sin ánimo de lucro. Por desgracia, el mercado laboral para las personas que quieren cambiar el mundo es muy competitivo en el mejor de los casos. Un año después de graduarse estaba abrumada por los préstamos estudiantiles y necesitaba trabajar con desesperación. Descubrió que había una vacante como directora de una residencia de cuidados paliativos para personas mayores con demencia. Tal vez allí podría ayudar a la gente, pensó, aunque el trabajo no fuese lo que había planeado hacer en un principio. Quizá incluso se le diera bien, porque es una persona sensible.

Cuidar a los ancianos es un trabajo importante, pero para ella se convirtió en una profesión desgarradora. Sus días consistían en un incesante ajetreo de cuidados, logística y decisiones de vida o muerte, todo ello sin abandonar la sonrisa. Su «despacho» era prácticamente un almacén donde se guardaban montones de objetos con los que se realizaban actividades, y se pasaba el día oyendo el pitido de los monitores que enloquecían señalando las paradas cardiacas a través de las paredes, tan finas como el papel. Claro que había momentos bonitos, como cuando conseguía conectar con alguien perdido en la demencia y ofrecerle un rayito de alegría. En una ocasión tocó música para un paciente, aunque sus compañeros le decían que perdía el tiempo porque su enfermedad estaba muy avanzada. Después de aquello un día el paciente se volvió hacia ella y cantó un verso de la canción. Fue la única vez que lo oyó hablar, pero aquel día fue la confirmación de que estaba cambiando las cosas con lo que hacía.

Sin embargo, esos momentos no sucedían a menudo, en parte porque el hecho de bajar un poco el ritmo como para dedicarles tiempo retrasaba a todo el mundo. También hubo momentos de pérdida. No era raro que un miembro del personal formara un vínculo profundo con un paciente al que encontraba muerto el día menos pensado. Rachel no entendía cómo sus compañeros eran capaces de seguir como si no hubiera pasado nada; su actitud parecía muy insensible, muy fría. «Me resultaba imposible distanciarme e imponer una distancia profesional con el sufrimiento de los pacientes. Me resultaba imposible decir: "Vale, son las cinco. Es hora de darle carpetazo a esto y salir con mis amigos". ¡Alguien acababa de morir!»,[2] nos contó.

Otras veces las personas confiaban en ella en su lecho de muerte y compartían sus sentimientos, arrepentimientos e incluso secretos familiares que no querían llevarse a la tumba. Como persona sensible, Rachel era capaz de oírlos sin criticar y de ofrecerles un poco de consuelo. Pero esa labor emocional le pasó factura. «Podía mantener la compostura delante de las personas que me necesitaban, pero en cuanto me metía en el coche y cerraba la puerta, empezaba a llorar»,[3] asegura.

En teoría, Rachel estaba cambiando las cosas, pero no dormía lo suficiente, y muchas noches se iba a casa llorando, para volver a llorar a la mañana siguiente. Después de apenas cinco meses de trabajo, se encontraba exhausta física y emocionalmente, y necesitaba un cambio.

Fue entonces cuando conoció a un francés llamado Florian.[4] Su mirada agradable y su comportamiento despreocupado le recordaron a sí misma cuando había espacio para esas cosas en su vida. Florian tenía mucho espacio: estaba dando la vuelta al mundo haciendo dedo. Iba a acampar en el terreno de su amiga durante unas noches y luego volvería a la carretera. Sin reuniones a las que asistir ni muertes trágicas que «gestionar» como si fueran asientos en un libro de contabilidad, su vida parecía totalmente serena.

Aquella noche Rachel y Florian hablaron hasta bien entrada la madrugada. Ella le hacía una pregunta tras otra y él las respondía todas con gran paciencia. No, no era rico. No, no se sentía inseguro. No, nunca le habían gritado mientras montaba la tienda. Sí, era feliz... ¿Y ella? Rachel admitió que lo envidiaba. La mayoría de la gente diría que nunca podría hacer nada parecido a lo que hacía Florian, pero ella empezó a ver su viaje como una alternativa viable, quizá incluso preferible, a su trabajo.

Al día siguiente Rachel se descubrió haciendo un trato. Ella lo dejaría todo organizado en el trabajo y Florian haría autostop hasta su piso con una tienda de campaña y una mochila preparadas. Con su ayuda, haría lo que todos los padres esperan que sus hijos no hagan nunca: adentrarse en la naturaleza con un desconocido. Sabía que podía perderlo todo, quedarse sin dinero e incluso enfrentarse a un peligro real. Pero también se sentía más ligera. Por primera vez desde hacía años el constante bombardeo de las necesidades y las emociones ajenas parecía muy lejos.

EL LADO OSCURO DE LA EMPATÍA

Aunque la empatía es uno de los mayores dones de las personas sensibles, también puede parecer una maldición. Eso se debe a que la empatía puede ser dolorosa. Requiere que asimilemos de verdad lo que siente otra persona, incluso que experimentemos ese sentimiento con ella, pero en nuestro propio cuerpo. Al igual que todas las emociones, esa experiencia puede ser abrumadora, y al igual que todas las emociones, es caótica. Por eso la empatía tiene algunos efectos secundarios.

Uno de esos efectos secundarios es el peso de interiorizar los momentos más preocupantes del mundo, tanto si los ves en las noticias como si los experimentas tú mismo. Otro efecto secundario es el agotamiento emocional —también conocido como fatiga por compasión— que se produce cuando el esfuerzo constante de cuidar a los demás resulta excesivo. Eso fue lo que experimentó Rachel Horne. Los profesores, las enfermeras, los terapeutas, los padres que se quedan en casa y otras personas que desempeñan funciones de cuidador corren un riesgo especial de agotamiento del cuidador. Un ejemplo: en 2021, en plena pandemia, el agotamiento emocional fue la razón principal por la que muchos trabajadores sanitarios abandonaron su trabajo.[5] Incluso en 2022 uno de cada cinco profesionales de la medicina y dos de cada cinco profesionales de la enfermería dijeron que tenían intención de dejar su trabajo al cabo de dos años, según la Asociación Médica Americana. Otro tercio quería reducir el número de horas de trabajo.

Sin embargo, si le preguntas a cualquier persona sensible, te dirá que uno de los efectos secundarios más habituales de la alta empatía es la absorción de emociones no deseadas. Para algunas personas sensibles, las emociones son como una presencia tangible en el entorno, y el resultado es la sensación repentina de ser invadido por sentimientos que parecen venir de la nada. Estás tan tranquilo disfrutando de tu café y, en un abrir y cerrar de ojos, te sientes nervioso y asustado, mirando alrededor mientras te preguntas por qué. Una persona sensible nos dijo que parece sentir las emociones de su madre, como la ansiedad, incluso cuando no están físicamente cerca la una de la otra, como cuando están comprando en diferentes partes de una tienda.

Para una persona menos sensible, este lado oscuro de la empatía tiene una solución sencilla: reducirla. Sin embargo, las personas sensibles llevan toda la vida oyendo este consejo. No pueden desconectar la empatía, de la misma manera que no pueden desconectar los sentidos ni el pensamiento profundo.

CON TUS PROPIAS PALABRAS
¿Cómo te afectan las emociones de los demás?

«Cuando entro en una habitación, lo primero que hago es mirar a todos los presentes. Mis sentidos sintonizan de inmediato con sus emociones. Las emociones positivas me mantienen animada y las negativas me agotan. A veces creo que incluso puedo sentir los sentimientos de las mascotas».

JACKIE

«Lidiar con las emociones de otras personas me supone un gran reto. En teoría los hombres no nos percatamos de ese tipo de cosas. De hecho, he aprendido formas sutiles de pasar de la mirada, del tono de voz, del lenguaje corporal, de la forma de hablar y de otras cosas de otras personas, para "bajar" el volumen de sus estados emocionales intrusivos. Una persona enfadada o con malas intenciones puede perturbar mi sistema nervioso durante días si tengo que interactuar con ella y a veces incluso me provoca una respuesta traumática. Me ha costado muchísimo trabajo, pero ahora soy capaz de distinguir qué emociones me pertenecen y cuáles no».

TRENT

«Puedo sentir e incluso visualizar las emociones de otras personas. Es normal que me resulte difícil saber dónde acaban sus emociones y dónde empiezan las mías. Lo peor es cuando estoy en una habitación llena de desconocidos, ya que no tengo justificación para lo que siento y casi siempre pienso que dichas emociones son mías. Si estoy sobreestimulado, las emociones de los demás me empujan a un estado mental negativo. Si no estoy sobreestimulado, puedo utilizarlas como pistas para ayudar a la gente. Aunque incluso en ese caso debo tener mucho cuidado de no absorber más de la cuenta».

MATHEW

«¡Lo absorbo todo! Me estoy esforzando para conseguir gestionarlo, pero soy como un termómetro humano: soy capaz de medir la "temperatura" de una persona o incluso la de todos los presentes en una habitación».

KAY

CONTAGIO EMOCIONAL

Como muy bien saben las personas sensibles, las emociones son contagiosas: se propagan de una persona a otra con la misma facilidad que el resfriado común. De hecho, los psicólogos no llaman empatía al contagio de una emoción. Se refieren a ella como «contagio emocional», y todos nos contagiamos de las emociones en cierta medida, seamos sensibles o no. Y no solo se contagian las emociones negativas, como el estrés y la ira. El objetivo de una fiesta es absorber los sentimientos de felicidad de los amigos mediante la sonrisa, la risa y el baile. Captar los sentimientos de los demás es, de hecho, una parte fundamental de lo que nos hace humanos y, como sucede con la sensibilidad, ayuda a la supervivencia de nuestra especie. Cuando un grupo de humanos capta la inspiración, trabajan juntos hacia un objetivo común. Cuando capta el miedo, se movilizan contra la amenaza y reaccionan rápidamente ante el peligro.

En parte, la propagación de las emociones es posible por lo que los investigadores llaman el «efecto camaleón».[6] De la misma manera que un camaleón se funde con su entorno, nosotros imitamos de forma inconsciente los gestos, las expresiones faciales y otros comportamientos de las personas que nos rodean, para adaptarnos mejor a nuestro entorno social. Por ejemplo, si tu compañero de trabajo te sonríe cuando os cruzáis por el pasillo, probablemente le devuelvas la sonrisa de forma automática. Esta respuesta social es algo bueno. Cuando reflejas el comportamiento de otra persona, dicha persona se siente bien contigo. El efecto camaleón también explica por qué un grupo de amigos desarrolla formas similares de hablar y bromear, o cómo podemos establecer una relación con desconocidos en cuestión de segundos «devolviendo» sus emociones. Las investigaciones afirman que los individuos con mucha empatía —como las personas sensibles— demuestran el efecto camaleón en mayor medida que los demás. Este hallazgo también explica por qué las personas sensibles dicen que es habitual que los desconocidos se sientan cómodos contándoles su vida (como hacían los pacientes de Rachel Horne). Sin darse cuenta, las personas sensibles tienden a reflejar las emociones de los demás de forma automática, y este reflejo genera confianza.

Este proceso biológico de captación y devolución de emociones ocurre en tres etapas.[7] La primera etapa es el efecto camaleón, cuando imitas las señales de otra persona, ya sea una sonrisa o un ceño fruncido. Luego viene la segunda etapa: un bucle de retroalimentación. Cuando tu cuerpo adopta la «apariencia» de una emoción, tu mente empieza a «sentir» dicha emoción, ya sea felicidad o preocupación. Durante la última etapa, la otra persona puede empezar a hablar de lo que siente o de lo que ha experimentado. A partir de sus propias palabras, lo ideal es que aprendas lo que motivó que la persona sintiera alegría o estrés y, por extensión, por qué tú sientes lo mismo. Esta etapa puede ser útil, sobre todo cuando te enfrentas a emociones dolorosas, porque te permite poner en contexto la emoción y obtener el «porqué» de lo que sientes. Sin embargo, esta etapa también puede aumentar el bucle de retroalimentación. A medida que los dos os sincronizáis, el ceño inicial se convierte en una verdadera sensación de angustia. Y, lo que es peor, si no os comunicáis —quizá porque la emoción te la ha transmitido alguien que no quiere hablar de ella—, aparecen la ansiedad y la incertidumbre. Por ejemplo, imagina que tu jefe llama a tu compañero de trabajo a su despacho y sale con cara de estar al borde de las lágrimas, luego recoge sus cosas y se va. Bastante estresante sería por sí solo absorber el miedo y la tristeza de tu compañero (aun sabiendo por qué lo despiden), pero cuando absorbes esos sentimientos sin ninguna explicación, te quedas pensando si tú también estás a punto de pasar por la guillotina.

Si no te consideras una persona sensible, puede que ahora te hagas una idea de por qué los que son así hablan tanto de sus sentimientos. Pasan por este ciclo todo el tiempo, de modo que su empatía puede hacer que carguen con el estrés de todos los que les rodean. Compartir las emociones de otra persona puede ser bonito, pero cuando es algo constante, también puede ser una fuente de dolor.

Los supercontagiadores más potentes

Una cosa es absorber las emociones de un desconocido, pero otra muy distinta es absorber las emociones de los más allegados. De hecho, las investigaciones demuestran que las emociones son mucho más contagiosas cuando proceden de un ser querido. Un estudio en concreto descubrió que los cónyuges influyen muchísimo en los niveles de estrés del otro.[8] Por tanto, el estrés compartido desempeña un papel importante en la satisfacción matrimonial (o en la falta de ella). Tal como nos dijo una esposa sensible, cuando su marido se cabrea o se pone nervioso —aunque el problema no tenga nada que ver con ella—, su cuerpo responde de inmediato de forma física y emocional, llegando casi al pánico o incluso las lágrimas. Sin embargo, su marido no acaba de entender por qué le afecta tanto que él «desahogue sus emociones». (Curiosamente, un investigador descubrió que las mujeres son más susceptibles al contagio emocional que los hombres, sobre todo a la hora de captar el estrés y la negatividad.[9] Esto puede deberse a que las mujeres están más socializadas para atender las necesidades emocionales de las personas que las rodean). Otro estudio descubrió que la depresión de un cónyuge suele provocar depresión en su pareja.[10] Lo mismo ocurre entre padres e hijos, e incluso entre compañeros de piso.

El hecho de que las emociones negativas se propaguen con más facilidad que los estados de ánimo positivos no ayuda mucho. En un estudio se pidió a un grupo de personas que fueran testigos de cómo se le pedía a un incauto participante que diera un discurso no planificado y completara una serie de problemas de aritmética mental delante de todos.[11] El estrés del sujeto era tan contagioso que los observadores experimentaron un aumento considerable de cortisol, la hormona del estrés, incluso los que contemplaban la escena a través de un espejo unidireccional. De hecho, lo experimentaron incluso los que veían la escena en otro lugar, a través de un vídeo. No es de extrañar que muchas personas sensibles digan que no soportan ciertos programas de televisión o películas, sobre todo los que son intensos, de suspense o violentos.

Estos resultados subrayan la importancia de elegir bien tu círculo íntimo. Harías bien en evitar a las personas que siempre se están quejando, a la gente negativa y tóxica, y a los que expresan sus sentimientos con intensidad, pero que no se muestran receptivos a los estados emocionales de los demás. Estas personas son los supercontagiadores emocionales del mundo.[12] Transmiten las emociones más negativas de forma parecida a como sucedió con la rápida transmisión de la COVID-19 en las residencias de ancianos y en los restaurantes sin buena ventilación durante la pandemia.

La empatía a veces puede ser abrumadora porque resume esa frase de «siento tu dolor». Pero si retrocedes un poco y lo piensas, las personas que sufren no necesitan realmente que sintamos lo que ellas sienten para que las ayudemos. Por supuesto, todo el mundo quiere sentir que sus seres queridos los apoyan y que comprenden las dificultades por las que están pasando, y las personas sensibles destacan por ofrecer ese espacio emocional para los demás. Pero cuando nos sentimos abrumados, esa respuesta es contraproducente; es como oír el llanto de un bebé y responderle echándonos a llorar. Si las emociones son demasiado dolorosas, incluso podemos alejarnos de los que sufren. Si alguna vez has cambiado de canal de televisión cuando aparece un anuncio sobre el maltrato animal, tal vez te sientas identificado.

Sin embargo, ¿cómo es posible que la empatía resulte tan problemática? ¿Cómo es posible que la empatía —fundamento de la moral humana y fuerza motriz de los logros humanos, como vimos en el capítulo 3— no conduzca necesariamente a que nos ayudemos los unos a los otros?

La respuesta es que la empatía es una bifurcación del camino. Puede conducir a la angustia y al dolor. Pero con la práctica también puede conducir a algo mucho más bonito, a algo que te ayudará tanto a ti como a la persona que está sufriendo.[13]

Ese algo se llama compasión.

TRASCENDER LA EMPATÍA

El «hombre más feliz del mundo» no gana dinero.[14] No tiene casa ni coche. En invierno se aísla en una diminuta ermita en Nepal sin ninguna de las comodidades a las que estamos acostumbrados, ni siquiera calefacción para combatir el frío. Ese hombre es Matthieu Ricard, un biólogo molecular francés convertido en monje budista.

Ese título lo avergüenza bastante. Lo acuñó un periódico británico hace más de diez años. Según él, todo es una exageración de los medios de comunicación. Sin embargo, esa etiqueta tiene algo de cierto. Ricard participó en un estudio de doce años sobre la meditación que incluía múltiples escáneres cerebrales, y los resultados mostraron algo muy inusual: en las zonas asociadas a las emociones positivas, su cerebro tenía un nivel de actividad nunca visto por la comunidad científica. En resumidas cuentas, no podía estar más contento.

Por lo visto, Ricard estaba en el Instituto Max Planck de Alemania, donde le mostraban imágenes de personas que sufrían mientras le hacían una resonancia magnética funcional, y le dijeron que conectara con la experiencia y que se limitara a observar el sufrimiento de otras personas. (Es decir, que se le pidió que aprovechara su empatía). Después de hacerlo durante un rato, dicen que suplicó al equipo de investigación: «¿Puedo cambiar a la práctica de la compasión? Esto me resulta tan doloroso que no lo puedo soportar».[15] Sorprendentemente una vez que añadió la compasión a la empatía, descubrió que podía seguir presenciando el dolor de los demás sin la sobrecarga emocional.

LA COMPASIÓN PUEDE CAMBIAR EL CEREBRO

Esa es la magia de la compasión, un rasgo estrechamente relacionado con la empatía, pero diferente en esencia.[16] Mientras que la empatía implica reflejar el estado emocional de otra persona, experimentándolo con ella, la compasión implica una respuesta ya sea la preocupación, el cariño o la afabilidad. La compasión implica una acción. La empatía puede ser tan simple como sentir lo mismo que siente alguien y seguir adelante sin más, pero la compasión implica el deseo de ayudar o actuar en favor de ese alguien. Eso hace que pasemos del estrés y el agobio al afecto y el amor. La compasión nos hace ser activos en vez de pasivos. Nos convertimos en la mano que ayuda, no solo en la esponja que absorbe el dolor.

Cuando pasamos a la compasión, cambiamos la propia química cerebral. De hecho, Tania Singer, una destacada investigadora de la compasión, descubrió que las partes del cerebro que se activan cuando compartimos el dolor de alguien (empatía) son distintas de las que se activan cuando queremos responder con afecto al sufrimiento de alguien (compasión).[17] Nuestro ritmo cardiaco se ralentiza, liberamos la «hormona del vínculo afectivo» —la oxitocina— y se iluminan las partes del cerebro relacionadas con el cuidado y el placer. Una vez que la compasión entra en escena, no tenemos por qué experimentar el dolor de los demás con ellos, explica Singer, pero sí nos preocupamos y sentimos un intenso deseo de ayudar. En vez de alejarnos de los demás, la compasión nos conecta a un nivel más profundo y refuerza nuestros vínculos sociales.

Para dejarlo claro, la empatía en sí misma es algo maravilloso. Es un superpoder que comparten todas las personas sensibles. Pero la empatía por sí sola puede resultar abrumadora. Ahí es donde entra la compasión, que es lo que nos permite utilizar la empatía para cambiar las cosas.

EMPATÍA VERSUS COMPASIÓN

Empatía	Compasión
☐ Experimentar la misma emoción que otra persona.	☐ No tiene por qué experimentarse la misma emoción.
☐ Visión subjetiva (nuestras emociones o entendimiento).	☐ Visión objetiva (deseo de conectar con la otra persona y ayudarla).
☐ Puede provocar dolor, sufrimiento o inquietud. Puede que nos apartemos para reducir el dolor que estamos experimentando.	☐ Las hormonas y la actividad cerebral nos preparan para ayudar, para conectar y para ofrecer apoyo.

☐ Expresiones faciales y actos que transmiten nerviosismo, dolor o preocupación (respingo, llevarse una mano al corazón, parecer sorprendido o preocupado).	☐ Expresiones faciales y actos que transmiten un compromiso con la otra persona (inclinarse hacia ella, acercarse físicamente, establecer contacto visual, tocarla, expresar interés genuino).
☐ Aumento del ritmo cardiaco y de la tensión.	☐ El ritmo cardiaco disminuye. Tranquilidad.
☐ Actividad cerebral relacionada con emociones negativas.	☐ Actividad cerebral asociada con emociones positivas.
☐ Puede motivar un acercamiento para ayudar o un alejamiento para evitarlo. ☐ Respuesta biológica básica: puede ser algo automático, no se necesita aprendizaje.	☐ Siempre va unida a una motivación para acercarse o ayudar. ☐ Requiere un esfuerzo. No es fácil que se active la compasión sin práctica o sin querer.

Lo más bonito de todo es que pasar de la empatía a la compasión cambia las cosas en este mundo de excesos. Vemos el impacto de esta transición en innumerables personas que responden a la tragedia con compasión en nuestro día a día, como Susan Retik, cuyo marido murió en los atentados del 11 de septiembre.[18] Aquello le destrozó la vida, pero la avalancha de apoyo público a las viudas del 11-S la ayudó a sobrellevarlo. Sin embargo, luego vio a un grupo de mujeres que no recibían ese mismo apoyo: las mujeres afganas que la guerra dejó viudas en el país donde se habían entrenado los asesinos de su marido. Sin ellos, esas mujeres a menudo caían en la pobreza o incluso perdían a sus hijos. Así que, en una época en la que muchos otros estadounidenses cedían a la islamofobia y a otras formas de odio, Susan abrió su corazón, porque sentía que las mujeres afganas no eran sus enemigas, sino que tenían algo en común. Empezó a recaudar fondos y a tender la mano a través de esos dos países en guerra para ayudarlas. Y antes de que se diera cuenta, había cofundado una organización internacional que ayudaba a las mujeres afganas a adquirir las habilidades necesarias para obtener ingresos de forma independiente. Susan acabó recibiendo la Medalla Presidencial al Ciudadano, el segundo mayor galardón no militar que se entrega en Estados Unidos, pero dice que todo empezó con un humilde objetivo: ofrecerle aunque solo fuera a una mujer afgana el mismo apoyo que ella había recibido en el momento más terrible de su vida.

Susan Retik no es un caso atípico, al menos no según los estándares de las personas con gran empatía. Su caso también demuestra que la empatía, una fuerza con la que nacen las personas sensibles, no es solo una cualidad para sentirse bien, sino que es uno de los superpoderes más importantes que puede blandir un ser humano. O al menos puede llegar a serlo, cuando las personas sensibles aprendan a superar el contagio emocional y demuestren la empatía compasiva.

La pregunta es: ¿cómo lo hacemos?

CÓMO PASAR DE LA EMPATÍA A LA COMPASIÓN

La respuesta procede tanto de la neurociencia como de la meditación, y es tan simple como decidir dónde pones tu enfoque. De esta manera, si te concentras en ciertas cosas, las iluminas y dejas otras en la oscuridad. Las cosas en las que te concentras brillan más en tu mente, y estas cosas, a su vez, se convierten en tu experiencia interior; en tus pensamientos y emociones. Por ejemplo, recuerda la última revisión de rendimiento que tuviste con tu jefe. Tal vez te dijera cinco cosas buenas sobre tu trabajo —y solo una mala—, pero si te concentras en la única cosa mala, saldrás de la reunión cabizbajo. En cambio, si te concentras en el comentario que hizo tu jefe sobre las muchas cosas que haces bien, te sentirás más tranquilo y centrado.

Así que, para promover la compasión, debemos poner el enfoque en la otra persona, no en nuestros propios sentimientos y reacciones. «La empatía, sin enfoque ni compasión, es una experiencia egoísta. Nosotros mismos nos angustiamos y tratamos de hacer frente a nuestra propia respuesta. La compasión es justo lo contrario. Nuestros sentimientos y reacciones no nos lastran. Empleamos todo nuestro cariño y motivación en ayudar, en apoyar a la otra persona. La compasión —por definición— siempre está enfocada en el otro», afirma el neurocientífico Richard Davidson. La compasión dice: «Lo que siento no viene al caso. En este momento lo importante eres tú».[19]

Activar la compasión puede ser difícil en el momento, pero con la práctica resulta más fácil. Ni siquiera tienes que generar sentimientos de cariño hacia la otra persona; solo tienes que cambiar tu actitud u «orientación»,[20] como dice Davidson, y ofrecer ayuda, si puedes hacerlo. La compasión puede ser un pequeño gesto, como enviar un mensaje de texto para saber cómo está un amigo o llevarle la bolsa de la compra a tu vecino. Otras veces, la compasión significa enfrentarse a los acosadores, corregir las injusticias y abordar los mayores problemas de nuestro mundo.

Meditar para fomentar la compasión

La meditación para fomentar la compasión ha demostrado ser de gran ayuda a la hora de promover que nos centremos en los demás.[21] Existen muchas variaciones de este tipo de meditación, a menudo con el nombre de ejercicio de meditación para la bondad y el cariño, con raíces budistas, aunque otras surgen directamente del laicismo. Los resultados son los mismos. Puedes encontrar meditaciones para fomentar la compasión guiadas en internet o en cualquier aplicación móvil de meditación. Nuestra favorita es «Wishing your loved ones well: a seated practice»,* una práctica para meditar creada por Healthy Minds Innovation, la organización sin ánimo de lucro de Richard Davidson.[22] Está disponible en la aplicación móvil Healthy Minds Program, que es gratuita, y también como práctica gratuita en Sound-Cloud.[23]

Este tipo de meditación consiste en poner el enfoque de tu compasión en ti mismo en primer lugar, extenderla después a los que sufren y, por último, al mundo en general. Puedes reflexionar o repetir frases como «Que experimentes menos dificultades» o «Que seas feliz, que estés seguro, que estés sano y fuerte».[24] Estas sencillas afirmaciones no mejoran la vida por sí solas, pero sí preparan tu mente para reaccionar de forma distinta cuando se necesita compasión. El objetivo de la meditación es que esa mentalidad tranquila y compasiva te acompañe a lo largo del día, y estés mejor preparado para responder a las personas que sufren. Si practicas la meditación con regularidad, esta actitud empezará a ser automática.

*   «Desearles el bien a tus seres queridos. Meditación sentada». *(N. de las T.)*

Ricard, el hombre más feliz del mundo, utiliza ejercicios de meditación similares a este y piensa en la compasión de forma muy parecida a como lo hace Davidson.[25] Si el dolor de los demás aumenta nuestra angustia, afirma Ricard, «creo que deberíamos verlo de otra manera».[26] La respuesta es «centrarnos menos en nosotros mismos».[27] Según él, cuando aprovechamos la compasión, aumentamos nuestro coraje. Y, en última instancia, las personas sensibles necesitan valentía para cambiar las cosas en este mundo de excesos, porque nos permite mostrarnos fuertes ante el sufrimiento.

Cuando las personas sensibles practican la compasión, no solo obtienen un timón en la tormenta. Se convierten en un arca para los demás. Pocas cosas son más tranquilizadoras que la presencia de una persona con una compasión inquebrantable. Se preocupan, pero no se asustan; hablan, pero no mandan. La compasión es un lenguaje que todos entendemos, y las personas sensibles se encuentran entre las que pueden hablarlo con fluidez. Cuando lo hacen, irradian confianza y fiabilidad, cariño y autenticidad, justo lo que nuestro mundo más necesita en este momento.

Otras formas de reducir el dolor de la empatía

A continuación te presentamos otras cosas que puedes hacer para fortalecer tu compasión y disminuir el dolor de la empatía.

Priorizar la autocompasión. Algunos investigadores han sugerido que la angustia empática desempeña un importante papel protector en nuestras vidas.[28] Aparece para evitar que demos y demos hasta agotarnos. Si eres consciente de eso, puedes satisfacer tus propias necesidades sin sentirte egoísta. De hecho, el autocuidado y la autocompasión son formas validadas por la investigación para asegurarte de que cuentas con los recursos mentales necesarios a fin de ofrecerle compasión a los demás. Reconoce cuándo empiezas a sentirte abrumado por las emociones de otras personas y date permiso para descansar de ellas. Apaga la tele cuando den las noticias o deja de lado el teléfono. Establece límites con las personas que te agotan constantemente con su estrés y negatividad. Tus límites no significan que seas indiferente a su sufrimiento o que no sientas empatía por ellos. Al contrario, estás demostrando compasión hacia ti mismo y estableciendo límites saludables a tu entrega. O dicho de otro modo: «Cuidador, cuídate a ti mismo».

Da pasos más pequeños y prácticos. Las investigaciones han demostrado que es menos probable que la gente demuestre compasión y más probable que sienta angustia empática cuando cree que no puede cambiar nada en una situación.[29] Por ejemplo, cuando oye hablar en las noticias de la guerra, la violencia u otras formas de sufrimiento. En consecuencia, identificar los pequeños pasos que puedes dar supone una gran diferencia tanto para ti como para los necesitados. Cuando ayudar te parezca desalentador o incluso abrumador, busca formas de dividir la necesidad en partes más pequeñas y prácticas. Por ejemplo, si te entristece el número de animales abandonados a los que se les practica la eutanasia, es posible que no encuentres un refugio donde no se practique ni puedas ser voluntario en uno, ni mucho menos acoger a todas las criaturas que lo necesiten. Pero tal vez puedas donar dinero a uno de estos refugios o acoger temporalmente a un perro o un gato hasta que alguien lo adopte. O puedes compartir la foto del animal en las redes sociales para animar a tus amigos y conocidos a adoptar.

Concéntrate en captar emociones positivas. Siempre que sea posible, fomenta la alegría empática. Para fomentar este tipo de alegría, redoblas la empatía, solo que en la dirección contraria. Te concentras en intentar absorber la felicidad de los demás. Las investigaciones demuestran que cuando celebramos la buena suerte de otras personas, activamos el sistema de recompensa de nuestro propio cerebro.[30] Esta activación mejora el bienestar y está relacionada con una mayor satisfacción vital y unas relaciones más valiosas. También se asocia con un mayor deseo de ayudar a los demás y una mayor disposición a hacerlo (compasión). Puedes absorber la felicidad de otras personas de varias maneras, como compartiendo sus victorias y logros, reconociendo y destacando sus puntos fuertes —como la amabilidad o el sentido del humor— o incluso observando jugar a un niño o a un animal. También puedes centrarte en los efectos positivos de los esfuerzos que realizas para ayudar. Por ejemplo, cuando te sientas abrumado por la tristeza, recuerda las vidas que has cambiado en vez de pensar en las personas que todavía lo necesitan.

Practica la atención plena. Brooke Nielsen, terapeuta y fundadora del Therapeutic Center for Highly Sensitive People (Centro Terapéutico para Personas Altamente Sensibles), ofrece un ejercicio sencillo de atención plena para ayudarte a detectar el contagio emocional. Te anima a que te tomes un momento para preguntarte: «¿Este sentimiento es mío o es de otra persona?».[31] La respuesta puede ser obvia o puede requerir un momento para que reflexiones sobre tus emociones. Si te das cuenta de que has sentido una determinada emoción después de interactuar con alguien, es posible que la emoción provenga de esa persona. Ten cuidado con las emociones furtivas que parecen pertenecerte. Por ejemplo, te sientes apesadumbrado después de tomar un café con una amiga. En el fondo la emoción procede de otra persona: tu amiga estaba hecha polvo porque acaba de cortar con su pareja y tú has absorbido ese sentimiento. Si la emoción no es tuya, es hora de etiquetarla así. Imagina que tienes dos cubos delante, uno etiquetado como «Mío» y otro etiquetado como «No Mío». Coloca las emociones mentalmente en el cubo de las no mías y luego imagina que se las devuelves a su dueño y dejas que se las lleve. Ya son oficialmente suyas para que se ocupe de ellas. Como las emociones pueden ser contagiosas, quizá quieras dar un paso más en la visualización. Cuando acaba la jornada a Brooke le gusta visualizar que utiliza una aspiradora para limpiar todo el estrés y las emociones que ha acumulado innecesariamente a lo largo del día. Esta práctica la ayuda a deshacerse de las emociones contagiosas que ni siquiera se había dado cuenta de que había absorbido y crea un claro límite mental que le indica que ha terminado de ocuparse de ellas.

Ten curiosidad. Es fácil percatarse de los sentimientos de los demás y pensar que los entendemos. Al fin y al cabo las personas sensibles destacan en la interpretación del lenguaje corporal y de otras señales. Sin embargo, nuestras observaciones no siempre son correctas —ni nos muestran la imagen completa— porque nadie puede saber con certeza lo que está pensando otra persona. Alguien que parece irradiar ira tal vez no esté enfadado, sino cansado por la falta de sueño o decepcionado por un asunto que no tiene nada que ver. Demuestra curiosidad y pregunta por lo que está pasando. Incluso cuando nuestras suposiciones son correctas, la gente agradece que se la escuche, y el hecho de comprender más a fondo su situación puede ayudarte a mantener tus sentimientos separados en vez de estar a merced del contagio emocional. Si la persona está expresando emociones muy intensas, céntrate en observar los sentimientos sin absorberlos. Una forma de hacerlo es imaginar una pared de cristal entre esa persona y tú. El muro te permite ver sus sentimientos, pero estos no pueden atravesar el cristal y rebotan hacia ella.

LA VIDA EN LOS CONFINES DEL MUNDO

Tal vez la primera señal de que Rachel Horne tenía problemas fue el consejo que le dieron los lugareños: «Espero que lleves algo de abrigo».[32] Florian y ella estaban recorriendo el norte de Escocia de mochileros y solo tenían un delgado saco de dormir y un par de jerséis de lana. Estos últimos no serían suficientes para hacerle frente al frío viento del mar del Norte. Aunque era verano, Rachel se pasó muchas noches tiritando en la oscuridad, a veces incluso sufriendo los primeros síntomas de una hipotermia. Florian y su manta plateada isotérmica evitaron que necesitara atención médica urgente.

Su dieta tampoco era muy buena. Pasaban semanas en islas deshabitadas y tenían que llevar comida ligera, calórica y fácil de cocinar. La mayoría de las veces eso significaba pasta hervida sin más. Desesperada por conseguir condimentos, Rachel aprendió a recoger algas marinas como llevan haciendo siglos los escoceses de la zona. Algunos días buscaba bajo un cielo despejado; otros lo hacía bajo una lluvia torrencial. Según asegura, fue la época más dura de su vida.

Sin embargo, también fue la mejor. Pasaba los días paseando por extensas playas, haciendo senderismo o sentada al borde de un acantilado sin otra cosa que no fuera el horizonte delante de ella. Las águilas sobrevolaban el cielo por encima de su cabeza mientras los delfines saltaban en el mar. A veces escribía poesía; otras veces se limitaba a disfrutar del momento. Lo mejor de todo era que su mente sensible podía divagar libremente sin interrupciones. Compartió su experiencia con nosotros en una entrevista:

> Por primera vez en la vida tenía tiempo y espacio para mi bienestar.[33] Sin redes sociales que me dijeran que debía perder peso con una infusión desintoxicante ni anuncios que me dijeran que podía llenar el vacío que llevaba dentro con un biquini nuevo o unos bonitos zapatos de tacón. Sin los pitidos de la lavadora, ni los de los teléfonos ni los de la caja registradora del supermercado. Fue un descanso de las prisas de la vida moderna y también me ayudó a descansar de las emociones de cien personas diferentes mientras pasaba el día. Me aparté por completo del mundo convencional, y fue el regalo más precioso que podría haberme hecho a mí misma.

Después de tres meses recorriendo las islas, Florian y ella hicieron una mejora. Arreglaron una vieja furgoneta y la convirtieron en una diminuta casa móvil. Aparcaban en las montañas o en las remotas playas de Francia y solo volvían a la civilización para comprar comida o ver a los amigos. Durante estos viajes Rachel conoció a montones de personas increíbles que querían cambiar el mundo como ella: personas que vivían en la naturaleza, desconectadas de la civilización, buscando su propia comida o cultivándola. Y estas personas, dice, acabaron inspirándola para «dejar de huir».[34] Florian y ella se casaron y se instalaron en una casita en Francia, donde Rachel cuida de un jardín regenerativo. Incluso consiguió un nuevo trabajo que es menos exigente para su naturaleza sensible, pero que le permite cambiar las cosas. Es investigadora a tiempo completo para una organización benéfica educativa internacional.

Rachel sería la primera en decirte que su vida poco convencional no se adaptaría a todas las personas sensibles. Pero era lo que ella necesitaba a fin de detener las abrumadoras emociones que sentía. Esa pausa le ofreció la oportunidad de construir una vida que funcionara a favor de su naturaleza sensible, no en su contra; una vida que le permitiera aprovechar su profundo pozo de empatía de una manera distinta.

«Las personas altamente sensibles lo procesan todo a un nivel muy profundo y no vamos a contentarnos con enterrar nuestras auténticas emociones y vivir como nos dicen que debemos hacerlo. Da igual si tu sueño es vivir en la carretera o en una mansión. Lo importante es tener el valor necesario para preguntarte qué quieres de verdad de la vida y dar un paso para hacer realidad tus sueños con confianza y valor»,[35] escribe.

6

Amor de todo corazón

> Hay relaciones que deben de ofrecer una feli-
> cidad inconmensurable, casi insoportable,
> pero solo pueden suceder entre dos naturale-
> zas muy ricas. [...] Solo pueden unir dos mun-
> dos amplios, individuales y profundos.
>
> RAINER MARIA RILKE

Cuando Brian conoció a Sarah, no fue exactamente amor a primera vista. «Yo era el molesto amigo de su hermano»,[1] dice él
entre risas. Aunque se conocieron en el instituto, no conectaron
de verdad hasta varias décadas después, cuando empezaron a
mensajearse a través de Facebook.[2] En aquel momento Sarah
era madre soltera de dos niños. Su familia, en palabras de Brian,
no veía «con buenos ojos» su divorcio.

Sin embargo, Brian era distinto del resto de las personas que
Sarah conocía. Era amable. Estaba dispuesto a escucharla sin
juzgar y a apoyarla en los problemas a los que se enfrentaba. No
tardaron en pasarse horas al día hablando y en verse cada dos
fines de semana. Mientras nos hablaba desde su casa en Michi-
gan, Brian escogía las palabras con mucho tiento y se detenía a
menudo a pensar. Nos dijo: «Puede que yo no sea el tío más ro-

mántico del mundo en cuanto a grandes gestos, pero la escucho y estoy ahí para atender sus necesidades emocionales».[3] Sarah se enamoró de él no pese a su sensibilidad, sino gracias a ella. No tardaron mucho en estar preparados para dar el siguiente paso. Apenas ocho meses después de empezar a salir, se casaron en un salón de bodas local delante de sus amigos y de su familia. Brian, Sarah y sus hijos se fueron a vivir juntos; fue una «familia instantánea»,[4] en palabras de Sarah. Brian se convirtió en padrastro, compartiendo su amor por el béisbol con sus dos hijastros. A diferencia de otros hombres, era paciente con los niños, incluso cuando se portaban mal o metían la pata.

Sin embargo, pronto empezaron a verse las costuras de la relación. La vida familiar —con todo el estrés que conlleva educar a unos niños— era muy distinta de la vida tranquila y de soltero de Brian. Sarah y él empezaron a discutir cada vez más, y esas discusiones resaltaban lo diferentes que eran. «Ella es la clase de persona que quiere solucionar las cosas ya. Mientras que yo soy la clase de persona que necesita distanciarse un poco y pensar primero»,[5] nos dijo Brian. Sarah convino en que son «totalmente distintos» a la hora de enfrentarse a las discusiones, y puede ser duro para Brian porque ella es «demasiado directa».[6]

Por motivos que a él se le escapaban o que no era capaz de explicarle a Sarah, esas discusiones lo alteraban mucho. Solo sabía que después de discutir, tenía la imperiosa necesidad de apartarse de la familia durante largos periodos de tiempo. Se sentaba en el sofá a ver la tele o salía a pasear solo. A veces incluso pasaban tres o cuatro días antes de que se sintiera capaz de hablar de nuevo con Sarah. Y no quería estar solo únicamente después de las discusiones. Se descubrió encerrándose en sí mismo después de un día ajetreado en el trabajo o un sábado por la noche cuando la familia por fin tenía un rato de relax, momento en el que Sarah creía que deberían salir ellos dos solos o hacer planes con amigos.

Para Sarah este aislamiento no tenía sentido. Le parecía que Brian estaba siendo melodramático y egoísta; el hecho de que evitase el problema que había motivado la discusión la alteraba todavía más. Y lo peor de todo era que ya no parecía disfrutar de su compañía.

Con el matrimonio haciendo aguas, Brian se sentía un fracasado, no solo como marido, sino también como hombre, y desarrolló una depresión aguda. «Se supone que los hombres no son sensibles.[7] Es algo que la sociedad censura», nos dijo. En un momento dado Sarah le pidió el divorcio, y Brian accedió. Esa misma tarde los dos cambiaron de opinión al darse cuenta de que no querían pasar la vida lejos del otro. De todas formas algo tenía que cambiar, no solo por su bien, sino también por el de los niños. Al parecer, Brian estaba a punto de perder al amor de su vida.

EL DILEMA DE LAS RELACIONES DE UNA PERSONA SENSIBLE

Tal como hemos visto las personas sensibles suelen ser concienzudas y tienen un alto nivel de empatía, así que a lo mejor crees que las relaciones fuertes y saludables son algo innato para ellas, ya sea una amistad o una relación romántica. Sin embargo, las personas sensibles a menudo afirman lo contrario: las relaciones son uno de sus mayores desafíos vitales. A continuación tienes algunas de las cosas que las personas sensibles consideran un desafío en sus matrimonios y amistades. ¿Cuántas de ellas has experimentado?

- Necesitas más tiempo de relax que tu pareja o tus amigos para recuperarte de la estimulación.

- Las discusiones, las voces u otras expresiones de decepción o de enfado (como los portazos) te abruman mucho y necesitas más tiempo que los demás para recuperarte de un conflicto con tus seres queridos.

- Antepones las necesidades de tu cónyuge, de tus hijos o de tus amigos hasta el punto de que acabas agotado, quemado o desconectado de tu propia persona.

- Interpretas tan bien las emociones de los demás que no pueden ocultarte nada y, al mismo tiempo, te apropias de dichas emociones.

- Las personalidades más extrovertidas, vociferantes y agresivas te relegan y, en consecuencia, sientes resentimiento, que te han herido o que se han aprovechado de ti.

- Eres víctima de narcisistas y otras personas tóxicas o controladoras.

- Sientes en lo más hondo el impacto de las palabras de los demás, sobre todo las críticas y la culpa.

- Los dramas, los cotilleos o las conversaciones banales te agotan enseguida.

- Te sientes malinterpretado por los demás, porque experimentas el mundo de otra manera como resultado de tu sensibilidad.

- Anhelas una conexión mental, emocional y sexual más profunda de lo que muchas personas son capaces.

- Te cuesta «encontrar a los tuyos»: las personas que te comprenden y que no solo respetan, sino que valoran tu sensibilidad.

Una vez más, si has experimentado algo de lo arriba expuesto, no te pasa nada y no estás solo: únicamente eres una persona sensible en un mundo no tan sensible. Elaine Aron, experta en sensibilidad,[8] llega al extremo de afirmar que las relaciones son menos felices para las personas sensibles en general que para sus parejas menos sensibles. Llegó a esta conclusión después de realizar una serie de estudios comparativos de matrimonios de personas sensibles con personas menos sensibles. En concreto, las personas sensibles adujeron sentirse más «aburridas» y «empantanadas» en su matrimonio;[9] estos sentimientos son predictores clave para una relación infeliz más adelante. Para llegar al porqué, Aron les preguntó cosas como «Cuando te aburres en una relación estrecha, ¿suele ser porque deseas una conversación más profunda o con más significado personal?» y «¿Te gusta pasar tiempo reflexionando o pensando en el sentido de tu experiencia?».[10] Como era de esperar, las personas sensibles contestaron que sí a ambas preguntas.

CON TUS PROPIAS PALABRAS
¿Qué te resulta desafiante en una relación?

«No dejo de priorizar las necesidades de mi pareja a expensas de las mías. Por eso a veces no veo los clásicos indicios de estar quemada. Hay momentos en los que he empezado a sentirme ninguneada, abandonada y subestimada. Ponía en el asador todo mi amor altamente sensible y sentía que no estaba recibiendo un esfuerzo recíproco».

RANEISHA

«Mi mayor desafío es encontrar a personas con las que puedo conectar de verdad que me entiendan y que me escuchen: "los míos". A veces da la sensación de que siempre doy con las personas equivocadas para entablar una relación, personas que casi traspasan mis límites y hacen aflorar algunas de mis debilidades personales: depresión, evitar los conflictos y hacerme valer. En el amor, soy un romántico empedernido que sueña con el amor perfecto, un idealista con expectativas altísimas que a menudo templa la realidad».

WILLIAM

«Soy muy consciente de los cambios sutiles en la cara de mi marido, por ejemplo, cuando no le gusta algo. Aunque cree que lo oculta, yo lo veo, reacciono en consecuencia y me siento dolida. Después me pregunto por qué siente eso y busco la manera de averiguarlo».

EMMA

«Tengo la sensación de que lo peor es que mi marido no me entienda y no poder mantener conversaciones profundas a cualquier hora del día. Él es capaz de mantener conversaciones muy profundas, pero si yo profundizo más, él no lo entiende o no quiere hacerlo. Tiene una mente muy analítica y es muy literal, así que a veces es muy difícil hacerme oír y que me entienda».

LAURA

¿Por qué las relaciones personales tal vez sean menos felices para las personas sensibles? Hay varios motivos posibles, aunque no todos se aplican de la misma manera a todas las personas sensibles o a todas las relaciones. Uno de los motivos es por la sencilla razón de que las personas sensibles experimentan el mundo de forma distinta y tienen diferentes necesidades. A menudo las personas sensibles acaban emparejadas con personas menos sensibles y, en líneas generales, este emparejamiento es bueno: un amigo menos sensible puede guiarte en una nueva aventura y un cónyuge menos sensible puede tomar el control cuando su pareja se siente abrumada. Sin embargo, cuando los opuestos se atraen, como en el caso de Brian y Sarah, sin duda alguna habrá fricciones.

De la misma manera que el cuerpo de las personas sensibles tiene una reacción inherente más fuerte a, digamos, la rigidez de unos vaqueros nuevos, su corazón tiene reacciones más fuertes a los comentarios críticos. Y las personas sensibles —incluso las extrovertidas— también necesitan más tiempo de relax que las demás. Las parejas o las amistades menos sensibles pueden tomarse esta necesidad como un insulto o considerar que está mal. Una mujer sensible nos dijo que su tendencia a abrumarse en situaciones sociales provoca tensiones en su matrimonio. Se cansa deprisa en grandes fiestas o en restaurantes ruidosos. Después se irrita y se vuelve distante, y quiere irse a casa, mientras que su marido quiere quedarse y disfrutar del momento. En ese caso ninguno de los dos reacciona mal; sencillamente viven el mundo de forma distinta. Pero si estos malentendidos no se hablan, las personas sensibles pueden acabar sintiéndose solas y aisladas.

También hay que tener en cuenta el estrés. Como ya hemos visto, el cerebro sensible hace un procesamiento profundo de la información, de modo que las personas sensibles suelen sentir el estrés y la ansiedad con más rapidez que sus amistades o parejas menos sensibles. Por ejemplo, a Brian le resultaba difícil aclimatarse a la ruidosa y caótica vida familiar que acompaña inevitablemente a los niños. Otras personas sensibles comentan que les resulta estresante compartir vivienda con compañeros de piso o familiares. Como vimos en el capítulo 4, alcanzan el nivel de sobreestimulación más deprisa y necesitan un santuario silencioso al que retirarse, aunque encontrar dicho lugar puede ser una tarea imposible cuando estás rodeado de personas que no lo entienden.

LA NECESIDAD DE ALGO MÁS

Sin embargo, en última instancia hay un factor que sobresale por encima de los demás. Es algo que las personas sensibles no dejan de repetirnos: necesitan más profundidad en sus relaciones para sentirse satisfechas. Sin dicha profundidad, siempre les falta algo. Desde luego ese es el caso de Jen, una mujer sensible a quien le cuesta conocer a personas que deseen el mismo nivel de autenticidad y vulnerabilidad que ella. «Hablar de problemas personales y de situaciones complicadas es aterrador e incómodo para muchas personas», nos contó. Y la conversación superficial no basta. De resultas, ha acabado siendo muy selectiva en cuanto a las personas con las que se relaciona y, por desgracia, nunca ha tenido un buen amigo de verdad.

Jen no es una excepción. De hecho, la búsqueda de relaciones serias empieza a ser cuantitativamente más difícil. Según la encuesta de opinión más reciente en Estados Unidos, los estadounidenses tienen menos amistades íntimas que antes, hablan menos con sus amigos y buscan menos el apoyo de estos.[11] Un déficit en las relaciones que es incluso más acusado en los hombres. Los estadounidenses también se casan con más edad y se mudan más a menudo, dos tendencias muy asociadas al aislamiento y la soledad. Culpa a quien quieras —las ciudades, las redes sociales, la familia tradicional, la cultura del coche o nuestro ajetreado mundo excesivo—, pero la mayoría de las personas no cubre al completo su necesidad de contacto humano.

Aquí podemos copiarnos de las personas sensibles. Mientras que la sociedad vive su déficit en las relaciones, las personas sensibles buscan que nos acerquemos más a ellas. Quieren más de sus relaciones —más profundidad, más conexión, más intimidad— que una persona normal. Y resulta que ese instinto es bueno: las relaciones fuertes tienen numerosos beneficios, como ayudarte a vivir más años[12] y a recuperarte de una enfermedad con mayor rapidez,[13] y también te hacen más feliz[14] y consiguen que seas más productivo en el trabajo. La Escuela de Medicina de Harvard[15] llega a decir que nuestros vínculos sociales son tan vitales para la salud como dormir bien por las noches, llevar una dieta saludable y no fumar. Otro estudio concluyó que las relaciones son lo más valioso de nuestras vidas: cuando nos sentimos queridos y aceptados por los demás, valoramos menos las posesiones materiales.[16] Nos centramos menos en las posesiones, seguramente porque las relaciones serias nos ofrecen consuelo, seguridad y protección.

Sin embargo, como ya hemos visto, muchas personas —las sensibles en particular— creen que a sus relaciones les falta algo. Así que ¿qué se supone que debe hacer una persona sensible? ¿Puedes tener la clase de relación que anhelas? La respuesta es no... y sí.

No es un secreto que el objetivo del matrimonio y de cualquier relación a largo plazo ha cambiado con el paso del tiempo. En otra época los enlaces no se basaban en el amor, sino en la seguridad económica, ya fuera en la forma de una dote, de unas tierras o en la unión de dos familias dedicadas al mismo gremio. Los historiadores sugieren que este patrón se mantenía no solo entre las clases pudientes, sino también entre las clases bajas e incluso entre los grupos de cazadores-recolectores. El matrimonio era una forma de aunar recursos, de compartir labores y de establecer lazos entre familias. En algunas partes del mundo sigue siendo la norma. Por ejemplo, en Sudán del Sur se paga una dote en forma de ganado como parte de cualquier matrimonio.[17] El precio de la dote se descuenta si hay chispa entre la pareja, pero la boda se puede celebrar en cualquier caso; el amor es más un extra que una necesidad. Nuestra obsesión con la búsqueda de un amor eterno con nuestra alma gemela es comparativamente reciente y exclusiva del mundo occidental.

Sin embargo, y según el psicólogo social Eli Finkel, en el mundo actual ni siquiera basta con el amor.[18] Finkel se propuso analizar las expectativas cambiantes con respecto al matrimonio, y dice que muchas parejas hoy en día esperan que su relación contribuya al crecimiento y la satisfacción personales. Todavía queremos que haya química, claro, pero también queremos a alguien que nos ayude a dar lo mejor de nosotros mismos y a alcanzar todo nuestro potencial. Como es comprensible, estas expectativas someten a un matrimonio a una gran presión, y pocos la aguantan. De hecho, según Finkel, el matrimonio más habitual hoy en día es mucho más débil que el matrimonio más habitual del pasado en cuanto a satisfacción y a tasa de divorcios. Pero descubrió algo más en los datos: los mejores matrimonios de hoy en día son mucho más fuertes que los mejores matrimonios del pasado. De hecho, estas buenas uniones son las más fuertes jamás vistas. Por lo tanto, es evidente que una relación altamente satisfactoria es posible. Solo requiere mucho trabajo.

Finkel sería el primero en decir que esta clase de relación no es para cualquiera (y no pasa nada). También implica un esfuerzo continuo de lo más incómodo: desafiarse emocionalmente. Lo compara con una escena de la película *Entre copas* en la que el personaje de Paul Giamatti, un amante del vino, reflexiona sobre lo difícil que es cultivar uvas de la variedad pinot:

Es de hollejo fino, temperamental, madura temprano.[19] Es... ¿Sabes? No es una superviviente como la cabernet, que puede crecer en cualquier sitio y hasta con fuerza cuando se desatiende. No, la pinot necesita atención y cuidados constantes. Y de hecho, solo puede crecer en cierto rinconcitos recónditos del mundo muy concretos. Y solo los viticultores más pacientes y cuidadosos pueden conseguirlo en realidad. Solo alguien que de verdad dedique su tiempo a entender el potencial de la pinot puede lograr sacar su máxima expresión. Y además... sus sabores son los más evocadores y brillantes y... emocionantes y sutiles... y antiguos del planeta.

En resumidas cuentas, sí, una buena pinot —o una relación romántica basada en la satisfacción— es algo de una belleza inusitada, pero es inusitado por un motivo. Cuesta cultivarla. Y por eso Finkel ofrece esperanza. Al igual que sucede con las uvas pinot, dice, hace falta tiempo, esfuerzo y una persona en concreto para fomentar una relación profunda y valiosa. ¿Qué clase de persona? Finkel dice que debe tener rasgos como la empatía y la autorreflexión y que debe ser capaz de entregarse emocionalmente; básicamente una lista de los puntos fuertes de las personas sensibles. Es decir, las personas sensibles no solo disfrutan al beber un pinot. Están especialmente preparadas para cultivar sus uvas.

CON TUS PROPIAS PALABRAS
Di algunos puntos fuertes que aportas a tus relaciones

«Creo que ser sensible me permite ser mejor amiga y esposa. ¡Soy capaz de empatizar con mi gente a un nivel celular! No tengo la capacidad para "felicitar" a medias, sino que experimento verdadera alegría por la felicidad de los demás. De la misma manera soy capaz de pasear con mi gente, con las manos a su espalda, mientras pasan por situaciones difíciles o peliagudas. Tener la capacidad de ser un refugio para mi marido y mis amigos es una experiencia especial para mí».

RANEISHA

«Mi sensibilidad me hace menos egoísta, así que cuando tomo decisiones, intento hacer lo mejor para los intereses de todo el mundo, no solo para los míos».

JEN

«Mi punto fuerte como persona sensible es que sé cuándo alguien está sintiendo algo doloroso. Tal vez digan que están bien, pero me doy cuenta de cuándo algo va mal. Confiar en mi instinto me ayuda en todas las facetas de la vida y en mis relaciones».

VICKI

«Muchos de mis amigos me han dicho que soy la persona más amable que conocen. A mi mejor amiga le encanta que podamos tener conversaciones profundas de cualquier cosa sin criticar».

PHYLLIS

CÓMO CONSEGUIR QUE TUS RELACIONES SEAN MÁS PROFUNDAS

¿Cómo pueden las personas sensibles emplear exactamente sus puntos fuertes para conseguir las relaciones «pinot» que anhelan? Según Finkel las mejores uniones son aquellas en las que dos personas tienen muchas expectativas con la relación y luego invierten lo suficiente en ella para asegurarse de que dichas expectativas se cumplen. Con este fin las dos personas podrían hacer hincapié en los puntos fuertes de un matrimonio —las formas en las que son compatibles— y quitarle presión, o bajar las expectativas, en las áreas en las que son menos compatibles. Tomemos de ejemplo a la mujer sensible que se sentía sobreestimulada en las fiestas y los restaurantes. Finkel diría que la mujer y su marido podrían reducir la presión aceptando sin más que son diferentes en ese aspecto. En vez de que ella asista a esos eventos a regañadientes —y acabe agotada—, su marido podría aceptar ir solo o con un amigo, de modo que ella solo asistiría a las ocasiones más importantes. Después la pareja podría concentrarse en algo que los dos disfrutan, como viajar o ver algunas películas juntos.

A diferencia de esta pareja, puede que mantengas una relación con alguien tan sensible como tú... o incluso más. Compartir un proyecto de vida con otra persona sensible puede ser maravilloso; seguramente los dos sois concienzudos y atentos, y preferís profundizar en vuestras conversaciones e intereses. Tu pareja y tú tal vez deseéis muchísimo una relación estrecha y valiosa, y quizá los dos prefiráis un ritmo más lento y sencillo. Sin embargo, que los dos integrantes de una pareja sean sensibles no garantiza que la relación avance sin problemas ni que sea excepcionalmente valiosa. En algunos sentidos estas parejas podrían ser mucho más peliagudas. Por ejemplo, tal vez a los dos os guste evitar los conflictos o la vida cotidiana os sobreestimule con facilidad. O tal vez seáis sensibles de formas distintas: tal vez a uno de vosotros le molesta muchísimo el desorden alrededor mientras que al otro no le afecta el caos, pero es sensible a los ruidos. En este caso tu pareja y tú tenéis que respetar la sensibilidad del otro y buscar un compromiso que no os sobrecargue ni os haga traspasar los límites de cada uno.

A continuación te proponemos unas cuantas maneras de fortalecer tus relaciones como persona sensible. También vamos a hablar de algunos hábitos que limitarán la capacidad de cualquier relación de ser valiosa. Estas estrategias servirán tanto si la otra persona es sensible como tú como si no.

Haz que el conflicto sea seguro

Tal como Brian descubrió, discutir con tu pareja puede ser muy sobreestimulante cuando eres una persona sensible. Los investigadores han descubierto que los conflictos de pareja tienen el mismo efecto psicológico que el estrés de combate, con su correspondiente taquicardia, agitación, percepción errónea de la información recibida y, por supuesto, el modo amenaza.[20] Megan Griffith, en sus escritos para Sensitive Refuge, lo explica de la siguiente manera: «Cuando mi marido y yo no estamos de acuerdo, ni siquiera puedo concentrarme en el tema por el que discutimos. En cambio, sus sentimientos y los míos me devoran..., y se vuelve todo tan abrumador que o me cierro en banda o me echo a llorar».[21] Muchas personas sensibles experimentan este «estrés de combate» por el conflicto incluso de forma más acusada, así que no es de extrañar que muchos aseguren que suelen evitarlo. O, como en el caso de Brian, que necesiten largos periodos de relajación después de un conflicto para aliviar su sobrecargado sistema nervioso.

Sin embargo, evitar el conflicto es una forma segura de limitar la profundidad de cualquier relación,[22] dice April Snow, terapeuta matrimonial especializada en personas sensibles. Por supuesto, hay momentos en todas las relaciones que piden que uno ceda, pero este enfoque no debería ser lo habitual. Cuando alguien traspasa un límite importante, deberías decirlo. Y cuando alguien inicia un conflicto, no tiene que ser necesariamente tu obligación calmar a dicha persona u ocultar tu reacción para mantener la paz. Aunque estas tácticas tal vez funcionen a corto plazo para rebajar la intensidad de la discusión y reducir la sobreestimulación que sientas, acabarán provocando más rabia, resentimiento y otras formas de presión emocional.

Cuando evitamos los conflictos, «la otra persona nunca llega a conocerte de verdad, por completo»,[23] dice Snow. Tus seres más allegados nunca saben lo que piensas, las cosas que te molestan o lo que sientes de verdad. Aunque parece contradictorio, el conflicto puede fortalecer una relación porque, según explica: «Aprendes a solucionar los problemas, y podéis practicar cómo apoyaros en los momentos difíciles».[24]

Una forma de lograr que el conflicto parezca seguro para las personas sensibles es prohibir en la relación los gritos, los portazos, las muecas despectivas, los insultos, la culpabilización, la intimidación y otras expresiones groseras de rabia o decepción. Si la otra persona o tú experimentáis emociones fuertes durante una discusión, alejaos el uno del otro hasta que dichas emociones sean menos intensas. A una pareja sensible que se quería mucho se le ocurrió un código —«aviso de tormenta»— que cualquiera de los dos podía anunciar en cualquier momento. Si alguno de los dos pronunciaba esa frase, ambos tenían que parar la discusión de inmediato, mirar el reloj y darse media hora de descanso. Durante ese tiempo harían algo para tranquilizarse, como escribir en su diario, dar un paseo o ponerse con algún proyecto creativo. Después de la media hora seguían con la conversación o se citaban para hablar dentro de las siguientes veinticuatro horas. Con esta práctica se aseguraban de que los problemas no se apartaban ni se olvidaban, y también permitía a ambas partes tener tiempo para reflexionar antes de responder. Cuando se reunían para hablar del problema, podían hacerlo de una forma mucho más productiva, y también con menos carga emocional.

April Snow también recomienda que las personas sensibles adopten un enfoque consciente de los conflictos. En el calor de la discusión, dice, es fácil que se desboque la imaginación o que la ansiedad tome el mando. Para contrarrestar esta tendencia, céntrate en el presente mediante lo que te indican los sentidos. Practica la respiración profunda, siente los pies haciendo fuerza contra el suelo, concéntrate en un objeto concreto o pon en marcha cualquier otra estrategia de tu kit de herramientas contra la sobreestimulación. Intenta mantener la conexión con tu propia experiencia en vez de dejarte llevar por las emociones de la otra persona. Tal vez debas evitar el contacto visual de vez en cuando y percatarte con tranquilidad de lo que sucede en tu interior (tus sentimientos y tus sensaciones corporales). Recuérdate que tiene sentido sentirte incómodo durante una discusión y que al mismo tiempo tus necesidades y tus sentimientos son tan válidos como los de la otra persona.

¿Qué pasa si lidias con una persona altamente conflictiva, alguien que grita a menudo, que tergiversa la verdad y que te culpa de forma injusta? Bill Eddy,[25] del High Conflict Institute (Instituto para las personas altamente conflictivas), define a las personas altamente conflictivas como aquellas con un patrón de comportamiento que aumenta el conflicto en vez de reducirlo o solucionarlo. Estas personas culpan a los demás de los problemas que ellas mismas crean, su pensamiento sigue la línea del todo o nada, no controlan sus emociones y reaccionan de forma extrema a las situaciones. No puedes controlar lo que hace una persona altamente conflictiva, pero sí puedes aprender a controlar tu respuesta (y puedes decidir hasta qué punto permites su comportamiento en tu vida). Si un amigo o tu pareja es una persona altamente conflictiva, te recomendamos aprender estrategias específicas para responder ante ellos. Estas estrategias están disponibles en los libros de Eddy y también en el pódcast gratuito del High Conflict Institute.

Pide lo que quieres

Gracias a los treinta años que lleva trabajando con parejas como psicóloga clínica, Lisa Firestone revela que casi todo el mundo es capaz de indicar con facilidad lo que no quiere en una relación —los defectos de su pareja—, pero que cuesta más pedir lo que queremos.[26] Las personas sensibles no son una excepción y, de hecho, tal vez les cueste más hablar. Su reticencia procede normalmente de sus buenas intenciones; las personas sensibles suelen ser muy concienzudas y no quieren suponer una carga para los demás ni molestarlos. Sin embargo, esta tendencia puede provocar que no se cubran sus necesidades, algo que a su vez puede erosionar el significado de una relación. Claro que pedir lo que quieres fomenta la intimidad emocional. Tal como Firestone explica: «Cuando hablas de tus deseos con sinceridad, sin tapujos y desde un punto de vista adulto, es más probable que tu pareja se muestre abierta, receptiva y personal a su vez».[27]

También es posible que las personas sensibles caigan en la trampa de esperar que los demás les lean el pensamiento y anticipen sus necesidades. Es fácil entender el motivo: las personas sensibles son muy buenas a la hora de interpretar los pensamientos de los demás y de anticipar sus necesidades. Sin embargo, si eres una persona sensible, tal vez necesites sentirte cómodo siendo directo, incluso más directo de lo que te gustaría ser... sobre todo si mantienes una relación con una persona menos sensible. Recuerda que eres distinto y que la mayoría de las personas a las que conocerás carecen de tus superpoderes.

Si eres una persona sensible, tal vez sufras de baja autoestima, sientas que te falta algo o creas que eres defectuoso por tu sensibilidad. Tal vez pongas en duda si te mereces pedir lo que quieres. Pues ten claro que tus necesidades y tus deseos son tan importantes como los de los demás. Nunca le dirías a una amiga que no se merece descansar cuando está cansada o que no se merece pedir ayuda cuando la necesita. Enseñamos a los niños la regla de oro: trata a los demás como te gustaría que te tratasen a ti. Las personas sensibles a menudo necesitan aplicar esta regla a la inversa: trátate a ti mismo como tratas a los demás. Cuando pidas lo que quieres, evita usar un lenguaje victimista. Tus palabras deberían ser la expresión auténtica de lo que deseas,[28] recomienda Lisa Firestone, no la exigencia de lo que necesitas ni la expectativa de lo que crees merecerte. De la misma manera, evita los comentarios culpabilizadores. Aquí tienes tres ejemplos de cómo pedir lo que quieres en una relación, según Firestone:

• En vez de «Ya no pareces emocionarte al verme», di «Quiero sentir que me deseas».
• En vez de «Siempre estás distraído», di «Quiero tu atención».
• En vez de «Nunca ayudas», di «Me siento mucho más tranquilo cuando tengo ayuda para hacer esto o aquello».

Disponte a sentirte vulnerable

De un tiempo a esta parte los investigadores le están prestando mucha atención a la vulnerabilidad,[29] sobre todo la científica social Brené Brown, autora superventas de *Daring Greatly.* Brown descubrió que la vulnerabilidad saludable en una relación aumenta la sensación de confianza y de conexión con los demás. También puede promover las conversaciones más profundas y valiosas que anhelan las personas sensibles. La vulnerabilidad saludable consiste en abrirse y mostrar tus «aristas e imperfecciones humanas»,[30] como dijo el escritor y terapeuta matrimonial Robert Glover. Las personas sensibles muestran de forma natural su vulnerabilidad, pero en algún momento a lo largo de la vida tal vez les hayan hecho sentir que no deberían hacerlo. La sociedad suele considerar la vulnerabilidad como una debilidad, por culpa del mito de la dureza.

Los artistas también saben que para compartir su arte tienen que mostrarse vulnerables. No hay vuelta de hoja: estás desnudando algo que salió de tu corazón y de tu alma, y una vez que está ahí fuera, lo juzgarán, lo interpretarán y lo criticarán. Y, sin embargo, es a través del arte como compartimos lo importante y valioso. Seth Godin, en su libro ilustrado para adultos *V Is for Vulnerable: Life Outside the Comfort Zone*, lo explica de esta manera:

> Vulnerables es de la única forma que podemos sentirnos cuando compartimos de verdad el arte que hemos creado. Cuando lo compartimos, cuando conectamos, hemos trasladado todo el poder y nos hemos desnudado delante de la persona a la que le hemos ofrecido el don de nuestro arte. No tenemos excusas, no hay manual al que recurrir, ni procedimiento estándar de protección. Y eso forma parte de nuestro regalo.[31]

La vulnerabilidad no implica compartir aspectos innecesarios de tu vida privada ni que te tachen de borde o de seco. Ni tampoco es un medio para un fin. La vulnerabilidad no debería usarse para culpabilizar, controlar o manipular a los demás. A continuación tienes una serie de formas saludables para incorporar la vulnerabilidad a tus relaciones:

- Admite cuando algo te cuesta, te frustra o te asusta.
- Dile a alguien si lo admiras, lo respetas, te resulta atractivo o lo quieres.
- Siéntete dispuesto a compartir historias de tu pasado, ya sean experiencias positivas o negativas.
- Hazles saber a los demás cuándo te hacen daño.
- Expresa tus sentimientos —incluso los negativos— en vez de ocultarlos en aras de la buena educación (tristeza, frustración, desengaño, vergüenza, etc.).
- Comparte tu opinión, aunque creas que los demás te llevarán la contraria.
- Pide ayuda cuando lo necesites.
- Pide lo que quieres.

Cuidado con los narcisistas y otras personas tóxicas o controladoras

Si mantienes una relación con un narcisista (o cualquier otra persona maltratadora o controladora), puede que no seas capaz de nombrar lo que estás viviendo, pero cada vez te parece más claro que algo no va bien. Los narcisistas creen que son superiores a los demás, aunque esta actitud tal vez se manifieste con sutilidad. Por ejemplo, pueden desentenderse de los consejos sensatos o ser muy críticos con el servicio en los restaurantes. Los narcisistas carecen de empatía —no la demuestran siquiera con los amigos ni la familia— y creen que se merecen toda la atención, tener éxito y recibir un trato especial. «Si le preguntas a cualquier persona altamente sensible, te dirá que en algún momento de su vida ha tenido una relación con un narcisista»,[32] explica Deborah Ward, autora de *Sense and Sensitivity*. «Casi ninguno lo sabía en el momento, pero poco a poco se fueron percatando de que se estaban aprovechando de ellos, de que los estaban utilizando, y se preguntaron cómo escapar». Aunque sientas una gran conexión con esa persona —sobre todo al principio—, una relación con un narcisista en el fondo carecerá de intimidad y de valor reales.

Al principio tal vez esa persona sea estupenda y graciosa, y tal vez le intereses muchísimo, pero a medida que pasa el tiempo, te sentirás agotado, controlado, manipulado o confundido. Después, cuanto más intentas arreglar la relación, peor se pone. Las personas sensibles no eligen de forma consciente este tipo de relaciones o de amistades, pero son especialmente peligrosas para ellas por su empatía. Las personas sensibles son muy conscientes de las emociones de los demás. Acostumbran a esforzarse de forma consciente (o inconsciente) para que los demás se sientan cómodos..., y a los narcisistas les encanta recibir semejante atención y cuidados. Cuando los narcisistas comparten historias de traumas o de heridas de su infancia, las personas sensibles quieren ayudar, lo que incluye ayudar a procesar sus emociones ocultas, que los narcisistas tienen a espuertas. A ojos del narcisista una persona sensible es la pareja ideal.

Los límites saludables son una parte importante de cualquier relación, pero lo son todavía más cuando lidias con un narcisista u otra persona controladora. En primer lugar, tienes que ser muy claro sobre lo que quieres que pase o los límites que intentas implantar,[33] explica Sharon Martin, una psicoterapeuta especializada en ayudar a las personas para que creen relaciones saludables. Los narcisistas en concreto se esforzarán para desequilibrarte y mantenerte en un estado de confusión, recurriendo a hacer luz de gas, mentirte u otras tácticas manipuladoras. Anota tus límites para no perder de vista lo que necesitas que suceda. Después transmite dicho límite con claridad, calma y firmeza. Cíñete a los hechos y no culpabilices, des demasiadas explicaciones ni te defiendas, aunque el narcisista se altere y lance granadas emocionales, que son intentos para arrastrarte a un conflicto. Por desgracia, las personas controladoras no van a respetar tus límites en la mayoría de las ocasiones. Por eso precisamente son controladoras. Ese será el momento de tener en cuenta otras opciones, dice Martin. ¿Es negociable el límite? Algunos límites son más importantes que otros, así que sopesa qué comportamiento estás dispuesto a aceptar y qué otro es totalmente inaceptable. El compromiso y la flexibilidad son cosas buenas si la otra persona también está dispuesta a hacer cambios. Pero si alguien desprecia repetidamente tus límites más importantes, debes plantearte cuánto tiempo más estás dispuesto a aceptar semejante maltrato. «He visto a personas tolerar faltas de respeto y malos tratos durante años con la esperanza de que una persona tóxica cambie, hasta que al final han echado la vista atrás y se han dado cuenta de que dicha persona no tenía la menor intención de cambiar ni de respetar los límites»,[34] comenta. Llegados a este punto tienes que elegir entre aceptar su comportamiento como algo inevitable o romper la relación.

Obligar a cambiar a otras personas nunca funciona. Aquí es donde una práctica llamada «distanciamiento cariñoso» puede ayudarte.[35] Cuando te distancias, tomas la decisión consciente de no intentar cambiar a la otra persona ni de controlar el resultado de una situación. Distanciarte no significa que no te importa dicha persona; significa que decides ser realista con la relación y ser compasivo contigo mismo. Sharon Martin dice que puedes practicar el distanciamiento cariñoso de las siguientes formas:

- Dejando que los demás elijan por sí mismos y lidien con las consecuencias de sus actos.
- Respondiendo de forma distinta, como si hicieras oídos sordos a un comentario grosero o si lo convirtieras en un chiste (en vez de tomártelo a la tremenda), de modo que cambias la dinámica de la interacción.
- Eligiendo no participar en las mismas discusiones de siempre o alejándote de una conversación improductiva.
- Rechazando invitaciones a pasar tiempo con esas personas.
- Alejándote de una situación incómoda o peligrosa.

Y si crees que hay una mínima posibilidad de que estés lidiando con un narcisista, deberías buscar a varias personas de confianza, como buenos amigos, un terapeuta o miembros de un grupo de apoyo, con quienes hablar. «A los narcisistas y a las personas "tóxicas" se les da muy bien hacernos dudar de nosotros mismos y de nuestra intuición. Como resultado, muchas personas pasan largo tiempo pensando si esa otra persona es tóxica de verdad o si están exagerando o incluso provocando que se porte de esa manera»,[36] añade. Aunque las personas sensibles interpretan bien a los demás —y tienen una intuición muy desarrollada—, tal vez estén condicionadas para no hacer caso a las impresiones instintivas, porque el mito de la dureza dice que las emociones son una debilidad. A los narcisistas en especial les gusta comerte la cabeza e intentar manipular tu intuición, que suele ser infalible en otros casos. Por eso es vital crear una red de apoyo que pueda ayudarte a ver las cosas tal cual son en realidad.

Siempre tienes una alternativa en lo referente a los narcisistas y a otras personas controladoras (aunque te hagan creer que no es así). A veces la única manera de protegerte es dejar de pasar tiempo con ellas. Cuando decides limitar el contacto (o romper por completo la relación), no lo haces para castigarlos: es una forma de autocompasión. Si alguien te está haciendo daño, ya sea física o emocionalmente, te debes a ti mismo poner tierra de por medio entre vosotros.

Un final feliz

Brian no recuerda el momento exacto, pero las cosas empezaban a cambiar. Su matrimonio con Sarah se estaba fortaleciendo. Él iba a terapia y se había topado con una información que le cambió la vida: descubrió que era una persona altamente sensible.

En palabras de Brian, dado que está en el «extremo superior» de la escala de la sensibilidad, necesita mucho más tiempo de relajación que Sarah y se toma sus palabras muy a pecho cuando discuten.[37] Se dio cuenta de que su mayor problema era el perfeccionismo, una lucha habitual para las personas sensibles. Cuando Sarah parece insinuar que está haciendo algo mal, sus comentarios le duelen porque él quiere ser el marido perfecto. Ahora Sarah y él están aprendiendo a enfrentarse a los conflictos de forma distinta... y a encontrarse en un punto medio cuando se trata de otros asuntos. «No necesito cambiar quién soy, pero sí tengo que encontrarme con ella a medio camino»,[38] dice Brian.

Tal vez su sensibilidad haya creado algunos desafíos en su matrimonio, pero al final también salvó su relación, o eso cree él. Ser una persona sensible le permitió reflexionar en profundidad sobre su relación y pensar cómo podría cambiar la dinámica de su matrimonio. Con semejante presión una persona menos sensible tal vez se hubiera rendido antes de encontrar la cura o tal vez le hubiera faltado conciencia para crecer de verdad. Pero Brian reflexionó sobre sus puntos fuertes y sus puntos débiles, y aprendió a aprovechar al máximo sus puntos fuertes, como su capacidad para apoyar a Sarah emocionalmente, interpretar sus señales y demostrarle que la quiere de verdad. Ahora, tras ocho años de matrimonio, asegura que su amor es incluso más fuerte que cuando se conocieron.

También tiene un consejo para cualquiera que cuente con una persona sensible en su vida: «No es un defecto de su personalidad; ni está tratando de hacerse el difícil. Creo que eso es lo que mi mujer pensó una temporada. Ser sensible es un rasgo de personalidad real. Ojalá la gente que no es altamente sensible se tomara su tiempo para comprender que estar con una persona sensible puede ser un desafío, pero también algo muy gratificante».[39]

El consejo de Brian no solo se aplica a los adultos de nuestras vidas, sino también a los niños. Al igual que los adultos sensibles, los niños sensibles tienen sus desafíos y gratificaciones, que exploraremos en el siguiente capítulo.

7

Educar a una generación sensible

> Cuando eras niño... veías la vida a través de
> unas ventanas diáfanas. Unas ventanas peque-
> ñas, claro. Pero muy claras. ¿Y qué pasó des-
> pués? Ya sabes lo que pasó. Que los adultos
> empezaron a ponerles persianas.
>
> Dr. SEUSS

Todo comienza al principio, durante los primeros minutos de
vida de tu hija. Cuando el médico le puso una luz brillante
delante de los ojos, Sophie se echó a llorar. Cuando estornudas-
te con fuerza, lloró de nuevo, casi como si le doliera algo físicamente. Mucho después, una vez que pasó de brazo en brazo
entre familiares —que admiraron y abrazaron con fuerza a esa
criatura diminuta y perfecta—, fue como si estuviera demasiado
excitada para dormir. Por supuesto, todos los recién nacidos
lloran y a veces tienen problemas para dormir, pero Sophie parecía distinta de tus otros hijos con su misma edad. No le pasaba
nada físicamente, te aseguró el médico; solo era su personalidad.
Otros adultos usaban diferentes adjetivos: «mimada», «exigente» o incluso «difícil».

A medida que iba creciendo, Sophie era una niña normal en

muchos sentidos, pero en otros sobresalía. Era creativa e inteligente, y te preguntabas si tendría un don. De pequeña, repetía palabras largas tras haberlas escuchado un par de veces como mucho y su mente parecía capaz de entender conceptos muy avanzados para su edad. Por la forma en la que jugaba, te dabas cuenta de que tenía una imaginación muy activa. También era una observadora nata. Un día vio un avión a lo lejos —apenas una motita en el cielo matutino— y siempre decía algo cuando su maestra llevaba pendientes nuevos.

Sin embargo, la sobreestimulación nunca andaba lejos, y la perspicacia de Sophie desaparecía cuando se abrumaba. Se sentía abrumada tras un día ajetreado o incluso con actividades divertidas como una fiesta de cumpleaños o unas horas en un parque infantil interior. Durante esos momentos Sophie tenía berrinches tremendos y bajones. Casi todos los niños pequeños tienen estos episodios, pero los de Sophie eran más frecuentes e intensos. A veces la cosa más tonta la hacía saltar, como una piedrecita en el zapato o los tallarines que no tenían, según ella, la forma correcta. Otras veces los detonantes eran casi existenciales: volvía a casa llorando tras haber visto que acosaban a un compañero, aunque ella no tuviera nada que ver con la situación. Ya de mayor se negó a comer hamburguesas cuando se enteró de dónde precede la carne.

Junto con los bajones llegaban emociones intensas. Sophie bailaba cuando estaba contenta. Te enterraba la cabeza en el pecho y lloraba desconsolada si estaba triste. Aunque los sentimientos a veces la abrumaban, tenía una conciencia increíble sobre su propio estado mental y las emociones de los demás. En consecuencia, parecía saber cuándo le ocultabas algo o tenías un mal día, algo que no captaban sus hermanos, mayores que ella. La consideración de Sophie la ayudaba a hacer amigos, aunque se mostraba tímida en grupos grandes de niños y se ponía nerviosa cuando tenía que hacer algo delante de ellos, como dar un discurso o participar en una competición deportiva. Aunque en líneas generales era concienzuda y amable. Era capaz de leer entre líneas y de percibir lo que los profesores querían, de modo que los complacía con facilidad y obtenía buenas notas. De hecho, te preocupaba que fuera demasiado amable y sincera. A veces su perfeccionismo la llevaba a derramar las ya conocidas lágrimas.

Sophie tenía otras manías que aprendiste a aceptar con el tiempo. Incluso de adolescente le irritaban tanto ciertas texturas y sabores que se negaba a comer algunos alimentos. Algunos olores también la molestaban, como el olor a sudor del vestuario del gimnasio, al que se negaba a entrar. Cada vez que la vida cambiaba de repente, como la muerte de una mascota o la mudanza de un amigo, la pena la embargaba por completo y era incapaz de superar el mal trago durante mucho tiempo. Incluso los cambios positivos podían provocarle ansiedad, porque tenía que enfrentarse a nuevas situaciones y aprender nuevas rutinas. A veces se pasaba horas preparándose mentalmente y ensayando para esas situaciones.

A lo largo de los años has intentado ayudar a Sophie a ampliar su zona de confort mientras les hacías hueco a sus emociones intensas. Pero criarla no fue ni mucho menos fácil. En ocasiones tenías la sensación de no saber lo que necesitaba ni cómo ayudarla. Tal vez otros padres te hayan dicho que esta frustración es muy habitual entre quienes tienen hijos sensibles.

¿ES SENSIBLE TU HIJO?

Sophie no es una niña real, pero su personalidad se basa en los ejemplos de numerosos niños sensibles. No todos los niños sensibles serán como Sophie. De la misma manera que la sensibilidad se presenta de formas diferentes en los adultos, también se presenta de formas distintas en los niños. A continuación verás varios rasgos comunes en los niños sensibles. Tu hijo no tiene que cumplir con todos para que se le considere sensible, pero cuantas más casillas marques, más sensible es.

Mi hijo:

- ☐ Aprende cosas nuevas con rapidez.
- ☐ Expresa emociones intensas.
- ☐ Interpreta bien a los demás.
- ☐ Tiene problemas para aceptar los cambios.
- ☐ Tiene problemas con las sorpresas o con los cambios en su rutina.
- ☐ Tiene una intuición muy acusada con respecto a personas o sucesos.
- ☐ Responde mejor a los correctivos amables que a la disciplina dura.
- ☐ Llora o se encierra en sí mismo cuando le gritan o le regañan.
- ☐ Tiene muchos problemas para dormirse después de un día divertido o emocionante.
- ☐ Da respingos con los ruidos o el contacto inesperados.
- ☐ Se queja cuando las cosas no le gustan (sábanas ásperas, etiquetas de la ropa molestas, cinturillas estrechas, etc.).
- ☐ Se niega a comer ciertos alimentos por el olor o la textura.

☐ Tiene un ingenioso sentido del humor.

☐ Hace muchas preguntas.

☐ Hace comentarios perspicaces y parece demasiado listo para su edad.

☐ Quiere salvar a todo el mundo, desde a un perro callejero hasta al compañero al que acosan en clase.

☐ Tiene que hacerlo todo a la perfección.

☐ Se estresa por las notas y por las fechas de entrega de los trabajos escolares.

☐ Quiere complacer a los adultos que hay en su vida.

☐ Ha sufrido acoso por parte de sus compañeros (es especialmente cierto en el caso de los niños sensibles más que en el de las niñas).

☐ Evita ciertos lugares (como los gimnasios públicos o las secciones de perfumería).

☐ No tolera los ambientes ruidosos.

☐ Se percata de cuándo los demás están molestos o dolidos.

☐ Piensa antes de hablar o de actuar: mira «antes de tirarse a la piscina».

☐ Se preocupa mucho.

☐ Evita correr riesgos a menos que se haya preparado con mucha antelación.

☐ Siente el dolor físico con mucha intensidad.

☐ Se da cuenta de las cosas nuevas, como el traje nuevo de un profesor o que se hayan cambiado los muebles de sitio.

¿Sigues sin saber si tu hijo es sensible? Pues lee las descripciones que hacen algunos padres de sus hijos sensibles. ¿Ves alguna similitud entre sus hijos y el tuyo?

CON TUS PROPIAS PALABRAS
¿Cuáles son los mayores puntos fuertes y los mayores desafíos de tu hijo sensible?

Jenny, madre de un niño de siete años: «Mi hijo está muy en sintonía con sus emociones y con las emociones de los demás. Le encanta saber cómo funcionan las cosas. Es amante de los animales y de la naturaleza, y se toma muy a pecho el cuidado del planeta. No le gusta estar solo (le parece un castigo); su necesidad constante de estar con alguien a veces puede pasarle factura a la familia. Le cuesta estar con grupos grandes y no le gusta correr riesgos ni está dispuesto a probar cosas nuevas (como un deporte nuevo o montar en bici) hasta que lo haya visto muchísimas veces. Debido a estas tendencias, a veces se siente desplazado en las actividades de sus amigos».

Sarah M., madre de una niña de nueve años: «El colegio suele ser abrumador y estresante para mi hija sensible. Puede ser muy dura consigo misma y tiene reacciones viscerales a indicios sutiles a su alrededor. Sufre con facilidad por las críticas duras o por las voces airadas, aunque nada vaya dirigido a ella (como cuando los profesores se dirigen a otros alumnos). En el mundo exterior se traga todas sus emociones intensas y luego las libera en la seguridad de casa. Cuando tiene días malos se encierra en sí misma y pone en duda su propia existencia. Pero tiene un gran corazón con una capacidad infinita para amar. Es selectiva con sus seres queridos, pero cuando quiere a alguien, lo hace de todo corazón. Piensa en profundidad y se le ocurren algunos comentarios muy perspicaces».

Sarah B. H., madre de una niña de cinco años: «Mi hija sensible se da cuenta de todos los detalles y tiene unas ansias enormes por aprender. Su compasión hacia otros seres vivos deja claro que tiene un gran corazón. Es muy lista para su edad y muy atenta con los demás. Sin embargo, al igual que Superman tiene su kriptonita, mi hija es consciente de que su cuerpo y su alma necesitan descansos. Aprender a regular sus emociones (sobre todo cuando la sensación de estar abrumada se presenta como rabia) ha sido un reto. Aunque tiene un sinfín de tácticas para calmarse, a veces la sobreestimulación se debe a que se ha saltado sus horarios, o no es capaz de hacer ciertas cosas que le gustaría hacer o, lo más frecuente, por los límites de tiempo».

Maureen, madre de dos niños sensibles de seis y nueve años: «Uno de los mayores desafíos a los que se enfrentan mis hijos sensibles es el control de sus emociones intensas, sobre todo la rabia. Mi marido y yo siempre nos esforzamos en hacerles saber que las emociones intensas no son malas. Pero a medida que crecen también nos esforzamos por darles herramientas para lidiar con ellas. Además, no siempre encajan con los demás niños porque no les gustan mucho los deportes. Tenemos que hacer grandes esfuerzos para ayudarlos a que traben amistad con niños de aficiones parecidas ofreciéndoles muchas oportunidades para jugar con tranquilidad y para reunirse con ellos. Conforme han ido creciendo han sido capaces de entablar buenas amistades, pero necesitaron mucho apoyo y ayuda por nuestra parte para lograrlo».

Olivia, madre de un adolescente de dieciséis años: «De pequeño era atentísimo. Cuando murió el marido de una vecina, le escribió una carta muy larga, y tenía ocho años. Una vez le dejó dinero al Ratoncito Pérez como agradecimiento por llevarse los dientes. La adolescencia, sobre todo el instituto, ha silenciado parte de esa vulnerabilidad, y sufre ansiedad. También me he dado cuenta de muchas tácticas evasivas. Le queda un año de instituto, y espero que con la madurez sea capaz de sentirse más cómodo consigo mismo».

Vicky, madre de una chica de dieciocho años: «Cuando era más pequeña, se alteraba muchísimo con frecuencia y se abrumaba por no poder arreglar el mundo y todos sus problemas. Conforme ha ido madurando, ha podido controlar mejor su sensibilidad e incluso la celebra. Ahora nos reímos de los desafíos en vez de llorar. Estoy orgullosísima de ella».

IDEAS ERRÓNEAS MÁS HABITUALES SOBRE LOS NIÑOS SENSIBLES

Como ya hemos visto, los adultos sensibles no siempre lo parecen, y lo mismo sucede con los niños. Una de las ideas erróneas más habituales es que todos los niños sensibles son tímidos. Si bien algunos niños sensibles son tímidos, no se puede generalizar. (Para ser sinceros, a estos dos autores no les gusta que los tilden de tímidos; una forma mucho mejor de describir a muchos niños sensibles es decir que miran antes de tirarse a la piscina o que necesitan tiempo de calentamiento). Ahlia es una quinceañera sensible muy sociable y extrovertida. Según su madre, se enamoró de la actuación con pocos años y ha interpretado papeles en grandes musicales. Hace poco tuvo que interpretar una escena en la que tenía que aparecer triste delante de su clase. A este respecto, su sensibilidad es una ventaja: echó mano de sus emociones intensas y lloró en el momento requerido, impresionando a su profesor. Ahlia se avergonzaba antes por la facilidad con la que lloraba, pero ya no lo hace.

Otra idea errónea es que los niños sensibles son pasivos, sumisos o incluso débiles. Aunque se puede describir a muchos niños sensibles como tiernos y tranquilos, otros pueden tener una fuerte personalidad. Por ejemplo, Maria es una niña sensible decidida y ambiciosa. De bebé lloraba durante una hora en cualquier momento y solo se calmaba de formas muy concretas, como con un chupete, que necesitaba casi todo el tiempo. Ya un poco más mayor sus berrinches diarios eran extremos. Su madre nos dijo: «Me daba cuenta de que el simple hecho de estar en el mundo le provocaba sensibilidad». En la actualidad Maria tiene seis años y sigue teniendo una alta respuesta a su ambiente, pero también es lo que sus padres describen como una personalidad de tipo A: inteligentísima y con dotes de liderazgo. Es ordenada y puntillosa, organiza sus juguetes de una forma determinada, ya sea por color, tamaño o forma. Siendo muy pequeña aprendió a leer sola con los subtítulos de la tele.

Una última idea errónea es que los niños, a diferencia de las niñas, no pueden ser sensibles, o que los niños sensibles no son «masculinos» en el sentido heteronormativo de la palabra. Como ya hemos visto, la sensibilidad está igual de representada en hombres y en mujeres, y ser sensible es en realidad una ventaja en muchas actividades tradicionalmente masculinas como los deportes y el servicio militar. Aun así, a los niños se les presiona desde pequeños para ocultar su sensibilidad por culpa del mito de la dureza. De hecho, la investigadora Elaine Aron descubrió que cuando los niños llegaban a la adolescencia, obtenían menos puntación en su prueba individual de sensibilidad. Según dice, la razón de esta discrepancia es evidente: «Es muy difícil ser altamente sensible en esta cultura si eres hombre. De modo que la mayoría de los hombres y los niños sensibles intentan ocultar su sensibilidad. Es frecuente que ni siquiera sepan qué intentan ocultar, pero lo último que quieren es contestar una serie de preguntas que parecen destapar algo en su interior que temen que no sea masculino».[1] En vez de endurecer a los niños sensibles o cambiarlos para que sean como los demás, tenemos que ofrecerles más: más amor, más afecto, más aceptación de lo que son.

La ventaja secreta del niño sensible

Sin embargo, hay una característica común a todos los niños sensibles; de hecho, define la sensibilidad en sí misma. En el caso de los niños sensibles, el ambiente es de vital importancia. Como ya hemos visto, las personas sensibles sufren más que las demás en ambientes tóxicos o negativos de cualquier forma (demuestran niveles de estrés más altos, dolor, enfermedad, ansiedad, depresión, trastornos del pánico y otros problemas).[2] Como contrapartida, obtienen más beneficios que los demás de ambientes edificantes y otros entornos positivos (el efecto impulsor de la sensibilidad). En el ambiente adecuado las personas sensibles demuestran más creatividad, empatía, conciencia y sinceridad que las personas menos sensibles; disfrutan de una buena salud, tanto mental como física, y son más felices y tienen relaciones más fuertes. Sus dones —la capacidad de escuchar, de amar, de sanar y de crear arte y belleza— salen a la luz. El efecto impulsor es especialmente potente en niños sensibles, y numerosos estudios así lo corroboran.

Como ejemplo, tomemos un estudio llevado a cabo en Khayelitsha, una de las zonas más pobres de Sudáfrica.[3] La mayor parte de la población vive en chabolas construidas con madera, cartones y chapa; muchos tienen que recorrer a pie la distancia equivalente a varias manzanas para conseguir agua potable. Casi la mitad de sus habitantes está en paro, y para muchas familias la falta de comida es habitual. En semejante ambiente es difícil que cualquier niño prospere, ya sea sensible o no, pero un equipo internacional de investigadores quería saber hasta qué punto la personalidad de un niño influiría en su respuesta a una intervención. A fin de descubrirlo los investigadores colaboraron con una organización sin ánimo de lucro de la zona que ayudaba a embarazadas a proporcionarles un ambiente emocionalmente estable a sus bebés. Los trabajadores sanitarios de la organización sin ánimo de lucro trabajaban con las mujeres a lo largo del último trimestre de embarazo y de los seis primeros meses de la vida del bebé. Durante este tiempo los sanitarios acudían a las casas de las madres y les enseñaban a interpretar las señales de su bebé y a responder a lo que este necesitaba; algo que puede ser complicado para cualquier primeriza. A medida que las madres se volvían más receptivas con sus hijos, los sanitarios esperaban que se estableciera lo que se llama «apego seguro».

El apego seguro de un niño, o su sensación de seguridad, es difícil de establecer en un lugar tan inestable como Khayelitsha, pero también es especialmente valioso, porque los ayuda a obtener mejores resultados en el colegio, a evitar los comportamientos violentos, a lidiar con las penurias con menos trauma y a entablar relaciones saludables de adultos. Al concentrarse en el apego seguro, la organización sin ánimo de lucro usaba sus limitados recursos para ofrecerles a los niños de la zona un impulso de por vida.

Al menos, eso esperaban. Y, ciertamente, los hijos de las madres que recibieron la intervención tenían muchas más probabilidades de desarrollar un apego seguro antes de cumplir los dieciocho meses, y muchos de ellos —que no todos— seguían mostrando los beneficios de dicha intervención en el seguimiento que se les hizo a los trece años. Aquí es donde entraron los investigadores. Durante el seguimiento, los investigadores tomaron muestras de ADN de los niños para comprobar cuántos tenían la versión corta del gen *SERT*, la variante descrita en el capítulo 2 que probablemente esté relacionada con la sensibilidad. Una vez tenido en cuenta el gen, apareció un patrón sorprendente. Los niños con la versión corta del *SERT* tenían 2,5 veces más probabilidades de beneficiarse del programa y también de desarrollar un apego seguro duradero. En cambio, los niños que tenían la versión menos sensible del gen apenas se beneficiaron del apoyo de la organización sin ánimo de lucro. Fue como si nunca hubiera pasado.

Otros estudios han llegado a conclusiones parecidas:

- Michael Pluess, investigador especializado en sensibilidad, descubrió que los niños varones que tienen una amígdala izquierda (una zona del cerebro asociada con el procesamiento de las emociones) de mayor tamaño eran más sensibles al ambiente durante su infancia y obtenían más beneficios o recibían más daño de él.[4] Sobre todo si crecían en ambientes de escasa calidad, dichos niños tenían más problemas conductuales que los menos sensibles. Pero cuando los niños sensibles crecían en ambientes de alta calidad, eran los que menos problemas conductuales tenían y sus profesores indicaban que mostraban el mejor comportamiento sociable.
- Un estudio de la Universidad de Maryland descubrió que los recién nacidos «difíciles» (lloran mucho y cuesta calmarlos) son más sensibles que los demás a la calidad de los cuidados que reciben de sus padres.[5] Si los padres se muestran receptivos —como estar atentos a sus señales y calmarlos cuando lloran—, tienen más probabilidades que otros bebés de convertirse en niños más sociables y animados. En cambio, si los padres no se muestran receptivos a estos bebés sensibles, tienen más probabilidades de ser retraídos conforme vayan creciendo.
- El pediatra W. Thomas Boyce, autor de *The Orchid and the Dandelion*,[6] descubrió que los niños sensibles que viven en ambientes estresantes se lesionan y enferman más que otros niños, pero que en ambientes con poco estrés, se lesionan y enferman menos que los niños menos sensibles.

Si eres el progenitor, el abuelo u otro cuidador de un niño sensible, todas estas observaciones deberían ofrecerte esperanza: ostentas el poder de moldear a tu hijo, más que si no fuera sensible. El amor, la paciencia y las oportunidades de aprender que le brindes a tu hijo sensible darán más frutos. Sí, criar a un hijo a veces puede ser duro, y sí, tu hijo te necesitará más que otros niños. Pero te han encomendado el cuidado de un niño que puede conseguir grandes logros. Tú, más que cualquier otra persona, tienes el poder para activar el efecto impulsor de la sensibilidad y usarlo como trampolín para que alcance alturas insospechadas. Si le brindas aceptación y aprobación, no será un niño «normal». Comparado con sus iguales, obtendrá mejores notas, desarrollará mejores habilidades sociales y emocionales, tendrá una ética más firme y hará importantes aportaciones al mundo. No flaquees en tu enfoque y, con el tiempo, verás que tu hijo domina los dones de la sensibilidad. Se sentirá cómodo con sus pensamientos y sus emociones, evitará la sobrecarga y usará su talento para tener éxito. A continuación te sugerimos una serie de cosas que puedes hacer para ayudarlo.

ACEPTA A LOS NIÑOS SENSIBLES TAL Y COMO SON EN REALIDAD

Es frecuente que, sin pretenderlo, los adultos provoquen en los niños la sensación de que tienen un defecto. En lo relativo a la sensibilidad, puede que crean que las emociones intensas o la tendencia a sentirse abrumado de su hijo es algo malo. Incluso los cuidadores que también son sensibles pueden mostrar este sesgo contra la sensibilidad —de forma inconsciente— por culpa de los mensajes negativos que recibieron de pequeños. (Recuerda al padre de Bruce Springsteen, que quería que Bruce se endureciera cuando al final resultó que él, el padre, era «blando»). En vez de considerar la sensibilidad de tu hijo como una debilidad, oblígate a verla como un punto fuerte. Cuando te conviertes en un ejemplo de amor y aceptación de la sensibilidad de tu hijo, estás facilitando que él quiera y acepte esa parte de sí mismo.

Una forma de comprender mejor —y, por tanto, de aceptar— la sensibilidad de tu hijo es tener curiosidad por su mundo. Asegúrate de observarlo en diferentes circunstancias y en diferentes momentos a lo largo del día. Reserva un momento para hablar y jugar con él a solas, lejos de sus hermanos. Hazle preguntas abiertas. Por ejemplo, «¿Cómo te ha ido el día?» propiciará más una conversación que «¿Has tenido un mal día?». No te cierres en banda e intenta comprender lo que tu hijo sensible experimenta con el cuerpo y los cinco sentidos. Sus respuestas tal vez te sorprendan.

A veces la aceptación y el apoyo implican que luches por tu hijo. Este apoyo puede ser tan sencillo como compartir libros o artículos sobre la sensibilidad con la familia u otros padres, o explicar el rasgo con tus propias palabras. Un lugar muy importante en el que luchar por tu hijo es el colegio. Habla de la sensibilidad al principio del curso, cuando conozcas a los profesores de tu hijo, antes de que pueda surgir cualquier tipo de problema.

Tu hijo se dará cuenta de que lo defiendes y tal vez algún día caiga en la cuenta de lo mucho que eso lo benefició. Aunque tú no debes esperar a que llegue ese día. Dile hoy mismo que estás orgulloso de él y comparte el orgullo que te han provocado las cosas que ha hecho últimamente; tal vez sea algo relacionado con su imaginación, con su capacidad para relacionarse con los demás, con sus emociones o con otros dones de la sensibilidad. El corazón sensible valora muchísimo estas palabras positivas y bonitas. Y esta positividad también vendrá bien en otras situaciones, como cuando tengas que corregir su comportamiento.

LA DISCIPLINA POSITIVA ES MEJOR

Aceptar la sensibilidad de tu hijo no implica que no impartas disciplina ni lo ayudes a madurar. Todos queremos que nuestros hijos prosperen en la vida, y esa evolución incluye inevitablemente guiarlos hacia caminos saludables. La disciplina forma parte de este aprendizaje, pero con un niño sensible el método es más importante si cabe. Porque los niños sensibles sienten las cosas de forma más acusada que los otros niños, sus sentimientos son más frágiles y les cuesta más no tomarse los correctivos como algo personal.

Que te manden a tu dormitorio, un padre que grite por la frustración, una charla seria por parte de un profesor..., todos podemos recordar estas situaciones de cuando éramos pequeños. Tal vez incluso las consideremos como algo normal mientras crecemos y ahora, como adultos, nos riamos del recuerdo. Pero para muchos niños sensibles las situaciones que involucran castigos —aunque parezcan leves— pueden ser debilitadoras. Los recuerdos de sentirse mal los acompañan durante años, incluso hasta la edad adulta. Semejantes recuerdos pueden llevar asociados la vergüenza y el miedo al castigo, alentados por la preocupación de no ser lo bastante buenos.

En algunos casos estas formas de castigo solo acentúan las emociones ya intensas de por sí de un niño sensible, dificultándole todavía más la tarea de tranquilizarse. Maureen Gaspari, escritora y fundadora del blog The Highly Sensitive Child, descubrió que cuando castigaba a sus niños sensibles con tiempo de silencio o los mandaba a su cuarto, acababa con más gritos, tanto por parte de ellos como de ella. «Les costaba calmarse solos y se alteraban muchísimo. Cuando por fin iba a buscarlos, necesitaban tanta ayuda para calmarse que el motivo original del castigo quedaba relegado»,[7] asegura.

Como padre o cuidador de un niño sensible, puede que ya te hayas dado cuenta de que un nivel «normal» de disciplina es demasiado para tu hijo, que hará todo lo posible por complacer y que rara vez es problemático. En comparación con otros niños, es más probable que un niño sensible se culpe por las situaciones difíciles. En una revisión de varios estudios sobre la sensibilidad en entornos escolares y particulares, Monika Baryła-Matejczuk, una investigadora de psicología educacional, descubrió que los niños sensibles son altamente conscientes de las críticas de los demás y tienen más probabilidades de criticarse a sí mismos con dureza.[8] Tal vez eviten situaciones que lleven a la desaprobación (como obtener malas notas) o que impliquen la sensación de estar haciendo algo mal (saltarse las normas). Son instintos nobles, pero cuando van a acompañados de la sensación de vergüenza, esta predisposición puede conducir a otros resultados menos deseables: los niños sensibles se pueden frustrar con facilidad cuando intentan algo nuevo o evitar por completo las nuevas situaciones.

Es más, los niños sensibles son más propensos a tener una autoestima más baja durante la infancia que los otros niños, dice Baryła-Matejczuk. Esta sensación de menoscabo enlaza con su alta receptividad a las críticas y la tendencia de autocriticarse, dos factores que pueden afectar a la autoestima. El niño incluso podría anticipar respuestas negativas a sus actos, volviéndose ultraperfeccionista y ansioso como forma de evitar hacer algo que se percibe como malo. Como ya es posible que sepas, tu hijo sensible tiene una ética muy fuerte. Antes de recibir un castigo o una crítica, si sabe que ha hecho algo potencialmente mal, hay muchas probabilidades de que ya se esté castigando por dentro. La escritora Amanda van Mulligen, que tiene un hijo sensible, lo describe muy bien: «Suelen actuar como sus propios castigadores; a menudo su sentido de la vergüenza es tan fuerte que se dicen de todo mentalmente por lo que han hecho y se sienten fatal sin que un adulto les diga una sola palabra».[9] Los niños sensibles son tan receptivos a las voces serias que pueden sentir vergüenza al oír que castigan a otro niño, como cuando su profesor reprende a otros alumnos en clase.

En respuesta a los gritos o a cualquier otra cosa que considere un castigo, un niño sensible puede echarse a llorar, encerrarse en sí mismo o exhibir muestras de ansiedad fortísimas. Por este motivo Monika Baryła-Matejczuk[10] aconseja a los padres y a los profesores evitar poner a al niño en situaciones en las que pueda sentir vergüenza. En cambio, los correctivos suaves funcionan mejor con los niños sensibles, a quienes se les asegura que se les quiere y que su naturaleza sensible no es la culpable de los errores. También pueden procesar mejor los correctivos suaves con una actitud tranquila en vez de con emociones exaltadas y estímulos. Es más, la disciplina positiva transmite el mensaje de que los errores forman parte de la vida y de que son una oportunidad para aprender y no algo que hay que evitar a toda costa.

Cómo practicar la disciplina positiva

La disciplina positiva consiste en prestar atención a lo que dices y a cómo lo dices. Los gritos pueden abrumar con facilidad un sistema nervioso sensible. En vez de tener el efecto deseado, un grito puede provocar que el niño bloquee lo que estás diciendo mientras su cuerpo entra en el modo amenaza. Usar un tono moderado y tranquilo es lo mejor. Un niño sensible también recordará tus palabras, y las duras —como el sarcasmo, las humillaciones o los insultos— se le clavarán en lo más hondo. Además de tu tono de voz, el niño sensible se fijará en tu lenguaje corporal, en la tensión de tu mirada y en otros indicadores de aprobación o desaprobación. Aunque puede resultarte difícil cuando estés enfadado o frustrado con tu hijo, intenta hablar con ternura mientras te comunicas de forma clara.

El contacto también es una herramienta poderosa para la disciplina positiva. Una leve caricia en el brazo o en el hombro del niño sensible puede ayudarte a llamar su atención sin tener que levantar la voz. Por supuesto, algunos niños sensibles tienen más problemas con los estímulos físicos, así que ese es otro detalle que tienes que ajustar en función de las necesidades de tu hijo.

A continuación tienes algunos consejos para la disciplina positiva:

- Corrige a un niño sensible en un sitio tranquilo lejos de los demás. De lo contrario, la vergüenza de que otros niños o adultos sepan que «la ha liado» hará que se sienta peor. Si tu hijo y tú estáis en casa de otra persona o haciendo recados, espera a volver a casa para hablar del problema con él.

- Evita los comentarios que avergüencen a tu hijo. No digas «¿¡Cómo has podido hacer eso!?», «¡Estás siendo demasiado sensible!» o «¡Deja de llorar!».

- En vez de castigarlo en solitario, tal vez sería conveniente que crearas un lugar donde pueda tranquilizarse, su santuario sensible particular. Es un sitio al que puede ir si tiene problemas para regular sus emociones. Incluye peluches, mantas suaves, juguetes o cualquier otro objeto que le ofrezca consuelo.

- Después de corregirlo, dale abrazos y tranquilízalo, y también enfatiza sus puntos fuertes. Los niños sensibles piensan en sus experiencias de forma profunda, y sin estas afirmaciones tal vez lleguen a la conclusión de que ya no se les quiere tras un correctivo.

- Cuidado con tu propio nivel de estrés. Si te sientes mal o estás sobreestimulado, te costará más emplear la disciplina positiva. Cuida tus propias emociones y permítete descansos.

Marca las expectativas con antelación

Si comprendes los rasgos comunes de los niños sensibles, es posible que reduzcas la necesidad de disciplina. Por ejemplo, debido a que las personas sensibles necesitan pensar las cosas con tiempo, te darás cuenta de que marcar las expectativas con antelación te evitará luchas de poder más adelante. Puede ser algo tan sencillo como decir «Hoy vamos a visitar a la tía Joanne en la residencia. Tenemos que hablar en voz baja y movernos despacio porque allí hay personas que no se encuentran bien». Saber de antemano lo que se espera le ofrece al niño la oportunidad de elegir: sabe lo que pasará si cumple las expectativas y también sabe que habrá consecuencias si no lo hace.

Las transiciones pueden ser difíciles para los niños sensibles, que suelen zambullirse de lleno en cualquier actividad que estén haciendo, sobre todo en las que disfrutan. Cuando llegue el momento de dar por terminada la actividad —como irse del parque—, dales avisos a los diez y a los cinco minutos antes de la hora, y después un minuto antes. Este preaviso puede ayudar a cualquier niño, pero sobre todo a los sensibles, que funcionan mejor cuando tienen tiempo para procesar sus pensamientos y prepararse mentalmente para algo nuevo.

Por último, vigilar a tu hijo en busca de señales de sobreestimulación también ayudará a reducir la necesidad de disciplina. Las señales de que tu hijo se está sobreestimulando incluyen el cansancio, el enfado o la irritación; cooperar menos con las peticiones; llorar, aferrarse a ti o mostrarse torpe; o tener un berrinche. Dale mucho tiempo de relajación a tu hijo sensible, aunque eso signifique rechazar otras invitaciones o actividades.

Recuerda que no siempre usarás la disciplina positiva a la perfección, y no pasa nada. A veces perderás los papeles o dirás algo de lo que te arrepentirás. Aunque tus palabras y tus actos afectan más a los niños sensibles que a cualquier otro niño, eso no significa que necesiten unos padres perfectos para salir adelante. Maureen Gaspari ha dedicado toda su carrera profesional a defender a los niños sensibles, e incluso ella dice que comete errores con sus hijos sensibles y no siempre pone en práctica a la perfección los consejos que da a otros padres. «No soy perfecta. Te aseguro que no pasa nada si también tienes problemas a la hora de disciplinar a tu hijo sensible»,[11] dice. Cuando cometas un error, úsalo para que tu hijo aprenda que incluso los adultos meten la pata a veces.

Tal vez otros padres u otras familias no comprendan al principio tu enfoque en cuanto a la disciplina positiva. Puede incluso que te digan que estás siendo demasiado delicado o que «estás dejando que se salga con la suya». Recuerda que los niños sensibles no son malos ni están defectuosos, simplemente se sienten abrumados. El proceso positivo puede parecer demasiado blando a los padres con niños que no son tan receptivos a una disciplina tan suave, pero confía en que tú conoces a tu hijo mejor que nadie. La investigación demuestra que la disciplina positiva es ideal a la hora de ayudar a los niños sensibles a convertirse en adultos sensibles felices. Tal vez el mundo no entienda su naturaleza sensible, pero los padres y los profesores que sí la entienden serán los mayores defensores del niño y harán que se encamine hacia el éxito.

Cuándo presionar para que amplíen su zona de confort

La disciplina positiva no implica que nunca desafíes a tu hijo ni que él no deba desafiarse. De hecho, si se hace con mimo y compasión, ayudar a un niño sensible a ampliar su zona de confort es uno de los mejores regalos que puedes hacerle. La clave está en empezar por enseñarle a establecer límites saludables. Tener límites de este tipo permite a los niños sensibles ponerse a prueba de un modo que les parece seguro. Sobre todo, ayúdalo a darse cuenta de cuáles son sus límites y cuándo necesita descansar. Por ejemplo, puedes llevar a tu hijo a una fiesta de cumpleaños, pero marcharos en cuanto te dé la señal acordada de antemano de que empieza a sentirse sobreestimulado.

En el caso de muchos niños, el miedo es una respuesta típica a las nuevas situaciones, pero dicho miedo se puede magnificar en niños sensibles, ya que suelen ser mucho más cautelosos y no les gustan los riesgos. Enseñarle a controlar su miedo es una manera efectiva de presionarlo para que abandone su zona de confort. Tampoco deberías permitir que tu propio miedo interfiera. En algún momento durante un evento o una actividad, es posible que a tu hijo le entre hambre, se canse o incluso tenga un berrinche, pero no dejes que tu preocupación por esta posibilidad te impida probar cosas nuevas con él. Si es lo bastante mayor, enséñale a solucionar ciertos problemas solo (como prepararse el bocadillo para el cole), de modo que vaya desarrollando la resiliencia.

También es mejor que vayas poco a poco. Por ejemplo, si quieres que tu hijo aprenda a jugar al baloncesto, primero podéis ver una película sobre baloncesto o un partido juntos. Después puedes marcar unos objetivos que pueda alcanzar con facilidad y así lo ayudarás a tener confianza en sus habilidades. Por ejemplo, no esperes que tu hijo sea un hacha driblando el primer día. En cambio, ve poco a poco; puedes aconsejarle que practique tocar la pelota solo con las puntas de los dedos, no con la palma. Otra buena idea es ser flexible y estar dispuesto a cambiar de plan si te das cuenta de que algo no va bien. Intenta que la nueva actividad sea entretenida y no quieras imponer tus metas. Si presionas demasiado, puede que tu hijo acabe por no querer repetir la experiencia. Lo más importante es celebrar cada éxito, porque esa es otra forma de aumentar la confianza de tu hijo en las habilidades que está desarrollando. Abrázalo, alábalo, cuéntales a los demás sus logros, déjalo elegir la cena o cualquier otra cosa que demuestre que estás orgulloso de él.

A continuación tienes más consejos sobre cómo presionar de forma positiva a tu hijo para que amplíe su zona de confort:

- Si es apropiado, ve con tu hijo a sitios nuevos; puedes sentarte en las gradas durante el entrenamiento de baloncesto o esperar en el coche en el aparcamiento. No lo atosigues, pero mantente cerca.
- Habla con tu hijo de lo que puede esperar en nuevas situaciones. No des por sentado que sabe cómo es un entrenamiento de baloncesto (o una boda, un museo, las actividades extraescolares, etc.). Tal vez incluso quieras hacer «ensayos» de conversaciones o eventos importantes, por ejemplo, paseando por las instalaciones del colegio o hablando con los profesores antes de su primer día.
- Habla con él sin juzgar sus miedos. «¿Por qué te da miedo ir al médico?». No le quites importancia a sus sentimientos, aunque el miedo no te parezca justificado.
- Valida los sentimientos de tu hijo: «¡Sí que da miedo!» o «Yo también tengo miedo cuando tienen que sacarme sangre!». Pero no te pases tranquilizándolo, porque al hacerlo podrías reforzar en su cabeza lo peligroso o aterrador que es eso de lo que estáis hablando. Disponte enseguida a trazar un plan juntos para ayudarlo a sentirse más valiente en esa situación.
- Dale a tu hijo cierto control sobre las situaciones que le dan miedo al pedirle que te diga algo que podría ser de ayuda: «¿Qué podemos hacer para que te sientas mejor en el médico?».
- Impón límites de tiempo en las actividades sobreestimulantes (como fiestas de cumpleaños) y dale a tu hijo permiso para «hartarse» cuando se sienta abrumado o cansado. Facilita la marcha: «Si no te lo estás pasando bien, nos podemos ir».
- Señala sus éxitos. «¡Estabas muy nervioso por la idea de

meterte en la piscina y ahora mira lo bien que te lo estás pasando!».

El enfoque positivo para ampliar su zona de confort también dejará un hueco a sus emociones y ayudará a los niños sensibles a lidiar con las sensaciones incómodas, una parte vital de la regulación emocional.

SÉ EL ASESOR EMOCIONAL DE TU HIJO

La regulación emocional es la capacidad de controlar tu estado emocional, cómo piensas en él y qué haces (o no) con lo que sientes. Aunque no siempre podemos controlar si nos sentimos furiosos, por ejemplo, sí que podemos controlar cómo reaccionamos: si gritamos o mantenemos la calma; si pensamos en el problema de forma visceral o lo ponemos en perspectiva; y —algo importantísimo— lo que nos sale por la boca en mitad del cabreo.

Aunque es una habilidad fundamental para todos los niños, la regulación emocional es incluso más importante para los niños sensibles. Tal vez no resulte sorprendente teniendo en cuenta, como ya sabemos, que las personas sensibles experimentan las emociones intensamente y pasan más tiempo pensando en ellas. Un estudio incluso descubrió que las personas sensibles tienen menos regulación emocional que las demás.[12] Dado que las personas sensibles a menudo tienen emociones fuertes, aseguraba el estudio, pueden creer que las emociones negativas no desaparecerán nunca o que durarán mucho tiempo, y que no pueden hacer nada para sentirse mejor. Estas creencias son señales típicas de que una persona carece de estrategias para enfrentarse a las emociones. Sus sentimientos se hacen con el control y son demasiado grandes como para enfrentarse a ellos. Cuando las personas sensibles emplean estrategias de regulación emocional, el estudio concluyó que eso las ayudaba a evitar la ansiedad y la depresión, dos de las preocupaciones que tienen muchos adultos con hijos sensibles.

Como progenitor, aquí es donde entras en escena. Ya estás enseñándole a tu hijo habilidades para la regulación emocional todos los días al darle ejemplo de cómo controlas tus propias emociones, ya sea tu propio estrés o los bajones de tu hijo. Cuanto más intencionado sea por tu parte, mejor ejemplo le darás. En líneas generales los padres que son receptivos y que aceptan las emociones de sus hijos acaban con niños con un sistema nervioso central más tranquilo, más confianza en sí mismos, mejores notas en el colegio y reacciones más equilibradas a las emociones intensas. Cuanto más hablen los padres de las emociones con sus hijos, más probable es obtener este resultado. Hablar a menudo de los sentimientos ayuda a los niños a identificar sus propias emociones según van surgiendo en vez de tener la sensación de que las emociones salen de la nada.

Según el psicólogo John Gottman,[13] los padres enseñan la regulación emocional con el ejemplo mediante dos estilos principalmente: entrenamiento emocional o menosprecio. Cada estilo es una forma distinta de que los padres respondan a las emociones de sus hijos, y ambos proceden de padres con las mejores intenciones. Sin embargo, todos los niños —sobre todo los sensibles— necesitan asesores emocionales para enseñarles a lidiar con sus sentimientos de forma saludable.

Los asesores emocionales comprenden que experimentar una variedad de sentimientos es normal en los niños (y en los adultos, ya que estamos). Estos padres consideran las emociones como una oportunidad para aprender, para calmarse y para conectar. Son muy intuitivos a la hora de saber cuándo es mejor explorar los sentimientos de sus hijos o darles espacio para que lo hagan ellos solos. El entrenamiento emocional también puede ser enseñarle a tu hijo a no aferrarse a una reacción emocional concreta. Por ejemplo, puedes sugerirle que se vaya a dormir y comprobar en qué estado mental se levanta a la mañana siguiente.

Si dar ejemplo de regulación emocional parece difícil, tranquilo: respira. (O tal vez: regúlate). No tienes que dominar a la perfección la regulación emocional para darles un buen ejemplo a tus hijos. De hecho, gran parte de enseñar una buena regulación emocional consiste en mantener con nuestros hijos muchas de las charlas que nuestros padres nunca mantuvieron con nosotros. Esto quiere decir que escuches a tu hijo si está alterado y lo ayudes a explorar esos sentimientos, a solucionar el problema y a emprender una acción constructiva si se puede. Este enfoque lo pueden adoptar incluso aquellos de nosotros que nunca hemos visto validados nuestros sentimientos o que incluso tenemos problemas para regularlos aun siendo adultos.

Los peligros de menospreciar las emociones

La otra cara de la moneda son los padres que se encuadran en el ámbito del menosprecio emocional o el abandono emocional. Tal vez se traguen de forma consciente o inconsciente el mito de la dureza: consideran las emociones como distracciones de lo que se tiene que hacer o como señal de debilidad, y creen que están ayudando a su hijo al enseñarle que deje de llorar o que haga caso omiso de sus sentimientos. Pueden decir cosas como

«No es para tanto» o «Ya se te pasará» cuando su hijo expresa miedo, como el nerviosismo por el primer día de colegio. En el caso de los niños sensibles este enfoque puede mezclarse con la vergüenza que conlleva que les digan que sus emociones son excesivas o que son demasiado sensibles. También planta una semilla muy peligrosa en la mente de un niño: no deben pedir ayuda para aliviar las malas sensaciones y hacerlo empeorará las cosas. En verdad, necesitamos que otras personas nos ayuden a procesar las emociones intensas; necesitamos hablar con esas personas y que nos escuchen.

Como era de esperar, el abandono emocional durante la infancia es a menudo el comienzo de la carencia de regulación emocional. En comparación con los niños que cuentan con asesores emocionales en sus vidas, los que crecen con padres que menosprecian las emociones no aprenden a regular ni a responder a sus emociones. El estrés y las emociones exaltadas siguen siendo abrumadores, y el niño puede adoptar comportamientos o patrones de pensamiento destructivos, como guardarse las cosas hasta que estalla. No aprenden a etiquetar sus emociones ni a aceptar que todas las emociones tienen cabida, de modo que tal vez se aferren a la vergüenza por sentir las cosas con tanta intensidad. El abandono emocional puede tener efectos duraderos. En la edad adulta puede presentarse como sentimiento de culpa innecesario, rabia hacia uno mismo, baja confianza en uno mismo o la sensación de tener un defecto horrible.

Cabe destacar que los roles de género tienen mucha importancia en este asunto. Los padres suelen dar diferentes ejemplos a niños y a niñas en vez de aceptar que hay toda una gama de emociones en ambos casos. Las niñas aprenden que hay emociones que no se aceptan, de modo que a menudo sustituyen las emociones inaceptables con otras «aceptables».[14] Por ejemplo, puede poner ojos de cordero degollado en vez de pedir algo con firmeza o mostrar tristeza en vez de rabia. En cambio, los niños aprenden que no deberían demostrar emoción alguna y por tanto no aprenden a regularlas. Esto quizá explique la llamada rabia masculina. La rabia tal vez sea la emoción más difícil de contener.

Los niños y las niñas suelen ver facetas distintas de sus padres. Según los datos, los padres hablan más de sus emociones con sus hijas que con sus hijos.[15] Los padres también usan más palabras relacionadas con las emociones con las niñas que con los niños, y se sienten especialmente cómodos compartiendo su tristeza con sus hijas.[16] Los hijos tienen más probabilidad de sufrir una forma de crianza más punitiva y de recibir menos charlas emocionales, salvo por las expresiones de rabia de sus padres.[17] Ambos, niños y niñas, sufren daños por este enfoque, pero los investigadores han descubierto que los niños son más vulnerables al abandono emocional.[18]

Puedes ayudar al desarrollo emocional de tu hijo sensible concentrándote en técnicas de regulación emocional. Los investigadores han identificado tres técnicas esenciales: percatarse de las emociones, controlar la intensidad de las emociones y gestionar las emociones.[19] Estas habilidades pueden ayudar a cualquiera a responder a emociones intensas, y los padres, como asesores, pueden ayudar a sus hijos a practicar dichas técnicas.

Percatarse de las emociones e identificarlas

La capacidad para percatarse, nombrar y comprender la intensidad de las emociones ayuda a los niños a ser más conscientes de lo que sienten. Esta técnica es vital para la regulación emocional. Por ejemplo, los niños pequeños que pueden expresar con palabras cómo se sienten pueden regularse solos durante un momento desafiante al hablar consigo mismos o al buscar a alguien que pueda ayudarlos a procesar esos sentimientos.

Una forma de ayudar a los niños a hacerlo es introducir comprobaciones de sentimientos para enseñarles a reconocer las emociones que están experimentando. Una comprobación de sentimientos puede ser algo tan sencillo como preguntar «¿Cómo te sientes ahora mismo?». Anima a tu hijo a usar palabras concretas y descriptivas; en vez de «Me siento mal», a lo mejor se sienten cansados, doloridos, decepcionados, dolidos o abrumados. (Hay muchas listas de palabras relacionadas con las emociones disponibles en internet para que tu hijo pueda ampliar su vocabulario al respecto). A partir de ahí puedes pasar a enseñarle a tu hijo a controlar la intensidad de las emociones que haya nombrado.

Controlar la intensidad de las emociones

Un niño que no aprende regulación emocional tendrá problemas para contener las emociones intensas antes de que se desaten. Sin control, estas emociones pueden manifestarse como patadas, gritos, berrinches, aislamiento u otros comportamientos destructivos. Pero aprender a percibir la intensidad de una emoción ayudará a un niño sensible a estar en sintonía con sus emociones y gestionarlas de forma saludable. Una manera muy fácil de ayudar a tu hijo a hacerlo es indicarle el momento en el que has notado un cambio: «Estás muy callado» o «No has querido jugar hoy con tus amigos». Acto seguido, invítalo a contarte el motivo. Si crees que ya lo sabes, sácalo con tiento: «A lo mejor te sientes triste porque tu amigo se va a mudar». De esta manera ayudas a tu hijo a aprender a percatarse de sus sentimientos antes de que estos lo abrumen.

Tal vez quieras introducir también un termómetro de sentimientos para preguntarle a tu hijo en qué punto están sus emociones en el termómetro: desde la zona fría, pasando por la cálida hasta la caliente, que representaría las emociones intensas. La imagen ayuda a los niños a visualizar sus emociones al tiempo que proporciona una forma sencilla de describirlas. (Una vez más hay termómetros imprimibles gratuitos en internet, aunque también puedes hacer uno tú mismo). Al igual que con las comprobaciones de sentimientos, el termómetro permite al niño vigilar lo que siente para así mantener el control con más facilidad.

Gestionar las emociones

Después de que una persona reconozca las emociones y disminuya su intensidad, el paso final es desarrollar herramientas para gestionar dichas emociones. Los niños sensibles experimentan reacciones emocionales intensas en muchos aspectos de la vida, de modo que gestionar las emociones es una habilidad muy valiosa que deberían aprender lo antes posible. Hay infinidad de estrategias que puedes emplear para enseñarle a tu hijo a controlar y mitigar sus emociones, incluidas la respiración profunda o imaginarse alejándose un paso de lo que sea que lo está alterando. También puede imaginarse que un paraguas invisible por encima de su cabeza lo protege de situaciones o palabras molestas. (Las estrategias para controlar la sobreestimulación que se ofrecen en el capítulo 4 para adultos también se pueden adaptar a los niños).

Estas herramientas suponen un cambio enorme desde pequeños. Durante la etapa de infantil y primaria en el colegio, los niños comprenden mejor las expresiones emocionales y las reglas culturalmente asociadas a estas. Por ejemplo, un niño aprende que parecer más alterado de lo que está en realidad puede granjearle más simpatía. Claro que también puede aprender a sonreír cuando no está feliz o a ocultar las emociones para que no se reflejen en su cara. Los niños pequeños aprenden deprisa que las formas en las que expresan sus emociones no siempre coinciden con lo que sienten en realidad. Esta tendencia se acrecienta en la adolescencia, de forma que es más probable que los niños repriman la tristeza y las niñas oculten su rabia. Al llegar a la adolescencia los niños son incluso más conscientes de las opiniones de los demás en cuanto a las emociones. Como progenitor puedes ayudar a tu hijo sensible a desarrollar una gestión y una expresión saludables de las emociones durante estos años mientras sigues empleando técnicas de apoyo y de regulación emocional.

HAY ESPERANZA

El ambiente en el que tu hijo está creciendo tal vez tenga más impacto del que tendría en un niño menos sensible, pero esto te ofrece más poder para ayudarlo a labrarse una buena vida. A medida que tu hijo va creciendo para convertirse en adulto, verás que tus esfuerzos y tu paciencia dan frutos y, lo más importante si cabe, podrás ver la sensibilidad en su máxima expresión. El hogar edificante y lleno de amor que intentas darle hoy lo ayudará a alcanzar el éxito y la felicidad en el futuro.

8

Más que un salario

> Una mente verdaderamente creativa en cualquier ámbito solo es una criatura humana nacida con una sensibilidad anormal e inhumana.
>
> PEARL S. BUCK

Si miras con atención, es posible que distingas a la gente sensible en el trabajo. Tal vez sean los que se escapan a su mesa después de unos breves saludos matutinos. O los que se aguantan las lágrimas mientras intentan mantener el rumbo en mitad de un estresante día de trabajo. Si les preguntas por qué están molestos, la respuesta puede sorprenderte. Quizá una llamada telefónica les ha resultado tan agotadora emocionalmente que les resulta imposible concentrarse en otras tareas. O el comentario del jefe sobre el desorden de su mesa —aunque solo era una broma— les ha resultado demasiado cortante; para ellos, su desorden es un reflejo de que están abrumados. O pueden estar agotados por las constantes llamadas telefónicas y las notificaciones de mensajes, pero se sienten culpables porque los demás parecen manejar mejor el caos. O tal vez el culpable sea una silla incómoda, un compañero de trabajo que golpea repetidamente la mesa o el brillo excesivo de las luces fluorescentes.

Las personas sensibles también saben que volver a casa no resolverá todos sus problemas. Las emociones que experimentan en el trabajo las siguen como una sombra y persisten como un pensamiento en el fondo de su mente que hay que procesar antes de poder soltarlo. Los problemas se agravan si una persona sensible no puede hacer pausas a lo largo del día para descansar y reflexionar sobre una experiencia, tanto si trabaja en una oficina como si lo hace en un aula o en un local comercial.

Sin embargo, pese a todo el estrés que sienten las personas sensibles en el trabajo, también tienen otra cara. Pueden ser los que consiguen llegar a ese alumno con dificultades que jamás ha respondido a los intentos por hacerlo reaccionar. Los que dedican un tiempo extra a sorprender a un cliente, a hacer que una clase rutinaria resulte divertida o a profundizar en los datos. Las personas que «saben sin más» que algo no está bien y que ven pequeñas lagunas antes de que los agujeros se conviertan en grandes problemas. Estas personas ahorran tiempo y dinero a su empresa o, en un entorno sanitario, salvan la vida de un paciente. Al mismo tiempo, son expertos a la hora de anticiparse a las necesidades de las personas que los rodean; unas necesidades que en muchas ocasiones son invisibles para los que ocupan un puesto superior. Por ejemplo, las personas sensibles pueden leer entre líneas y reconocer cuándo sus compañeros de equipo están agotados o cuándo un cliente importante está insatisfecho. Lo normal es que los compañeros de trabajo se sientan atraídos por un colega sensible porque pueden hablar de sus frustraciones, inseguridades y miedos sin que los critique.

Como gestores y ocupando puestos de liderazgo, las personas sensibles son capaces de aportar armonía al lugar de trabajo y crear las condiciones que permiten que los demás crezcan. Como innovadores, inversores y emprendedores, detectan tendencias y nichos valiosos en el mercado. En pocas palabras, un empleado sensible tal vez sea uno de los mejores trabajadores que puedes tener. Los empresarios deberían cortejar a los empleados «demasiado sensibles» en vez de desconfiar de ellos.

Si este retrato de los trabajadores sensibles parece contradictorio se debe a que es habitual que experimenten contradicciones en el trabajo. Aunque su rendimiento suele ser alto, también sufren niveles elevados de estrés y agotamiento en el trabajo. Una encuesta llegó a la conclusión de que las personas sensibles eran las que mejor rendimiento tenían, a pesar de sentir más estrés.[1] La encuesta la realizó Bhavini Shrivastava, una estudiante de posgrado de psicología organizativa que estudiaba a las personas sensibles en el lugar de trabajo, e incluía a trabajadores de una gran empresa de TI de Bombay (India). Combinando los informes de los directivos y los de los propios trabajadores, descubrió que los empleados que se evaluaban como personas sensibles eran calificados por sus directivos como de mejor rendimiento que sus compañeros menos sensibles. Sin embargo, los trabajadores sensibles también informaron de más estrés y obtuvieron una puntuación más baja en su bienestar general. Estos resultados tienen sentido, aplicando lo que sabemos sobre el efecto impulsor de la sensibilidad.

Según los resultados de la encuesta, es posible que muchos grandes informáticos sensibles hayan dejado sus empresas por culpa de este estrés, aunque las empresas podrían haberlos retenido si hubieran ajustado sus funciones o su entorno. Como vimos en el capítulo anterior con los niños sensibles, el entorno es importantísimo para los trabajadores sensibles. Dependiendo de las condiciones, estos trabajadores pueden convertirse en tus mejores talentos o acabar quemados por el estrés.

CON TUS PROPIAS PALABRAS
¿Cuáles son algunos de tus puntos fuertes,
que también pueden provocarte estrés, en el trabajo?

«Algunos de mis alumnos me han dicho que no habrían podido terminar el semestre si no me hubieran tenido como profesora. Agradecen en mí el nivel de empatía y comprensión que no les demuestran otros profesores cuando lo necesitan. El inconveniente es que seguramente me preocupo demasiado por sus malos momentos. Me emociono mucho y me preocupo cuando uno de ellos me dice que tiene problemas en su vida personal».

SHELBY, profesora universitaria

«Llevo trabajando doce años en el sector de las ventas y he tenido mucho éxito. Pero me he pasado la mayor parte de esos años agotada y quemada. Mi punto fuerte es mi capacidad para establecer relaciones. Soy capaz de conectar muy rápido con un cliente porque imagino cómo se siente. También soy muy concienzuda, por lo que jamás me salto un plazo. Sin embargo, me quema muchísimo pasarme todo el día comunicándome con la gente. El teléfono venga a sonar, montones de mensajes de correo electrónico, la gente que no para de entrar... ¡Siempre hay mucho que hacer!».

EMMA, contratación y ventas

«Me parece que soy capaz de crear un espacio seguro que permite a los pacientes desahogarse sobre sus problemas. El beneficio es que eso nos ayuda a llegar a la raíz de sus problemas más rápidamente para que puedan hacer cambios que les ofrezcan resultados duraderos. También creo que mi sensibilidad me ayuda a encontrar el enfoque que mejor funciona para cada persona. Mis mayores dificultades son que la clínica programa mi agenda de forma que atiendo a los pacientes de forma consecutiva, sin tiempo para descansar entre uno y otro. Tengo la impresión de que cuando me imponen un ritmo rápido y sin descansos, es mucho más probable que acabe absorbiendo las emociones de todo el mundo, y eso me deja agotada mental y emocionalmente».

DAPHNIE, asesora de salud

> «Creo que el mayor punto fuerte que le atribuyo a mi sensibilidad es mi capacidad para procesar y analizar datos a un nivel profundo. También tengo una gran atención al detalle. Mis mayores debilidades son que me agobio con facilidad, sobre todo cuando tengo muchos plazos que cumplir, y que soy incapaz de bloquear los estímulos externos cuando trabajo en la oficina (a diferencia de trabajar en silencio en casa), y eso hace que me resulte dificilísimo concentrarme y hacer mi trabajo».
>
> TRACI, agente de seguros comerciales

EL ENTORNO FÍSICO ADECUADO
PARA LOS TRABAJADORES SENSIBLES

Entonces ¿cómo crean las empresas el entorno adecuado que necesitan los trabajadores sensibles para crecer? ¿Cómo evitan perder a los empleados que tienen el potencial de convertirse en sus mejores trabajadores? En el lugar de trabajo hay que abordar dos cosas: el entorno físico y el entorno emocional.

Como hemos visto, las personas sensibles tienden a desenvolverse mejor en entornos físicos que sean tranquilos. En el entorno laboral, más concretamente, necesitan que los estímulos externos no abrumen su capacidad para trabajar con comodidad y eficacia. El ruido de fondo, la actividad de sus compañeros de trabajo, las luces brillantes y las sillas rígidas son ejemplos de cosas que algunas personas sensibles no pueden pasar por alto fácilmente. Hay cosas que a los demás les parecen insignificantes, como un perfume fuerte, que pueden hacer que a una persona sensible le resulte imposible concentrarse. Recuerda que las personas sensibles no están siendo difíciles a propósito al solicitar cambios en su entorno: las conexiones de su cerebro son distintas de las de muchas de las personas que las rodean.

Crear el entorno adecuado puede ser un reto, ya que el entorno laboral típico no se configura teniendo en cuenta el sistema nervioso de una persona sensible, pero hay formas de hacerlo más tolerable. Las prácticas básicas que ayudarían a cualquier trabajador a sentirse menos estresado funcionarán todavía mejor con los trabajadores sensibles. Por supuesto, el entorno variará en función del ámbito y del puesto de trabajo. Por ejemplo, si trabajas desde casa, puedes enfrentarte a tantas distracciones como si trabajaras rodeado de compañeros en una oficina o en un servicio telefónico de atención al cliente.

Si eres un trabajador sensible, te beneficiarás de las siguientes prácticas:

- Reducir o eliminar el desorden visual en tu espacio de trabajo (o en tu casa si trabajas desde ella).
- Cerrar la puerta de tu oficina (si la tienes) para disminuir el ruido ambiental.
- Invertir en unos buenos auriculares con cancelación de ruido.
- Utilizar un purificador de aire para eliminar olores y posibles alérgenos.
- Decorar o amueblar tu espacio de trabajo (si está permitido) para que resulte agradable, bonito o estimulante.
- Hacer descansos regulares para estirarte, beber agua, comerte un bocadillo o pasear.

Si trabajas desde casa, tienes más libertad para crear el entorno físico que más te convenga. Puedes poner de fondo ruido blanco o música instrumental relajante, o incluso aislar tu despacho para silenciar el ruido. También puede ser útil establecer horas de silencio —momentos en los que todos se ponen de acuerdo para no hacer ruido, no interrumpirse unos a otros, etc.— con tus compañeros de piso o tu familia.

Las personas sensibles también necesitan compañeros de trabajo, o al menos jefes, que comprendan sus necesidades en el entorno físico. Si tienes a tu cargo empleados sensibles, la regla es sencilla: dales todo el control posible sobre su espacio de trabajo. Eso puede significar que les permitas trabajar en un rincón tranquilo de la oficina, llegar temprano o quedarse hasta tarde para trabajar cuando hay menos gente, o trabajar desde casa algunos días a la semana.

Mantener siempre un canal abierto de comunicación es otra política importante. Las personas sensibles suelen preocuparse por los sentimientos de los demás, de manera que no acostumbran a hablar de sus necesidades porque no quieren agobiar ni incomodar a nadie. El trabajador sensible puede incluso sentirse atrapado en su entorno si no se siente cómodo solicitando cambios. Así que pregúntales con frecuencia a todos tus empleados si necesitan algo que les facilite el trabajo y no critiques sus peticiones, aunque te parezcan extrañas. Si mantienes una comunicación constante, será más fácil que los empleados sensibles se sinceren sobre lo que les causa estrés y les impide trabajar con eficiencia.

EL ENTORNO EMOCIONAL ADECUADO
PARA LOS TRABAJADORES SENSIBLES

Las personas y las relaciones suelen ser el mayor reto al que se enfrentan las personas sensibles en el trabajo. A diferencia de las distracciones físicas, que casi siempre pueden bloquearse, no hay forma de silenciar las emociones y actitudes de las personas que te rodean. Si el ambiente laboral es tóxico, las emociones se resentirán. Hacer malabarismos con diferentes personalidades, niveles de energía y exigencias es un reto para cualquiera, pero para la salud mental de las personas sensibles puede tener un impacto desmesurado. El entorno emocional puede ser la diferencia entre un día de trabajo agotador que les haga sentirse realizados y los bajones emocionales regulares porque la energía y las exigencias del trabajo les resultan imposibles. Si a esta mezcla añadimos un lugar de trabajo ruidoso y estresante, con plazos exigentes y mucha presión, un trabajador sensible acabará quemado en nada de tiempo.

Además, cuando eres sensible, captas con más facilidad las emociones de las personas que te rodean. En el entorno laboral lo normal es que haya que estar cerca de otras personas durante un periodo de ocho horas al día (o más). Dichas personas suelen estar estresadas, preocupadas por los plazos y experimentando una serie de emociones, tanto positivas como negativas. Absorber dichas emociones puede crearte problemas a la hora de concentrarte en tu trabajo. Si te llevas esas emociones a casa, la carga mental y psicológica tal vez acabe tensando tus relaciones familiares y perjudicando tu calidad de vida. Asimismo, como las personas sensibles tienden a ser concienzudas y a querer complacer a los demás, puedes cansarte del constante tira y afloja entre tus propias necesidades y los deseos de tus compañeros.

Así que, de la misma manera que necesitan un entorno físico laboral adecuado, los trabajadores sensibles necesitan un entorno emocional igualmente adecuado. Para ello deberás establecer unos límites saludables y hablar de lo que necesitas. Aunque a nadie —mucho menos a una persona sensible— le gusta ser la persona a la que siempre señalan en la oficina, la comunicación directa es la mejor manera de ayudar a los demás a entender tus necesidades. Aquí tienes algunos ejemplos de frases que puedes utilizar para establecer límites en el trabajo:

- «Necesito tiempo para pensar en tu pregunta. Luego hablamos».
- «Ahora mismo estoy agobiado y me resulta difícil concentrarme en tus comentarios. Me gustaría hacer un pequeño descanso».
- «Me gustaría poder ayudar, pero no estoy disponible este fin de semana para hacer horas extra».
- «Parece un proyecto interesante, pero no podría dedicarle el tiempo que merece».
- «Está claro que es un proyecto importante, pero también estoy trabajando en X, Y y Z. ¿En cuál de ellos quieres que me centre?».
- «Sé que esto es un poco incómodo, y dudo que fuera tu intención, pero cuando dijiste/hiciste ___, me sentí incómodo».

Recuerda que eres tan válido como tus compañeros menos sensibles. Las personas sensibles no tienen ningún defecto que arreglar. De hecho, si crees que te pasa algo malo, los demás también lo verán así y te tratarán en consecuencia, dice Linda Binns, asesora profesional para personas sensibles.[2] Lo que debes hacer es aceptar todos los dones que tienes como persona sensible. «Cuando te veas de este modo, ganarás confianza, mejorarás a la hora de descubrir lo que necesitas y de pedirlo, y lograrás establecer límites con éxito. Los demás te verán con otros ojos, y eso fomentará tu confianza»,[3] asegura. Esta confianza, a su vez, te ayudará a exigir el entorno que necesitas para desempeñar mejor tu trabajo.

EL DESEO DE UN TRABAJO IMPORTANTE

Además de necesitar un entorno laboral adecuado, las personas sensibles también necesitan darle sentido a su trabajo. En vez de limitarse a cobrar un sueldo, quieren saber que sus esfuerzos suponen un cambio en la vida de otras personas y que están contribuyendo al bien común. Por supuesto, nadie, sea sensible o no, quiere pensar que su trabajo carece de sentido, pero muchas personas sensibles sienten tal necesidad de desempeñar un trabajo importante que organizan toda su vida en torno a esa búsqueda. En palabras de la escritora y persona sensible Anne Marie Crosthwaite: «Es habitual que los impulse el afán de hacer algo valioso, y si algo no se lo parece, no pueden "limitarse a hacerlo y ya"».[4]

Una vocación altruista es una parte esencial de una vida feliz y sensible. Entonces ¿qué es exactamente un trabajo importante? La respuesta variará de una persona a otra, pero en general se considera que un trabajo es importante cuando hay un vínculo real entre las tareas que realizas y un propósito que trasciende tu persona. Ese propósito puede ser salvar una vida, luchar contra el cambio climático o simplemente hacer que el día de alguien sea un poco más tranquilo.

Establecer un propósito es satisfactorio, y también es valioso. Contribuye a nuestro bienestar personal y a los resultados de nuestras empresas. Según una investigación de la empresa de consultoría de gestión McKinsey, los empleados que establecen un propósito firme en el trabajo están más sanos y son más fuertes.[5] No es sorprendente que también estén más satisfechos con su trabajo. La satisfacción en el trabajo está relacionada con el aumento de la productividad: según una estimación, el trabajo que se considera valioso genera 9,078 dólares más por trabajador al año en Estados Unidos.[6] Las empresas también retienen a sus empleados satisfechos durante más tiempo, ahorrando una media anual de 6,43 millones de dólares por cada diez mil empleados en costes relacionados con la rotación de personal.[7] Las personas sensibles vuelven a darnos otra lección en este tema, porque ellas conocen la importancia de un trabajo valioso.

Sin embargo, a pesar de todos sus beneficios, muchas personas sensibles aseguran que su trabajo no les parece valioso ni importante. Así que veamos de qué forma puedes conseguir, siendo una persona sensible, darle sentido a tu trabajo.

Los mejores trabajos para las personas sensibles

Nuestros lectores de Sensitive Refuge nos piden a menudo que les digamos cuáles son los mejores trabajos para las personas sensibles. Aquí están, por orden:

- Cualquier
- Trabajo
- Que
- Quieras
- Desempeñar

Punto. No hay una lista mágica de trabajos que te ayude a conseguir un empleo que te resulte valioso como persona sensible. Las personas sensibles pueden ser felices y crecer en cualquier puesto, desde director general hasta albañil.

Dicho esto, hay ciertas profesiones que a las personas sensibles les atraen en mayor medida y suelen estar relacionadas con actividades que precisen de su empatía, creatividad y atención al detalle. Muchas personas sensibles sobresalen en profesiones asistenciales, como terapeuta, profesor, médico, enfermero, clérigo, cuidador de niños o ancianos, fisioterapeuta o mentor personal. Aleshia es una persona sensible que trabaja como terapeuta recreativa en la unidad de salud mental de un hospital. Ser sensible le permite responder mejor a las necesidades emocionales de sus pacientes: «Es habitual que entre en una sala preparada para hacer una determinada actividad terapéutica y acabe cambiando mis planes por completo en función del estado anímico del grupo», asegura. Sin embargo, los trabajos asistenciales no son adecuados para todas las personas sensibles, porque suelen estar acompañados de elevados niveles de estrés y de muchas emociones secundarias. Aleshia siguió diciendo que el agotamiento del cuidador le supone un serio riesgo: «Hipervigilar a los demás es agotador. Cuando llego a casa después del trabajo, no soy persona. Tengo dos hijos adolescentes de los que soy madre soltera y, por desgracia, no les ofrezco lo mejor de mí».

Las personas sensibles también sobresalen en profesiones creativas, como la escritura, la música y las artes. De hecho, algunos de los artistas con más éxito del mundo son personas sensibles. Por ejemplo, la actriz Nicole Kidman, que ha ganado varios Emmy y Globos de Oro, afirma que es una persona muy sensible y que «casi todos los actores son personas muy sensibles»,[8] aunque se ven obligados a «endurecerse» para hacer frente a las constantes críticas sobre sus vidas y su trabajo. Otras personas creativas famosas que dicen ser sensibles son Dolly

Parton,[9] Lorde,[10] Elton John,[11] Yo-Yo Ma,[12] Alanis Morissette[13] y, por supuesto, Bruce Springsteen.[14] Es habitual que las personas creativas posean algunos rasgos aparentemente contradictorios.[15] Son sensibles, pero también están abiertas a nuevas ideas y experiencias, señala el famoso psicólogo Mihaly Csikszentmihalyi.[16] Este carácter dual explica que puedan ser emocionalmente vulnerables y abrumarse con facilidad, pero que al mismo tiempo sean carismáticos y llamativos. «La aceptación y la sensibilidad de las personas creativas las expone a menudo al sufrimiento y al dolor, pero también a un gran disfrute», explica Csikszentmihalyi.

Los trabajos que requieren atención al detalle —ya sea prestar atención a la gente, a tu entorno o a los números en una hoja de cálculo— también pueden ser una buena opción para las personas sensibles. Se pueden encontrar trabajos de esta naturaleza en ámbitos como la planificación de eventos, la contabilidad, las finanzas, la investigación, la ciencia, la arquitectura, la jardinería y el paisajismo, el comercio, el derecho y el desarrollo de software. Una mujer sensible que se describe a sí misma como social, emocional y artística nos dijo que eligió a propósito un empleo que era lo contrario de todo eso: analista de sistemas financieros. Tratar con números todo el día la relaja y le da un respiro a su lado emocional.

El trabajo ideal para una persona sensible puede no ser un trabajo en absoluto. Barrie Jaeger, autora de *Making Work for the Highly Sensitive Person,* recomienda el autoempleo para las personas sensibles, porque muchos de sus clientes sensibles aseguran sentirse más satisfechos con el autoempleo que con un trabajo tradicional.[17] El autoempleo puede estar relacionado con actividades como el diseño, la fotografía, la videografía, la restauración de muebles, la gestión de las redes sociales, la creación y gestión de empresas, la consultoría o la versión autónoma de tu trabajo actual. El lado positivo del autoempleo es que les ofrece a las personas sensibles el control sobre su entorno laboral y su horario, lo que las hace menos propensas a la sobreestimulación. Por supuesto, tiene sus inconvenientes, como la falta de un sueldo regular y, para determinadas funciones, la necesidad de promocionarse y establecer redes de contacto, lo que puede resultar agotador. Así que, como cualquier otro tipo de trabajo, el autoempleo no será adecuado para todas las personas sensibles.

Insistimos en que las personas sensibles pueden realizar cualquier trabajo que deseen, incluidos los que no se mencionan aquí. Sin embargo, a la hora de elegir el camino profesional adecuado hay algunas cosas que debes evitar a toda costa porque supondrán un alto coste para tu sistema nervioso y te causarán sobreestimulación y agotamiento. Además, irán en contra de esa necesidad que tienes como persona sensible de desempeñar un trabajo valioso. Recomendamos evitar cualquier trabajo que conlleve un exceso de los siguientes atributos:

- Conflicto o enfrentamiento.
- Competencia y riesgo elevado o extremo.
- Ruido o un entorno físico muy concurrido.
- Pocos descansos entre las interacciones con personas.
- Tareas repetitivas que carecen de un vínculo claro con un propósito importante.
- Toxicidad en el ambiente de la empresa o estilos de dirección poco saludables.
- Exigencia de apartar tus principios para ganar dinero.

Por desgracia, es probable que en casi cualquier trabajo te encuentres con algunos (o todos) de estos elementos en un momento u otro. La clave es evitar los trabajos en los que estas cosas suceden con regularidad, no solo en un mal día (o en una época concreta del año). Escúchate a ti mismo. Tus emociones y tu intuición te indicarán si la sobreestimulación es crónica o solo ocasional. Una cosa es sentirse cansado y desgastado mentalmente al final de una ajetreada jornada de trabajo, sobre todo si eres una persona sensible; y otra muy distinta experimentar una sobreestimulación crónica en el trabajo. Presta también atención a las sensaciones físicas de tu cuerpo. ¿Experimentas dolores y tensiones musculares, malestar estomacal, sensación de opresión en el pecho, problemas para dormir, dolor o fatiga de forma habitual? Si estos síntomas no tienen una causa física clara (como una enfermedad o una infección), es posible que tu cuerpo esté tratando de comunicarse contigo de otra forma.

Trabajo profundo y productividad lenta

Por una u otra razón, no siempre podemos elegir el trabajo perfecto. Tal vez las oportunidades de trabajo sean limitadas en el lugar donde vives, o tal vez todavía no tengas el título o la formación para el trabajo que quieres. Tal vez estés atado a un contrato por un periodo de tiempo concreto. O, teniendo en cuenta otros factores de tu vida, tal vez no sea práctico cambiar de trabajo ahora mismo. Forjarse una carrera laboral significativa lleva tiempo —en algunos casos, toda la vida—, y muchos de nosotros aceptamos temporalmente trabajos que no son ideales porque tenemos facturas que pagar. Nosotros hemos aceptado varios trabajos para pagar las facturas: Jenn limpiaba edificios y Andre era ayudante de cocina. Sea cual sea el motivo, si decides seguir en tu trabajo actual, hay formas de hacerlo más valioso y menos sobreestimulado.

Una táctica que pueden probar las personas sensibles es crear más espacio; más concretamente, espacio mental. El espacio mental te permite concentrarte en una tarea sin interrupciones ni distracciones. Todo el mundo trabaja mejor de este modo, pero como persona sensible, tú necesitas espacio mental para realizar el procesamiento profundo que consigue que desempeñes mejor tu trabajo mientras te sientes tranquilo y cómodo. El espacio mental asume un aspecto diferente en cada trabajo. Para un analista de sistemas puede significar concentrarse tranquilamente en un entorno privado sin las interrupciones del correo electrónico o las reuniones. Para un mecánico de automóviles puede significar poner la música lo bastante alta como para que se oiga por encima de cualquier otra actividad en el taller y así concentrarse en el coche que tiene delante.

Por desgracia el espacio mental puede ser dificilísimo de conseguir en un entorno de oficina moderno. La razón, según el investigador y autor superventas Cal Newport, es nuestro propio instinto.[18] Como seres humanos, todos tenemos el impulso de hacer cosas y ver las tareas terminadas; un proyecto cumplido es una de las partes más satisfactorias del trabajo. Sin embargo, para muchos trabajadores de oficina hay ciertas tareas que no llegan a completarse nunca. Piensa en la bandeja de entrada del correo electrónico imposible de vaciar, en las notificaciones del canal de Slack que no paran ni por la noche y, sí, en el temido calendario lleno de reuniones de dudosa utilidad. Aunque sienta bien tachar todos estos elementos —después de haber realizado todas las tareas—, en cuestión de segundos tienes nuevas tareas pendientes. Según Newport, tu cerebro de cazador-recolector te dice: «¡No hemos terminado la caza! ¡Debemos acabar de cosechar! La gente cuenta con nosotros».[19] Sin embargo, la caza nunca se acabará, y la parte ancestral de tu cerebro no tiene ni idea de que toda esta ansiedad carece de sentido. Así que sigue gritando dentro de tu cabeza, y tú sigues saltando del correo electrónico a los mensajes de texto de Slack, y tu espacio mental se desvanece, incluso en un despacho privado con la puerta cerrada.

Cal Newport llama a este estilo de trabajo «conciencia colectiva hiperactiva»,[20] porque en teoría es una forma de que los trabajadores del conocimiento colaboren (para eso son todos esos mensajes y reuniones, ¿no?). En cambio, nos dijo: «Es un desastre. Nos fatiga y no podemos pensar con claridad, y hace que nos sintamos fatal».[21] Para las personas sensibles, la conciencia colectiva es aún peor, y no solo por la sobreestimulación.[22] «Es muy perjudicial para las personas sensibles. Porque, desde el punto de vista de la empatía, estás expuesto a montones de personas que necesitan cosas de ti que tú no puedes ofrecer en ese momento. Aunque desde el punto de vista lógico sepas que no son mensajes de correo electrónico urgentes, la necesidad de actuar se apodera de ti. Porque sabes que hay gente que te necesita», asegura. Cada mensaje de correo electrónico sin responder te provoca la sensación de estar defraudando a alguien.

Newport sabe de lo que habla; ha cimentado toda su carrera en la profundización, enseñando a otros a hacer lo mismo y eliminando en la medida de lo posible el trabajo «superficial» y abrumador. (Por ejemplo, en vez de un formulario de contacto, su sitio web tiene una lista de opciones que desvía las solicitudes a varios compañeros de trabajo y distintas bandejas de entrada sin respuesta para mantenerse siempre concentrado en el trabajo que importa. Nos hizo un hueco porque él mismo es una persona sensible y dice que esa es la razón de su éxito como escritor).

Sin embargo, asegura que la mente colectiva hiperactiva no es necesaria para hacer un buen trabajo, ni siquiera en el trabajo de oficina, y ni siquiera en una economía impulsada por la tecnología. De hecho, afirma que dado que este enfoque socava la productividad, la mente colectiva hiperactiva es tan perjudicial para tu empresa como para tu salud mental cotidiana. En su opinión, la mayoría de las empresas no quieren que dediques gran parte de tu tiempo a estas tareas de poco valor, como ocuparte continuamente del correo electrónico o asistir a una reunión tras otra. Pero la gente tiende a caer en estas tareas de forma automática, porque muchos empleados carecen de un objetivo concreto y no cuentan con una dirección clara.

Una alternativa es lo que él llama «productividad lenta»: el arte de hacer menos cosas, pero hacerlas mejor. Mientras que la mente colectiva devora el espacio mental, la productividad lenta lo cultiva. La productividad lenta es el modelo ideal para las personas sensibles, porque depende de una planificación cuidadosa, de una toma de decisiones meditada y de un elevado nivel de perfección. Todo lo que mejor saben hacer las personas sensibles. En particular, se presta a lo que él ha bautizado como trabajo profundo, o pasar largos periodos de tiempo concentrado en tareas de gran valor sin interrupciones. Cuando limpias tu bandeja de entrada, estás haciendo un trabajo superficial; te devuelve a la mente colectiva. Cuando reservas una hora para ti, silencias el teléfono y terminas esa presentación de imágenes, estás realizando un trabajo profundo.

Cómo pueden hacer más trabajo profundo las personas sensibles

Carl Newport sugiere que puedes tener más autonomía sobre tu estilo de trabajo de lo que crees. No necesitas permiso para llevar a cabo cierto nivel de productividad lenta. Puedes empezar a practicarla sin hablar con tu jefe. También aconseja hacer cambios que no afecten directamente a otra persona, como programar en tu día una sesión de trabajo profundo de una hora, durante la cual no compruebes ningún tipo de aplicación de mensajería, o establecer la rutina de mirar la bandeja de correo entrante solo dos veces al día. De hecho, aconseja no informar a los compañeros de estos cambios; es poco probable que se den cuenta, y así evitas cualquier percepción errónea de que los vas a incomodar.

Del mismo modo, dice que si hablas con tu jefe para cambiar tu estilo de trabajo, enfoques la decisión de manera que parezca que quieres implicarlo y seas explícito sobre la compensación que implica. Un buen guion para la conversación podría ser este: «Me gustaría hablar contigo sobre la cantidad de trabajo profundo frente al trabajo superficial que debería hacer. El trabajo profundo es completar mi parte del proyecto o terminar mi plan de trabajo. El trabajo superficial son cosas como responder a los mensajes de correo electrónico y asistir a las reuniones. Ambas cosas son importantes, pero para el desempeño de mi trabajo, ¿cuál es la proporción ideal?».

Esto es radicalmente distinto a decir que tienes demasiados mensajes de correo electrónico o solicitudes de reunión (muchas de las cuales provienen de tu jefe). En cambio, te centras en los objetivos que valora tu jefe. Puede que descubras que acepta tu actitud mejor de lo que esperabas. Si lo consigues, tienes el visto bueno para rechazar más reuniones o para ir a un lugar donde puedas cerrar una puerta y hacer trabajo profundo. Esta sugerencia no es solo teoría. Cuando Newport recomendó a sus lectores que mantuvieran esta conversación con sus directivos, recibió numerosos mensajes de asombro por los cambios logrados, incluso en los ambientes laborales con una estructura firmemente implantada. En muchos casos los directivos aceptaron la idea y la llevaron a cabo, elaborando ratios para su equipo y permitiéndoles estar «desconectados» durante la mitad de la jornada para concentrarse. En algunos casos los directivos llegaron a prohibir por completo los mensajes internos de correo electrónico. «Sucedieron cosas que pensamos que son imposibles. En realidad solo necesitaban un número y una justificación»,[23] asegura Carl Newport. Ofrecer este tipo de modificaciones en el lugar de trabajo también es una forma de aprovechar las habilidades naturales de las personas sensibles a la hora de moldear su empleo.

Moldeadores de empleos natos

Cuando la investigadora Amy Wrzesniewski quiso saber qué es lo que hace valioso el trabajo, decidió hablar con personas que tienen uno de los trabajos menos glamurosos que existen: las limpiadoras de hospital.[24] Daba por sentado que estarían insatisfechas con su trabajo, que es sucio, rutinario y a menudo ingrato. Efectivamente, encontró muchas que se quejaban, pero también encontró excepciones. Algunas hablaban de su trabajo con entusiasmo. Se describían a sí mismas como embajadoras del hospital o incluso como sanadoras que mantenían el lugar estéril para que los pacientes pudieran mejorar. No solo disfrutaban de su trabajo, sino que se sentían satisfechas con él.

Intrigada por su actitud, las siguió para saber qué las diferenciaba. Descubrió que hacían el mismo trabajo que las demás limpiadoras, pero se desvivían por añadir otras tareas, a menudo con detalles importantes. Algunas se esforzaban por charlar con los pacientes y dedicaban tiempo extra a los que no tenían visitas (una incluso mantenía correspondencia con los pacientes mucho después de que les dieran el alta). Para no irritar el estado de salud de nadie, se preocupaban por investigar cómo afectaban los productos de limpieza a los pacientes. Una llegó a rotar las obras de arte en la unidad de comatosos por si el cambio ayudaba a estimular el cerebro de los pacientes. Todas estas medidas estaban fuera de sus obligaciones laborales y eran, en realidad, tareas adicionales. Pero estos esfuerzos también pusieron de manifiesto por qué era importante su trabajo y de qué manera estaban las limpiadoras al servicio de las personas. Estas trabajadoras demostraron que el valor no depende totalmente del trabajo, sino de cómo lo desempeñamos.

A la luz de este conocimiento y de otras investigaciones, Amy Wrzesniewski ha desarrollado lo que denomina «moldeado de empleo»: el arte de convertir tu aburrido trabajo en algo valioso.[25] Según ella el moldeado de empleo es un enfoque que te ofrece el control de este. Su éxito está avalado por innumerables estudios,[26] en todo tipo de trabajos, desde los operarios de fábricas hasta los administrativos, e incluso para los directores generales estresados.[27]

El moldeado de empleo es muy eficaz porque, al igual que el trabajo profundo, no necesitas permiso para llevarlo a cabo.[28] (El visto bueno de tu superior te ofrecerá más opciones, por supuesto, pero eso puede llegar con el tiempo). De hecho, como suele mejorar el rendimiento, los jefes que se dan cuenta de los cambios a menudo los fomentan.[29] De la misma manera, las personas sensibles destacan en esta práctica. Cuando los investigadores compararon el éxito del moldeado de empleo con los rasgos de personalidad, descubrieron una correlación con rasgos como la empatía, la inteligencia emocional, la amabilidad y la meticulosidad, todos ellos rasgos comunes entre las personas sensibles.[30] Por esta razón muchas personas sensibles son moldeadores de empleo natos.

FORMAS DE MOLDEAR TU TRABAJO

Moldear el empleo implica un cambio en la percepción de las tareas que realizas y la búsqueda de conectarlo con un propósito superior.[31] Si crees que este paso parece un truco mental —una manera de lograr que disfrutes de tu trabajo actual en vez de cambiar de empleo—, tienes razón, pero solo en parte. Por supuesto, la visión que tienes de tu trabajo influye en cómo te sientes con él, pero moldear tu empleo también tiene resultados. Este cambio cognitivo —que amplía tu visión del trabajo y de lo que eres capaz de hacer— te permitirá transformar tu papel con el tiempo. Entendiendo por transformación un cambio real en cuanto a lo que haces día a día y la posibilidad de lograr más oportunidades en el futuro, como mejores condiciones laborales o ascensos.

Este aspecto del moldeado del empleo, llamado «moldeado cognitivo», implica dos cambios mentales.[32] En primer lugar, amplías la visión de tu propio poder. Esto significa asimilar que tienes el poder de cambiar los límites de tu propio trabajo. (En cierto modo este paso supone que te das permiso para crear tu trabajo). Y en segundo lugar, amplías la visión que tienes de tu papel. Muchos de nosotros vemos nuestro trabajo como un conjunto específico de tareas predeterminadas; algo normal, porque eso es lo que aparece en un anuncio de empleo. Sin embargo, con esta visión tu capacidad de hacer un trabajo significativo queda limitada por la descripción de tu puesto. En realidad, tienes el poder para hacer cambios en los resultados trascendiendo tus obligaciones básicas, y esos resultados a gran escala son los que deberías utilizar para definir tu trabajo.

Por ejemplo, el trabajo de una enfermera puede parecer valioso de por sí, pero cuando se centra en las tareas asignadas a pequeña escala —habilidades técnicas, como la inserción de un catéter, o tareas rutinarias, como seguir una lista de control—, el trabajo se separa de su objetivo superior de curar a las personas.[33] Una enfermera que tenga una visión global de su trabajo podría decir: «Formo parte de un equipo que ofrece una atención total al paciente». O simplemente: «Consigo que cada paciente tenga el mejor resultado posible». Si describes tu función con estas afirmaciones de gran alcance, de repente tienes la obligación de trascender la descripción de tu trabajo. Puedes comprobar si hay problemas que no están indicados en un informe, hacerles preguntas a los pacientes, ayudarlos a resolver necesidades que no están relacionadas directamente con la atención que les prestas o defender sus derechos en su nombre. En otras palabras, serás lo que todo el mundo desea en la persona que lo atiende. Este patrón se repite en todas las profesiones. Es el ayudante de cocina que ve su trabajo como la elaboración de un menú nutritivo o el vicepresidente que ve su trabajo como la creación de un producto que cambiará vidas.

Esto no quiere decir que no haya obstáculos a la hora de moldear un empleo. Todos los trabajos presentan obstáculos. (Y como nos dijo un chef que adora el suyo, «en todas partes cuecen habas»). Moldear tu empleo te ayuda a sortear dichos obstáculos. Aquí te ofrecemos distintas formas de hacerlo.

Ajusta tus tareas y su desempeño

Con este paso estás «moldeando tareas»[34] y puedes incluir algunas nuevas por iniciativa propia o, si tienes margen de maniobra, abandonar algunas. También puede significar que modifiques el desempeño de alguna tarea o que cambies el tiempo y la atención que les dedicas a tus diferentes responsabilidades. Por ejemplo, a un empleado de tienda que se esfuerza más en organizar un expositor se le puede pedir que se encargue de todos los expositores y ponga en práctica su creatividad. O a un profesor que varía a menudo su fórmula para poner fin a la jornada escolar se le puede pedir que elabore fórmulas creativas para usarlas en todo el centro educativo. A veces necesitarás la aprobación de tu superior para hacer estas cosas, pero puedes empezar haciendo algo de forma extraoficial en vez de esperar una autorización que llegue de arriba.

Cambia tus interacciones

Las investigaciones demuestran que tener relaciones valiosas en el trabajo es uno de los factores más importantes para la satisfacción laboral, más incluso que el entorno o las tareas reales que desempeñas.[35] Un estudio puso de manifiesto que los empleados que tenían apoyo emocional y amigos en el trabajo eran más felices. Seguramente en algún momento de tu vida aguantaste en un trabajo duro o mal pagado porque te gustaba la gente con la que trabajabas; este estudio explica el motivo. Sin embargo, en lo referente a moldear el empleo, no hay que pensar en hacerse amigo de todo el mundo. Más bien hay que pensar en las personas con las que vas a compartir el tiempo y por qué.

«Moldear relaciones» es mostrarse concienzudo en tus relaciones laborales.[36] Las limpiadoras del hospital moldeaban relaciones cuando charlaban con los pacientes que no tenían visitas, porque decidían dedicarles más tiempo a los que estaban solos. Del mismo modo, puedes esforzarte por conocer a tus clientes habituales o a tus pacientes, y luego acordarte de ellos. Tómatelo como si tu trabajo consistiera en ofrecerles buenos resultados, aunque sobre el papel no lo sea. Habla con tus compañeros sobre los problemas que todos compartís y enfócalo de manera positiva para encontrar una solución. Piensa en las personas con las que no te relacionas mucho, pero con las que deberías hacerlo. Pueden ser personas a las que respetas por sus conocimientos o alguien cuyo trabajo está relacionado con uno de tus intereses o puntos fuertes. Del mismo modo comprueba si tus nuevos compañeros de equipo necesitan ayuda y hazles saber que estás disponible para cuando te necesiten. Asimismo identifica a los compañeros de trabajo o a los clientes que agotan tu energía, y pon límites saludables a tus interacciones con ellos.

Moldea tu empleo sin importar tu posición

Tendrás que adaptar el enfoque a la posición que ocupes, porque las barreras que impiden que un trabajo sea valioso varían en función del puesto que se ocupa en el organigrama de una empresa.[37] Si estás en un puesto no directivo, seguramente te encuentres sujeto a un conjunto específico de tareas, lo que significa que tu principal barrera es la autonomía. Por tanto, podrías centrarte en corregir los procesos ineficaces, en establecer relaciones sólidas y en generar confianza a través de tu actitud para que tus superiores se muestren receptivos a tus sugerencias y peticiones. Si ocupas un puesto de mayor categoría, el desempeño del trabajo será diferente, porque probablemente tengas mucha más libertad sobre el uso de tu tiempo. Sin embargo, también estás sujeto a una serie de objetivos o resultados que debes cumplir (a menudo muy arriesgados, como el lanzamiento de un producto a tiempo). Por lo tanto, tus principales barreras son la limitación del tiempo y conseguir la aprobación de otros directivos. Teniendo esto en cuenta, podrías centrarte en delegar el trabajo que se ha convertido en una rutina para liberar tu agenda o en poner en marcha una pequeña versión piloto de un proyecto innovador a fin de mostrar los resultados durante la próxima reunión de directivos.

Conviértete en un experto en habilidades raras y valiosas

Según Cal Newport, los trabajos que ofrecen más autonomía y dominio de las habilidades parecen más valiosos de entrada.[38] Sin embargo, no todos los trabajos ofrecen estas características y rara vez se encuentran en los puestos de menor categoría. Sin embargo, asegura que la falta de autonomía en tu puesto no debería preocuparte. Al contrario, te ofrece una estrategia clara: si quieres un trabajo más valioso —que incluya la capacidad de tomar decisiones por tu cuenta—, debes empezar a dominar las habilidades de las que carece la mayoría de la gente de tu sector. Esto podría significar, por supuesto, obtener un grado en Derecho en una universidad prestigiosa, pero no es la única manera. Por ejemplo, hablamos con una desarrolladora web que al principio trabajaba para cualquier cliente que se le presentase. Era hábil, pero no se diferenciaba mucho de otros desarrolladores. Hasta que un proyecto la obligó a diseñar un sitio web accesible para personas con discapacidad. Dado que el trabajo le resultó fascinante, dedicó cada vez más tiempo a estudiar todo lo que mejora la accesibilidad de los sitios web. Además, se dio cuenta de que pocos desarrolladores cuentan con esta especialidad. Hoy en día no solo puede elegir con qué clientes trabajar, sino que además le pagan mejor y hace un trabajo con el que puede sentirse realizada, porque está ayudando a la gente. Otro ejemplo es el del albañil que empezó trabajando de peón en la construcción y acabó interesándose por los trabajos de restauración de casas antiguas. Su nueva especialidad lo obligó a dominar montones de oficios perdidos, como la ebanistería o el enlucido ornamental. Utilizar estas habilidades para transformar una casa le resulta muy satisfactorio y además puede trabajar donde quiera, cuando quiera y como quiera.

Al realizar estos cambios en tu vida laboral, ayudas a minimizar el agotamiento y a crear un entorno en el que destaques. Esta trayectoria no solo conduce al éxito material, como el reconocimiento y el ascenso, sino que también satisface tus necesidades como persona sensible. Al fin y al cabo, las personas sensibles pueden crecer y realizarse en casi cualquier profesión. Recuerda las limpiadoras que le escribían cartas a sus pacientes y colgaban coloridos cuadros en las paredes. Si cuidas tu entorno y moldeas tu trabajo sobre la marcha, podrás disfrutar de una carrera profesional que le resulte valiosa a tu corazón sensible y que no te provoque un agotamiento crónico. Puedes demostrar un alto rendimiento sin sufrir niveles elevados de estrés. Y puedes crecer y sentirte realizado.

9

La revolución sensible

> Los artistas son útiles para la sociedad por-
> que son muy sensibles. Son supersensibles... Y
> cuando una sociedad corre un gran peligro, es
> probable que hagamos sonar las alarmas.
>
> KURT VONNEGUT

Hoy pensamos en la Gran Depresión estadounidense como una época singular. Sin embargo, solo fue el último eslabón de una serie de calamidades financieras que tuvieron lugar durante un siglo. Una de las peores, el Pánico de 1837, provocó que toda una generación de estadounidenses sufriera de desnutrición y que, en consecuencia, acabaran siendo más bajos que otras generaciones.[1] Otra, conocida como la Larga Depresión,[2] desencadenó violentos tiroteos entre trabajadores ferroviarios en huelga y tropas federales. Un obrero le dijo a un periódico que no tenía nada que perder y que «lo mismo le daba morir de un tiro que morirse de hambre poco a poco».[3] Este periodo de crisis se prolongó durante más de veinte años.

La respuesta habitual a las crisis económicas era apretarse el cinturón, proteger a los bancos y esperar a que los fuertes sobrevivieran. Sin embargo, en 1933 Estados Unidos estaba preparado para una solución diferente. Una activista laboral poco conocida llamada Frances Perkins fue nombrada secretaria de Trabajo, convirtiéndose en la primera mujer de la historia del país en ocupar un puesto en el gobierno.[4] La suya fue una elección acertada. Su carrera comenzó con el voluntariado en las casas de acogida de Chicago, trabajando codo con codo con los pobres y los desempleados. Su causa alcanzó un punto de inflexión el día del incendio de la Triangle Shirtwaist Company de 1911, cuando vio con horror cómo las trabajadoras de la fábrica encontraban la muerte al saltar por las ventanas para escapar de las llamas. Es justo decir que no hubo nadie más comprometido con la ayuda a los trabajadores de Estados Unidos que Frances Perkins.

Sin embargo, aceptó el puesto con una condición:[5] solo sería secretaria de Trabajo si el presidente Franklin D. Roosevelt se comprometía a respaldar sus políticas, que incluían la abolición del trabajo infantil y la instauración de una semana laboral de cuarenta horas, la implantación del salario mínimo, de la indemnización por despido, del subsidio federal de desempleo, de la seguridad social y mucho más. Su enfoque, que ahora llamaríamos «políticas de bienestar social», era lo opuesto a la filosofía de apretarse el cinturón.

El presidente Roosevelt aceptó sus condiciones,[6] y durante su presidencia ella logró poner en marcha una serie de medidas que aflojaron los bolsillos al gobierno estadounidense en el momento más difícil de la historia. Sus medidas consiguieron que los recursos llegaran a los que más los necesitaban: trabajadores, artistas, jóvenes, familias e incluso a aquellos que ya no contribuirían a la economía, como las personas con discapacidad y los ancianos. El presidente cumplió su promesa y respaldó sus políticas. De repente, la gente se encontró con un salario mínimo, un horario semanal máximo y financiación para escuelas, carreteras y oficinas de correos. El único cambio de Roosevelt fue dar un nombre más elegante a todas estas medidas: Frances Perkins acababa de crear el New Deal (o Nuevo Trato).

¿Era Frances Perkins una persona sensible? Es imposible saberlo con certeza, ya que falleció en 1965, mucho antes de que se conociera este rasgo. Sin embargo, su preocupación por los demás encarna sin duda uno de los mayores dones de toda persona sensible: la empatía. Su nieto, Tomlin Perkins Coggeshall, fundador del Frances Perkins Center, nos dijo que su abuela quería ayudar a todo el mundo, por lo que trabajó para conseguir una legislación que mejorara el bienestar del mayor número de personas.[7] También vemos este deseo de ayudar a los demás en sus opiniones sobre el gobierno. Cuando reflexionó años más tarde sobre el impacto del New Deal, pronunció las que se convertirían en sus palabras más famosas: «Al gobierno le importan las personas, [y] un gobierno debe aspirar a darles la mejor vida posible a todas las personas a su cargo».[8]

Ahora sabemos que el New Deal no solo contribuyó a ponerle fin a la Gran Depresión, sino que moldeó el espíritu de los estadounidenses durante más de una generación.[9] Lejos de ser una utopía, el New Deal devolvió el trabajo a ocho millones de personas, inyectó dinero para estimular una economía que se tambaleaba y protegió los ahorros de la gente en caso de que se produjera otra quiebra bancaria. También rompió el ciclo de expansión y contracción. Durante casi un siglo Estados Unidos evitó otra crisis de la magnitud de la Gran Depresión. En pocas palabras, las medidas políticas sensibles son medidas políticas inteligentes.

LAS PERSONAS SENSIBLES DEBEN SENTIRSE CAPACITADAS PARA LIDERAR

Retomemos el modo sensible del que hablamos por primera vez en el capítulo 1. El modo sensible consiste en abrazar nuestra sensibilidad en vez de ocultarla. Consiste en defender nuestros dones —como hizo Frances Perkins— en vez de avergonzarnos del rasgo que nos otorga dichos dones. Es más, nos exige que vayamos más despacio y reflexionemos, que ejerzamos el liderazgo con empatía y compasión, y que expresemos con valentía toda la gama de emociones humanas. Así, el modo sensible se convierte en el antídoto del mito de la dureza. Es exactamente lo que necesita con desesperación nuestro mundo dividido, caótico y excesivo.

Sin embargo, pese a todo lo que las personas sensibles pueden enseñarle al mundo, muchas de ellas aseguran no sentirse maestros ni tener capacidad de liderazgo. De hecho, sin ser conscientes siquiera, muchas personas sensibles se colocan en una posición inferior en sus interacciones con los demás. Dicha posición no viene determinada necesariamente por la cantidad de dinero que tienes o por tu puesto de trabajo (aunque ambas cosas desempeñan un papel); más bien viene dada por tu actitud, por tu forma de actuar, de hablar y de presentarte. En este caso la posición es sinónimo de influencia, autoridad o poder.

Esta separación entre posiciones (superior e inferior)[10] fue un concepto que se originó, sorprendentemente, en el ámbito de la comedia de improvisación. Un dramaturgo llamado Keith Johnstone se dio cuenta de que los actores que participan en una escena comunican información tácita señalando su posición en relación con la de los demás.[11] Cuando les enseñó a transmitir dicha posición a través de sus acciones físicas en el escenario, las escenas que resultaban aburridas cobraron vida. A los personajes con una posición superior se les enseñó a estar de pie erguidos, a caminar en línea recta y a no reaccionar cuando otro actor los tocara o se acercara a ellos. A los personajes con una posición inferior se les indicó que hicieran lo contrario. Algunas de las escenas más interesantes se producían cuando interactuaban dos personajes con grandes diferencias de posición, como una reina y su mayordomo. La comedia surgía cuando los personajes se comportaban de forma distinta de su posición inherente, como cuando la reina empezaba a complacer al mayordomo.

La diferencia entre una posición superior y una posición inferior no siempre resulta tan fácil de detectar en la vida real. En un grupo de amigos una persona con una posición superior puede ser la que se levante primero de la mesa y decida lo que va a hacer el grupo a continuación. Una persona de posición inferior puede ser la que pida consejo y escuche. Todos cambiamos de posición dependiendo de las circunstancias, y los psicólogos creen que las relaciones más sanas ofrecen frecuentes oportunidades para invertir nuestra posición.[12] Si una persona se encuentra perennemente atrapada en una posición inferior, esa relación no será sana ni satisfactoria.

Sin embargo, una posición inferior no es algo que necesariamente se deba evitar. Al igual que una posición superior conlleva ciertas ventajas (como la autoridad y el respeto), una posición inferior también tiene las suyas. Las personas con una posición inferior parecen más dignas de confianza, accesibles y agradables; los asesores empresariales suelen aconsejar a las personas con poder —como el director general de la empresa— que desarrollen rasgos inherentes a una posición inferior. Las personas que siempre eligen una posición superior pueden parecer engreídas, amenazadoras y dominantes, y tal vez se sientan solas, porque a los demás no les agrada relacionarse con ellas. Tendemos a sentirnos cómodos desempeñando un papel u otro, y ese papel se convierte en nuestro de forma automática. Las mujeres y los introvertidos, señala Susan Cain, autora superventas, tienden a comunicarse de forma asociada a una posición inferior.[13] Lo mismo ocurre con las personas sensibles, a las que normalmente no podría importarles menos dominar o tener poder sobre los demás.

La posición que ocupemos no es mala en sí misma. Sin embargo, algunas personas sensibles pueden sentirse atrapadas en una posición inferior cuando no quieren estarlo. Pueden tener una baja autoestima después de recibir el mensaje de que su sensibilidad es un defecto. Las personas sensibles deberían sentirse capacitadas para ocupar una posición superior cuando quieran hacerlo. En realidad, elevar nuestra posición es justo lo que el modo sensible nos pide que hagamos. Nos pide que demos un paso adelante y hablemos claro. Nos pide que utilicemos nuestros dones no solo para beneficiarnos a nosotros mismos, sino también para beneficiar a los demás. Esta orden de mejorar nuestra posición no significa que las personas sensibles tengan que cambiar su forma de ser e intentar dominar o subyugar a los que los rodean. Significa que las personas sensibles deben sentirse capacitadas para ejercer el liderazgo, a su manera.

LA VENTAJA DEL LIDERAZGO SENSIBLE

Para entender de qué manera cambia las cosas la personalidad de quien ejerce el liderazgo, Daniel Coleman y otros investigadores recurrieron a un hospital de Boston, donde dos médicos competían por convertirse en el director general.[14] Los investigadores los llamaron doctor Burke y doctor Humboldt, aunque esos no son sus nombres reales. «Ambos dirigían departamentos, eran magníficos médicos y habían publicado muchos artículos de investigación en prestigiosas revistas médicas ampliamente citados. Pero tenían personalidades muy diferentes»,[15] explican los investigadores. A Burke lo describían como un hombre impersonal, centrado en las tareas y perfeccionista al máximo. Su personalidad combativa hacía que su personal tuviera que andarse con pies de plomo. Humboldt, en cambio, era igual de exigente con las personas a su cargo, pero se mostraba más accesible, amable e incluso bromista. Los investigadores observaron que el personal del departamento de Humboldt parecía mucho más a gusto, sonreía y bromeaba de forma amistosa. Y lo más importante: todos se sentían libres para decir lo que pensaban. De resultas, los empleados con un alto rendimiento solían sentirse atraídos por el equipo de Humboldt, mientras que abandonaban el departamento de Burke. No debería sorprender que la junta del hospital eligiera a Humboldt como nuevo director general. Humboldt creó un ambiente agradable para las personas que trabajaban con él, ejemplificando algunos de los puntos fuertes de un líder sensible, como la inteligencia emocional.

La mayoría de nosotros probablemente querría trabajar para alguien como Humboldt y no para alguien como Burke. Tal y como señalan Coleman y su coautor, el científico conductual Richard E. Boyatzis: «Dirigir con eficacia no consiste tanto en dominar las situaciones —ni siquiera hace falta dominar los conjuntos de habilidades sociales— como en desarrollar un interés genuino y un talento para fomentar sentimientos positivos en las personas cuya cooperación y apoyo necesitas».[16] En este ámbito es donde destacan las personas sensibles que ejercen el liderazgo, tanto si dirigen una empresa, un movimiento social o se relacionan con sus propios amigos y familiares. Si eres una persona sensible, seguramente no valoras en su justa medida tus capacidades como líder. Y seguramente ejercerías el liderazgo mejor de lo que crees.

Muchas de las cualidades que conforman a un gran líder, como la empatía, son naturales en las personas sensibles. Como ya vimos en el capítulo 3, las personas sensibles son los atletas universitarios de la empatía, lo que les permite comprender más a fondo a las personas que los rodean. Y la capacidad de «zambullirse» en las experiencias de otras personas tiene importantes beneficios para los que ejercen el liderazgo. Según un estudio, los dirigentes empáticos fomentan mayores niveles de innovación, compromiso y cooperación en el lugar de trabajo.[17] Cuando se incluye la empatía en el proceso de toma de decisiones, es más probable que los empleados sigan su ejemplo —la empatía genera más empatía— y también es más probable que se queden. Del mismo modo, los dirigentes empáticos ayudan a crear y a mantener lugares de trabajo más inclusivos al comprender y apoyar las experiencias de cada una de las personas que los integran.

Además de ser más empáticos, los dirigentes sensibles son capaces de captar la dinámica de un grupo y sintonizar con los demás.[18] Estas habilidades ofrecen muchas ventajas en distintos entornos, porque comprender las emociones de otras personas es la clave para liberar su potencial. Un jefe con intuición emocional puede captar con rapidez los sentimientos y las dificultades de un empleado, y decidir la mejor manera de ayudarlo. Un padre, un profesor o un terapeuta con intuición emocional hará lo mismo. En resumen, dado que las personas sensibles se toman el tiempo necesario para comprender las experiencias de los demás y para establecer relaciones sólidas, el liderazgo sensible tiene un poderoso efecto en la felicidad y la lealtad de sus seguidores.

Euny Hong, periodista coreana-estadounidense, ofrece una palabra para esta capacidad: *nunchi*.[19] En Corea, dice, *nunchi* es el arte de percibir lo que la gente siente o piensa, y se considera el secreto de la felicidad y del éxito. Según explica: «Los niños coreanos conocen la palabra a los tres años. Suelen aprenderla en sentido negativo; si todo el mundo está de pie en el lado derecho de una escalera mecánica y un niño está en el izquierdo, su padre dirá: "¿Por qué no tienes *nunchi*?". En parte se refiere a una falta de educación, pero también lleva parte de: "¿Por qué no estás conectado con tu entorno?"».[20] En la práctica *nunchi* significa interpretar lo que te rodea, ser consciente de cosas como quién habla, quién escucha, quién frunce el ceño y quién no presta atención. Se cree que los que tienen un *nunchi* natural o «rápido», como dicen ellos, crean más relaciones sociales, parecen más competentes, negocian mejor y llegan más lejos en la vida.

Las personas sensibles también proyectan calidez, lo que hace que sus seguidores confíen en ellas. Cuando Amy Cuddy y su equipo de la Escuela de Negocios de Harvard examinaron la eficacia de distintos tipos de líderes, descubrieron que los que proyectan calidez (como el doctor Humboldt) son más eficaces que los que parecen inaccesibles.[21] Una de las razones es la confianza. Los dirigentes sensibles tienden a facilitar que sus seguidores se acerquen y confíen en ellos, fomentando relaciones más auténticas. Al estar abiertos a una serie de perspectivas y experiencias, y al dejar espacio para que todos compartan sus valores y creencias, promueven una dinámica honesta y auténtica. En vez de ver a los miembros del equipo como algo homogéneo, es más probable que un dirigente sensible los vea como individuos, comprendiendo sus necesidades y velando por sus intereses.

Por último, los líderes sensibles tienden a ser reflexivos. Son más propensos a analizar cada detalle para determinar lo que funciona y lo que no, adaptándose y evolucionando según sea necesario.[22] Además, tienen una gran intuición y perciben cuándo algo no está bien. Ser creativos e innovadores les permite ver los problemas desde muchos ángulos y ofrecer nuevas perspectivas. Mientras que algunos solo destacan sus éxitos, muchas personas sensibles tratan de aprender de sus fracasos, para evitar cometer errores en el futuro. Dado que se toman las críticas a pecho, las harán llegar a los demás de forma más constructiva, exigiéndose a sí mismos y a su equipo un mayor nivel de superación.

CON TUS PROPIAS PALABRAS
¿Cuáles son tus puntos fuertes como líder sensible?

«Actualmente dirijo un proyecto tecnológico importante. He descubierto que mi sensibilidad me resulta útil de varias maneras. Tengo buen ojo para los detalles y para ver cómo encajan todas las piezas, una habilidad que me ayuda a mantener el proyecto en marcha. Como se me da bien entender (o al menos intentar entender) los puntos de vista de otras personas, me llevo bien con la gente que ocupa otros puestos. Esta capacidad me es de utilidad cuando tengo que trabajar con personas de otros grupos, que pueden tener puntos de vista o prioridades distintos de los míos».

BRUCE

«Percibo lo que necesitan mis jefes solo por su tono de voz. Soy capaz de reforzar sus puntos débiles. Y, lo más importante, los conflictos me incomodaban tanto que hice un máster en resolución de conflictos y me convertí en mediadora titulada. Desde entonces, utilizo esas habilidades para enseñar a mis equipos —y a mis hijos— a comunicarse mejor, a escuchar y a trabajar juntos».

WENDY

«Ser sensible significa que suelo ver la dinámica del equipo y las necesidades del personal antes y con más precisión que los directivos. Esta previsión me permite abordar mejor esos problemas».

FRANKIE

«Es habitual que sea yo quien toma la iniciativa entre los amigos. En parte, sin duda, por mis rasgos de sensibilidad; proceso las cosas de forma profunda y rápida, lo que significa que puedo sintetizar grandes cantidades de información, ya sean opiniones sobre a qué jugar o qué hacer con un problema. Después dirijo la conversación para pasar de una discusión sin rumbo a la resolución del problema».

JULIE

DEJA QUE TU INTUICIÓN TE GUÍE

Recuerda que ejercer el liderazgo no significa necesariamente convertirse en el director general de una empresa (aunque hemos hablado con varios directores generales que descubrieron que su sensibilidad se convertía en una ventaja incluso en esta posición). Hay muchas formas de liderar, tanto si diriges un equipo comercial como si hablas con tus amigos o familiares para planificar el próximo evento social. Ejercer el liderazgo puede ser tan sencillo como darse cuenta de los problemas que otros pasan por alto y hablar de ellos. Por ejemplo, en una fiesta de cumpleaños familiar se puede ejercer un liderazgo sensible de forma muy sencilla: «Los niños se están cansando, así que deberíamos abrir los regalos ahora, antes de que estén demasiado agotados y empiecen a llorar». O en el trabajo: «Este formulario puede resultar confuso para los clientes, que a lo mejor se sienten frustrados con él y lo abandonan, así que propongo uno más sencillo». Las personas sensibles suelen percatarse de este tipo de cosas, pero como han sido condicionadas para que desconfíen de su intuición, es posible que no digan nada aunque el hecho de hablar del tema beneficiaría al grupo.

Ejercer un liderazgo fuerte y sensible empieza por escuchar lo que dice tu intuición. Empieza por hacerle caso a la voz de tu corazón y de tu cabeza, que tal vez hayas silenciado, minimizado o desestimado en otras ocasiones. Esta voz detecta las carencias, las alarmas, las molestias, los problemas o cuando algo parece estar fuera de lugar. Hace predicciones —a menudo acertadas— sobre lo que puede ocurrir a continuación o sobre cómo puede desarrollarse una situación concreta. Como persona sensible, posees conocimientos secretos. Sabes cosas que otros desconocen. Puede que descubras que las personas menos sensibles ni siquiera son conscientes de estas cosas, y su falta de conocimiento no se debe necesariamente a que dichas cuestiones carezcan de importancia o sean insignificantes. Cuando te des cuenta de algo, habla con valor y amabilidad. Anne, la enfermera sensible que conocimos en el capítulo 1, hizo precisamente eso y sus actos salvaron una vida.

También puedes predicar con el ejemplo, como alzando la voz cuando veas una injusticia. En una pequeña ciudad del Medio Oeste, por ejemplo, un conductor de autobús escolar acosaba a los alumnos somalíes que subían al vehículo. Algunos profesores y miembros de la comunidad desoyeron las quejas de discriminación racial de los colegiales. Fue una profesora sensible quien los creyó y exigió a la empresa de autobuses que pusiera fin a la situación. La profesora lo hizo a pesar de que sus colegas le advirtieron de que sus actos podrían poner en peligro su carrera profesional por las reacciones de la directiva escolar. «No podía quedarme de brazos cruzados. Los niños sufrían maltrato y discriminación, y eso afectaba gravemente a sus vidas y a su educación», nos dijo la profesora, que desea permanecer en el anonimato. Aunque nunca se había considerado una líder, se convirtió en una cuando escuchó lo que le decía su intuición y habló en nombre de sus alumnos. Las personas sensibles son los líderes que nuestro mundo necesita. Pero antes de que puedan dar un paso hacia este propósito deben aprender a aceptar su sensibilidad y acabar con el ciclo de la vergüenza.

LIBERARSE DEL CICLO DE LA VERGÜENZA

Cuando hablamos con la gente sobre lo que significa ser sensible, es habitual que oigamos: «¡Ese soy yo!». Muchas personas sensibles tienen historias que contar, normalmente relacionadas con su infancia, como por ejemplo que lloraron tras descubrir un pájaro muerto en el jardín o que los adultos les decían en numerosas ocasiones que dejaran los sentimentalismos y «lo superaran». Cuando nos cuentan estas historias —en conferencias, en fiestas e incluso en baños públicos—, bajan la voz y susurran con aire confidencial, como si sus experiencias fueran un secreto vergonzoso. Muchos se sienten avergonzados por su sensibilidad o por la sensación de tener un defecto.

Estas manifestaciones de vergüenza no sorprenden. Tal y como hemos visto, el mito de la dureza nos enseña a las personas sensibles que nuestro estado natural es algo que debe cambiarse. En consecuencia, tal vez cuestionemos nuestra forma de interactuar con el mundo. Desde la necesidad de un tiempo extra para escribir un mensaje de correo electrónico o la pausa para tomar un tentempié en el trabajo y así mantener estable el nivel de azúcar en sangre, estamos condicionados para movernos por el mundo con cuidado. Aunque no hay nada malo en mostrarse precavido, el problema es que tal vez sintamos que debemos ocultarle al mundo nuestra verdadera naturaleza.

El antídoto es cambiar la forma de vernos a nosotros mismos en el contexto de la sociedad. Una manera de hacer este cambio es dejar de disculparse por lo que no merece una disculpa. Las personas sensibles no deben disculparse por necesitar un tiempo de inactividad o de descanso; por decir que no; por abandonar antes de tiempo un evento demasiado estimulante; por llorar o sentir las cosas profundamente; o por otras necesidades relacionadas con su naturaleza sensible. Aunque la decisión de dejar de pedir perdón puede ser un largo camino, empieza aquí, contigo y con el resto de nosotros. Todos podemos iniciar un cambio de mentalidad colectivo hacia la normalización de la sensibilidad. En vez de considerarse un secreto vergonzoso o de ofrecer una serie de explicaciones casi tartamudeando, la sensibilidad debe reconocerse como lo que es: un rasgo normal y saludable que todos compartimos en cierta medida. No solo es normal, sino que además puede convertirse en una fuente de orgullo, algo que nos guste y de lo que disfrutemos.

Al igual que algunas personas son atléticas, habladoras o altas por naturaleza, algunos somos más sensibles. No hay nada que corregir, somos así sin más. Con esta mentalidad no hay motivos para poner excusas o para machacarte porque pareces incapaz de manejar lo que otras personas sí pueden. (Cuando actúas de esta manera con respecto a tu sensibilidad, es más probable que los demás también la vean como un defecto). En cambio, puedes elegir ver la sensibilidad como tu mayor fortaleza (lo que es), y esa actitud ayudará a los demás a seguir tu ejemplo. Recuerda: la sensibilidad es genética, saludable e incluso está ligada a las altas capacidades.

La pregunta que viene ahora es: ¿cómo puedes cambiar la forma de ver tu sensibilidad?, ¿cómo puedes dejar de pensar en ella como algo malo y cambiar tu perspectiva para verla como un punto fuerte?

Familiarízate con los beneficios de tus puntos fuertes (e incluso memorízalos)

Tradicionalmente nuestros lugares de trabajo, escuelas y otros entornos han favorecido a las personas que no muestran rasgos sensibles. El motivo es que nuestra sociedad ha pasado por alto las áreas en las que destacan las personas sensibles, como las situaciones en las que se necesita profundidad, empatía, comprensión, intuición y sintonía con los demás. Nuestra sociedad se nos ha quedado corta en este sentido. Los sentimientos son —y siempre han sido— importantes. Aunque más importante si cabe es la capacidad de reconocer dichos sentimientos como válidos, de expresarlos y de saber que se reconocen y se escuchan. La escasez de estas habilidades supuestamente blandas en la sociedad es solo una de las carencias que las personas sensibles pueden suplir con facilidad; es natural que sintamos las emociones de los demás y utilicemos la empatía para conectar con ellos. También es natural que profundicemos y ofrezcamos soluciones nuevas e inesperadas.

Asegúrate de conocer los puntos fuertes que aportas. Haz una lista de tus rasgos relacionados con la sensibilidad que te ayudan a ti o a los demás. Después, tenla en cuenta cuando interactúes con los demás o hables de sensibilidad. Si necesitas inspiración, a continuación señalamos algunos aspectos de la sensibilidad que aportan beneficios reales al mundo. (Recuerda: estas afirmaciones no son para fardar; son una autoconversación positiva).

- «Ayudo a los que me rodean a sentirse escuchados y comprendidos».
- «Capto detalles importantes que otros podrían pasar por alto, ya sea en mi trabajo, en mis relaciones o en otras facetas de mi vida».
- «Me percato más rápido que los demás de que me falta energía o de que me estoy agotando. Eso me ayuda a evitar el agotamiento extremo al que pueden llegar otros».
- «Mi mente no se detiene en las respuestas superficiales. Analiza tanto el panorama general como los detalles y sigue hasta llegar al fondo. Esta profundidad me ayuda a encontrar soluciones que otros no ven».
- «La intensidad con la que siento las cosas se extiende a todo lo que hago o creo. Impregna mis valores, mis proyectos, mi trabajo, mi arte, mis relaciones y mucho más».
- «Lloro con frecuencia (o muestro emociones intensas de otras formas) porque la vida me conmueve con mucha facilidad, y no todo el mundo siente la belleza de la vida de esta manera».
- «Soy capaz de ver el vínculo entre informaciones que parecen no tener relación alguna entre sí. Cuando eso sucede, me resulta fácil ver hechos que no se les ocurren a otras personas. Eso aumenta mi creatividad y, con la práctica, aumentará mi sabiduría».
- «Tiendo a pensar en el futuro y a sopesar las situaciones desde todos los puntos de vista más que los demás. Esto

me ayuda a evitar errores, a percatarme de los pequeños problemas antes de que crezcan y en general a estar mejor preparado en la vida».

- «Mi intuición me muestra el camino que debo seguir. Es habitual que descubra una forma única de resolver un problema o alcanzar un objetivo. Otras personas se benefician de mis ideas, consejos y liderazgo porque aporto una perspectiva a la que no tienen acceso las personas menos sensibles».
- «Mi empatía me ayuda a tener en cuenta las necesidades y los puntos de vista de otras personas. También me ayuda a tomar decisiones más morales, éticas, compasivas y desinteresadas. No tengo problemas para distinguir el bien del mal, lo sano de lo nocivo, lo verdadero de lo falso».

Elaine Aron, la investigadora que acuñó el término «persona altamente sensible», lo expresa así: «Has nacido para estar entre los consejeros, los pensadores y los líderes espirituales y morales de tu sociedad. Tienes muchos motivos para sentirte orgulloso».[23]

Practica la aceptación de tu sensibilidad

Esfuérzate por percatarte de los puntos fuertes de tu sensibilidad a lo largo del día. Aunque te sientas frustrado por algo relacionado con tu sensibilidad —por ejemplo, si te sientes agotado después de hacer recados—, recuerda hacer una pausa y replantearte la situación. Haz que tu cerebro analice también los aspectos positivos de la situación. Puedes pensar: «Agradezco tener la capacidad para darme cuenta de que estoy cansado y necesito volver a casa» o «Gracias a mi sensibilidad me he dado cuenta de la belleza de mi entorno, como los diferentes colores del cielo al atardecer».

Es probable que este cambio no se produzca de la noche a la mañana. De hecho, puede que tardes meses o incluso años en aceptar tu sensibilidad. Pero no pasa nada; ¡una transición larga es normal! Llevas años y años practicando cómo responder a una sociedad que no entiende la sensibilidad en general. Date tiempo y empieza poco a poco, dando pequeños pasos que te hagan sentirte cómodo con la revelación de tu sensibilidad. Cuando lo hagas, allanarás el camino para que todas las personas sensibles —ahora y en el futuro— acepten lo que son y lleven a cabo los cambios que necesita nuestro mundo.

CÓMO HABLAR DE LA SENSIBILIDAD PARA QUE LOS DEMÁS TE ESCUCHEN

Además de reconocer tus puntos fuertes como persona sensible, también tendrás que cambiar la forma de hablarles a los demás de tu sensibilidad. En cierto modo, puedes afrontarlo como un trabajo de relaciones públicas para la sensibilidad. Aunque también estarás haciendo algo mucho más profundo: mostrarte auténtico y honesto sobre quién eres. Vas a adueñarte de tu sensibilidad. Y lo harás de una forma segura, clara y sin posibilidad de discusión. A continuación tienes algunos ejemplos que puedes utilizar para explicarles la sensibilidad a las personas que te rodean:

- «En psicología ser sensible significa que las experiencias y el entorno se procesan a un nivel muy profundo. Yo soy así. Lo bueno son los muchos dones que conlleva, aunque también presenta desafíos. Yo tengo esas dos facetas y lo llevo con orgullo».

- «No pretendo cambiar mi sensibilidad. Es algo bueno, y nunca renunciaré a ella».
- «Soy una persona muy sensible y creo que es una de mis mejores cualidades. Por eso soy (tan creativo/tan idealista/tan bueno en mi trabajo/tan empático). Me gustaría que más personas adoptaran la sensibilidad».
- «Una de cada tres personas nace un poco más sensible que las demás, tanto desde el punto de vista emocional como desde el físico. El motivo es que nuestro cerebro está preparado para procesar la información a un nivel muy profundo. Básicamente reflexionamos sobre las cosas durante más tiempo, lo sentimos todo con más intensidad y vemos conexiones que otras personas pasan por alto. Aunque suele malinterpretarse, es un rasgo saludable».

Puede que te resulte bastante difícil explicarles la sensibilidad a las personas menos sensibles, a las que no experimentan la vida con tu entusiasmo y perspicacia. Es habitual que los conceptos erróneos sobre lo que es (y no es) la sensibilidad se interpongan en el camino. Brittany Blount, una escritora sensible sobre salud mental, quería que su padre, menos sensible, entendiera lo que ella experimenta. «Mi padre, como la mayoría de nosotros, creció con la idea de que la sensibilidad es un signo de debilidad, algo que hay que evitar»,[24] escribe en *Sensitive Refuge*. «Uno de los mayores retos a la hora de explicar la alta sensibilidad es convencer a los demás de la posibilidad de que sea una fortaleza, lo contrario de lo que nos han enseñado». Tras varios intentos fallidos de explicarle la sensibilidad, la comparó con su superhéroe favorito:

> ¿Sabes que Superman es capaz de oír desde muy lejos que se ha caído un alfiler? Pues la sensibilidad es casi como tener los sentidos de un superhéroe sin la supervelocidad o la capacidad de volar. Cuando eres muy sensible, todo lo que experimentas se intensifica. Notas hasta los cambios más minúsculos. Los sonidos pequeños, como el tictac de un reloj, se vuelven fuertes. La colonia o el perfume de una persona te puede parecer tres veces más fuerte y horrible que a los demás, a los que les encanta. Y cuando hablo con otras personas... a veces sé cosas de ellas sin que me lo digan.
>
> No puedo leer el pensamiento, pero sé que me están mintiendo o si alguien finge ser feliz cuando no lo es. Veo lo que se esconde detrás de la máscara que se pone la gente. Intuyo sus intenciones, lo que son, sus miedos. Lo sé sin más, no lo puedo explicar de otra manera.[25]

Al principio su padre no dijo nada, pero Brittany se percató de un pequeño cambio en su postura. Estaba reflexionando sobre lo que le decía. Al cabo de un momento levantó la mirada y asintió despacio con la cabeza. «Te creo», le dijo, validando por fin esa parte importante de sí misma que llevaba tanto tiempo esperando que comprendiera.[26]

«Eres demasiado sensible» es hacer luz de gas

Otro paso importante para aceptar tu sensibilidad es reconocer que la frase «Eres demasiado sensible» es una forma de hacer luz de gas. Con este tipo de manipulación la otra persona intenta hacerte dudar de ti mismo y de tu realidad para que confíes en su propia versión de los hechos. El término «hacer luz de gas»* procede de la obra de teatro británica de 1938 *Gas Light*,[27] en la que una mujer acaba sufriendo una crisis de salud mental por culpa de su marido, que la acusa de imaginarse ciertas cosas, como ruidos en el ático o el hecho de que la luz de las lámparas de gas de su casa sea más tenue. En realidad, él lo ingenió todo en un intento por robar las joyas de la familia de su mujer. He aquí otras afirmaciones habituales utilizadas para hacerles luz de gas a las personas sensibles:

- «Estás exagerando».
- «A ver si te endureces».
- «Necesitas hacer callo».
- «¿Por qué no lo olvidas?».
- «Te lo tomas todo muy a pecho».

Estos comentarios pueden ser especialmente dañinos si te los dijeron en la infancia tus padres u otro cuidador adulto. Tal vez incluso hayas llegado a creer que existe un nivel de sensibilidad correcto y otro incorrecto. Como resultado es posible que te hayas pasado años sintiéndote avergonzado por ser tan susceptible o porque te hieran con facilidad. Sin embargo, estas afirmaciones críticas también pueden doler cuando las dice un amigo, tu pareja o un compañero de trabajo. Decirte que estás exagerando cuando te sientes víctima de algo es una de las formas más comunes de hacer luz de gas practicada por los narcisistas y otros maltratadores, explica Julie L. Hall, autora de *The Narcissist in Your Life*.[28] Lo dicen para desacreditarte y negar tus

* *Gaslighting* en inglés. (*N. de las T.*)

sentimientos, para no tener que asumir la responsabilidad de las cosas hirientes que han dicho o hecho.[29] La frase «Estás exagerando» le permite al narcisista endosarte el papel de irracional o excesivamente emocional. Si consiguen que dudes de ti mismo —«Quizá tengan razón; quizá el comentario no fue cruel y solo estoy siendo demasiado sensible»—, aceptarás su abuso. Pero son los narcisistas los hipersensibles y los que sufren desregulación emocional. Cuando te dicen que eres demasiado sensible, es una forma clásica de proyección: te están atribuyendo sus propios sentimientos.

No es que todos los que dicen estas cosas sean narcisistas. Algunas personas pueden incluso creer erróneamente que te están ayudando al señalar algo sobre ti que tú desconocías. Dejando a un lado las intenciones de quien las dice, estas frases son hirientes y nunca deben utilizarse contra ninguna persona sensible (ni contra nadie, ya puestos). A continuación te ofrecemos una lista con algunas cosas que puedes hacer cuando alguien dice que eres demasiado sensible:

- **No muerdas el anzuelo.** Cuando la gente dice estas cosas, la idea de defenderse o devolver el insulto resulta tentadora, sobre todo si te han atacado activamente durante mucho tiempo, dice Julie Hall. Sin embargo, estas tácticas solo sirven para intensificar el conflicto en vez de para aplacarlo, así que es mejor que contengas tus emociones. Inyecta espacio en la conversación devolviéndoles sus palabras: «Vale. Así que me estás diciendo que crees que soy demasiado sensible, ¿no?».
- **Céntrate en los dones de la sensibilidad.** Di algo como: «Estoy aprendiendo a aceptar mi sensibilidad. De hecho, creo que es uno de mis puntos fuertes». O bien: «Me encan-

ta lo sensible que soy. Creo que tengo el nivel justo de sensibilidad». Comparte historias o ejemplos de cómo te beneficia la sensibilidad en la vida o en tu relación con los demás.

- **Considera la posibilidad de limitar el contacto o de cortarlo de raíz.** Si no captan el mensaje y siguen criticándote o menospreciándote por tu sensibilidad, seguramente sea mejor apartarlos de tu vida. Con el tiempo ser víctima de que te hagan luz de gas erosionará la imagen que tienes de ti mismo y hará que te cuestiones tu sensibilidad y te sientas mal por ella. En cambio, una relación sana hará que te sientas bien contigo mismo. Si es posible, pasa menos tiempo (o ninguno) con esa persona; si no es posible (quizá trabajéis juntos o tengáis hijos en común), establece límites en tus interacciones.

- **Céntrate en ti mismo.** Recuerda que aquellos que hacen luz de gas quieren que dudes de tus propios sentimientos y de tus experiencias para poder seguir controlándote y abusando de ti. Suelen hacerlo con personas que ya tienen el hábito de desconfiar de sí mismas, ya sea por no haber establecido límites claros, por baja autoestima o por sufrir una sensación de desconexión con su propio cuerpo o sus emociones. Las personas sensibles poseen una intuición fuerte, pero tal como hemos visto suelen estar condicionadas para dudar de ella porque el mito de la dureza asegura que las emociones son débiles. Comprueba tus límites para ver si alguno necesita que lo refuerces. Escucha y valida tus sentimientos y tu intuición. Recuerda que todos los sentimientos son válidos. Si estás molesto, tienes motivos para estarlo. Si has sido víctima de un abuso narcisista, busca el apoyo de un terapeuta e infórmate sobre el trauma que puede provocar ese maltrato.

- **Cultiva relaciones sanas.** Cuando la gente se preocupa de verdad por ti, no pasará por alto tus emociones ni las negará, aunque les resulten incómodas. Las personas adecuadas no se limitarán a tolerar tu sensibilidad, sino que la aceptarán y la valorarán como una parte importante de tu persona.

LA REVOLUCIÓN SENSIBLE BENEFICIA A TODO EL MUNDO

Cuando aceptamos nuestra sensibilidad —y elegimos el modo sensible en vez del mito de la dureza—, plantamos las semillas de la revolución en todos los niveles de nuestra sociedad. En los colegios seguir el modo sensible significa ofrecer espacios tranquilos donde los alumnos puedan relajarse en vez de pasarse el día bombardeados por los estímulos. Significa formar a los directores y a los profesores en técnicas de disciplina positiva y capacitar a los padres para que defiendan a sus hijos sensibles en el entorno escolar. Significa enseñarles a los niños que ser sensible no tiene nada de malo y que está bien tomarse un tiempo extra para hacer algo. En vez de aprender «Los chicos no lloran», aprenderían que todas las emociones son normales y sanas, y que expresarlas forma parte de la naturaleza humana. También significa implantar un plan de estudios sobre el desarrollo social y emocional en todos los colegios para que los alumnos tengan un modelo de comportamiento fuerte y mentalmente sano, y puedan tomar el control de su propio bienestar. Estos cambios no solo beneficiarían a los más sensibles, sino que mejorarían el futuro de todos los niños.

En el ámbito laboral el modo sensible hace destacar a los que han sido infravalorados. Empieza por valorar las «habilidades blandengues», como la inteligencia emocional, a la hora de contratar y ascender a tus empleados. De la misma manera, hay que formar a los directivos para que valoren las necesidades emocionales de los trabajadores y ejerzan el liderazgo con compasión. El modo sensible significa que hay que hablar menos de hacer callo, de la cultura del esfuerzo por el esfuerzo, de adelantarse a los demás, de ser «mejor» que la persona que tienes al lado. Y para las empresas que de verdad quieran prosperar significa invertir en resultados a largo plazo creando un entorno físico y emocional adecuado que sea mentalmente sano y productivo para todos los trabajadores. Por supuesto, si todas estas recomendaciones parecen mucho pedir, las empresas pueden tomar un atajo sencillo: poner a personas sensibles en puestos de responsabilidad y así verán que los problemas se resuelven solos.

Este mismo enfoque se extiende a nuestra vida personal. El modo sensible devuelve la atención a las relaciones valiosas y saludables entre las personas. Reconoce que las fiestas ruidosas, los conciertos y los eventos para hacer contactos no son la única forma de socializar y, en cambio, acepta lugares más tranquilos y experiencias más íntimas. El modo sensible también capacita a todas las personas para que respeten sus límites y prioricen su bienestar mental y emocional. Crea una forma de ver la vida en la que está socialmente aceptado rechazar una invitación porque necesitas quedarte en casa para relajarte o abandonar un evento antes de tiempo sin que te hagan preguntas molestas. Borra cualquier malicia o crítica percibida en las frases «Necesito tiempo sin hacer nada» o «Necesito tiempo para pensar en eso».

Imagina cómo podría transformarse nuestro sistema político actual gracias al modo sensible. En vez de gritarle al «otro» bando, de insultar y demonizar a los que no piensan como noso-

ALTAMENTE SENSIBLE

tros, podríamos mantener más debates llenos de empatía. En un mundo que acepta ser sensible a las necesidades y emociones de los demás —hasta de los que son diferentes de nosotros— podríamos abordar las cuestiones políticas con los oídos abiertos en vez de con el corazón cerrado. Estaríamos más dispuestos a vernos unos a otros como semejantes y no como adversarios. El candidato más vociferante e indignado ya no aparecería en todas las noticias.

En nuestro mundo ruidoso, caótico y excesivo debemos mirar a las personas sensibles, porque tienen lecciones que enseñarnos. Nos muestran la importancia de ir más despacio. De conectar profundamente. De hacer algo valioso en nuestro día a día. Además, las personas sensibles son también los líderes compasivos que nuestro mundo necesita. Son las que están mejor posicionadas para ayudar a afrontar algunos de los mayores problemas de la sociedad.

El novelista Kurt Vonnegut dijo una vez que el mundo necesita artistas sensibles porque sirven como los canarios de la humanidad (en las minas de carbón, los canarios morían a causa de los gases venenosos «mucho antes de que los mineros más robustos percibieran siquiera el peligro»).[30] Nosotros preferimos ver a las personas sensibles de otra manera. Los canarios, al fin y al cabo, viven en jaulas, y la forma de transmitir su mensaje es sacrificándose. Las personas sensibles ya están hartas de ese trabajo. Ha llegado el momento de romper la jaula donde las personas sensibles han estado tanto tiempo encerradas. En vez de considerar la sensibilidad como una debilidad, debemos empezar a verla como lo que es: una fortaleza. Ha llegado la hora de aceptar la sensibilidad y todo lo que puede ofrecer.

Agradecimientos

A nuestro agente, Todd Shuster, el más sabio aliado que un escritor puede pedir. Gracias por creer en nuestro libro. A Georgia Frances King, la fantástica socia de Todd, y a todo el equipo de Aevitas. Gracias. Nos habéis ayudado a superar algunos momentos difíciles y siempre habéis mantenido la confianza en nosotros.

A Marnie Cochran. Ningún escritor podría pedir mejor editora. Has propuesto innumerables ideas, giros argumentales y cambios, siempre creyendo que mejorarían el libro. Tus ideas (y tu paciencia) han mejorado lo que entregamos. Gracias.

A Diana Baroni. Solo hemos hablado una vez, pero fueron tus palabras las que nos convencieron de que Harmony era nuestro hogar. Entendiste nuestra visión de *Altamente sensible* desde el principio.

A todo el equipo de Harmony. Por todas las horas que habéis dedicado a hacer que este libro sea perfecto. Gracias.

A Lydia Yadi y al equipo de Penguin Random House UK. Gracias por haber colaborado para que *Altamente sensible* llegue al público internacional.

A Rachel Livsey y Jeff Leeson. Visteis el potencial de este libro cuando era solo una idea en el tablero de dibujo (literal). Gracias por vuestros consejos y vuestra guía.

A Elaine Aron, a la que llaman la «madrina de las personas altamente sensibles», y con razón. Este libro ni siquiera existiría si no fuera por su investigación, su visión y su trabajo de años.

A Michael Pluess. Gracias por dedicarnos tanto tiempo, por estar siempre dispuesto a responder a «una pregunta más» y por compartir tus investigaciones y conocimientos. Gracias también por el trabajo que haces y por tu compromiso para mostrarle al mundo el lado positivo de la sensibilidad.

A Cal Newport, Paul Gilbert, Ron Siegel, Larissa Geleris, Tomlin Perkins Coggeshall, Linda Silverman, Sharon Martin, Julie Bjelland, Brian Johnston, Alicia Davies, Brooke Nielsen, Rachel Horne, Bret Devereaux, Dimitri van der Linden, Suzanne Ouellette, Conrado Silva Miranda, Anindita Balslev y a todas las demás personas que nos brindaron su experiencia y nos prestaron sus conocimientos. No hemos podido imprimir todas vuestras palabras, pero todos habéis contribuido a dar forma y a mejorar este libro, en lo grande y en lo pequeño. Gracias por compartir vuestro tiempo y sabiduría con nosotros.

A BT Newberg. Ningún escritor ha tenido jamás un mejor asistente de investigación. Tu capacidad para zambullirte —y a veces para rechazar— nos ayudó a tomar caminos nuevos y emocionantes.

A Lauren Valko, nuestra asistente de redacción de confianza. Gracias por ayudarnos a esbozar y resolver tantas cosas, en tan poco tiempo.

A Christine Utz. Gracias por ser nuestro tercer par de ojos y ayudarnos arrojando luz a la confusión.

A nuestro grupo de escritores, Elizabeth, Paul y John. Vaya, ¡os habéis leído prácticamente todo nuestro trabajo! Seguro que pensabais que nunca acabaríamos este libro. Gracias, no solo por vuestros comentarios y sugerencias, sino también por la enorme cantidad de tiempo y ánimo que nos habéis dedicado.

A nuestro equipo de Sensitive Refuge y de Introvert, Dear. Gracias por mantener el rumbo del barco mientras nosotros nos ausentábamos tan a menudo para centrarnos en el libro. Lo habéis hecho muy bien.

A los miembros del grupo de Facebook Sensitive Refuge. Gracias por estar dispuestos a compartir vuestros pensamientos y experiencias personales, que conforman las partes «Con tus propias palabras» de este libro. Creemos que vuestras palabras serán la luz que guíe a otras personas sensibles. Lo único que lamentamos es no haber podido incluir más respuestas vuestras en el libro.

A Amy, Agata, Mathew, Trent, Nancy, Paul y Elizabeth, que fueron nuestros lectores beta y contribuyeron con muchas ideas y sugerencias útiles.

A Dawn. Gracias por crear un espacio en el que los escritores, los editores y las editoriales pudieran conocerse de verdad. Y a David. Gracias por detectar a dos personas sensibles e incómodas en ese espacio y decidir que éramos tus amigos. Este libro no habría sido posible sin vosotros dos.

A Daryl. Gracias por tu voz calmada y atenta en los momentos de tensión.

A Apollo, que nació en un día de nieve mientras escribíamos este libro. Has frustrado sin cesar nuestros intentos de terminarlo, pero las interrupciones han valido la pena. Te queremos, hijo.

A los padres de Jenn, Marge y Steve Granneman, que cuidaron de Apollo cuando estábamos privados de sueño y necesitábamos tiempo sin interrupciones para escribir. Gracias.

AGRADECIMIENTOS

A Jenn le gustaría añadir...

A mi madre. Gracias por alentar siempre mi sensibilidad y por escribir las ridículas historias que se me ocurrían antes de que pudiera sostener un lápiz.

A mi padre. Gracias por fomentar mi interés por la ciencia, que le ha dado forma a mi carrera de escritora. Todo empezó con aquellas placas de Petri que traías a casa del trabajo y luego con los hisopos que usábamos para extraer muestras de las bocas de los gatos y perros del barrio.

A mis amigas Amber, Amy, Bethany y Dawn. Gracias por escucharme cada vez que necesitaba desahogarme y por apoyarme en los momentos más difíciles mientras completábamos este libro. Ya podemos tomarnos una copa de vino.

De nuevo, a Elaine Aron. Hace años, cuando terminé de leer tu libro, *The Highly Sensitive Person* (*El don de la sensibilidad*), lloré porque por fin logré comprenderme mejor. Tu obra cambió mi vida y me puso en el camino para aceptar mi sensibilidad. Gracias por todo lo que has hecho por las personas sensibles.

A todos los profesores y adultos que me animaron a escribir cuando era joven. Gracias por creer en el sueño de esta niña.

A Mattie y Colmes, mis gatos, que murieron mientras escribíamos este libro. Os fuisteis con una semana de diferencia, confirmando lo que siempre he sabido: que estabais destinados a estar juntos. Os echo de menos.

A todas las personas sensibles que compartieron sus historias conmigo mientras nos preparábamos para escribir este libro (y a menudo lo hicieron en voz baja). Gracias por esa disposición para compartir vuestras experiencias y por darme una visión de vuestras vidas. Espero que algún día las personas sensibles ya no sintamos la necesidad de susurrar.

A Andre le gustaría decir...

Es un tópico dar las gracias a tus padres, pero os lo habéis ganado con creces. Papá, una vez explicaste nuestra relación diciendo que tú eres un mecánico y tu hijo un poeta. Lo has hecho muy bien con este poeta, papá. Puede que no lo recuerdes, pero cuando te enteraste de que quería ser escritor, me compraste un ejemplar de un libro con una cubierta azul brillante titulado *If You Want to Write*, de Brenda Ueland.* Nunca había leído un libro como ese y me hizo reaccionar al instante. Lo llené de notas, remodelé mi forma de pensar y nunca lo he olvidado. Gracias, papá.

Mamá, tú me enseñaste a amar los libros, y estoy seguro de que fuiste tú quien despertó en mí el gusanillo de la escritura. Cuando era pequeño, siempre decías que no importaba que me pasara de la hora de dormir y siguiera despierto si estaba leyendo. Una política muy buena, mamá. Gracias por hacer buen uso de tu grado en Lengua Inglesa —y de tu paciencia— leyendo algunas de las novelas más ridículas, horribles y vergonzantes que podía escribir un niño de doce años.

Frederick Dobke, dondequiera que estés, fuiste más que un maestro. Nos animabas y desafiabas al mismo tiempo. No sé si me lo habría tomado en serio de no haberte conocido. Y tenías razón, me gustan Simon & Garfunkel.

Al editor que me envió la primera (y amable) carta de rechazo cuando tenía catorce años. Gracias. Ahora entiendo cómo funciona la agenda de un editor que recibe manuscritos y nunca olvidaré el mensaje que te tomaste la molestia de escribirme.

A mi hermana, Zangmo (Juju). Eres la mejor amiga que un

---

* Hay trad. cast.: *Si quieres escribir*, SnowBall Publishing, 2020. (*N. de las T.*)

hermano podría pedir. ¿Cómo es posible que mamá y papá consiguieran hacer dos?

A Saumya y a Urban. Urban, eres una roca. Gracias, colega. Saumya, tú eres lo contrario de una roca, me haces volar. Os quiero, chicos.

Brandon, gracias por la amistad incondicional, el amor y la aceptación. Gracias por escuchar mis desahogos. Gracias por las Notas del Lunes y por mucho más. Gracias por ser quien eres.

A las personas que han creído en mí y me han inspirado: Ben, Cole, Beth, Ken, Manda, Arianna, Andrea la «Buena», Amber y el viejo grupo de escritores de Oak Street en Nueva Orleans, Liz, Cintain, Kevin (terminaremos esa casa del árbol, ¿verdad?), Blake (descansa en paz), Damien (descansa tú también, pero sin dejar de bailar), todos los que seguían mi antiguo blog, Mrs. Burrant, Ms. Lenart, Mrs. Hallenbeck, John Longeway, Aaron Snyder, John Boatman, Matt Langdon, Ari Kohen, a los desconocidos de buen corazón que se preocuparon por mis viajes y a todas las personas de las que no me acuerdo porque soy tonto, pero que me dieron un empujón. (Y Jessica, supongo que tenías razón: al final siempre lo consigo).

A todas las personas que no se consideraban sensibles en absoluto, pero que se detenían cuando les explicaba lo que estaba escribiendo, me hacían una pregunta tras otra o no decían nada y lo masticaban como si fuera un filete, tras lo cual empezaban a ver otro lado de sí mismas (y a veces incluso lo admitían): Eso me ha pasado. Lo estáis haciendo bien. Solo debéis ser fieles a vuestro yo sensible (en secreto o abiertamente).

Y a lo divino, sea lo que sea: Te veo. Veo lo que has hecho. Gracias.

A nuestros lectores

Por último, ambos queremos expresar nuestra gratitud a los lectores y seguidores de Sensitive Refuge e Introvert, Dear. Este libro no sería lo que es sin vosotros. Muchos habéis leído nuestro trabajo durante años, y ha sido un honor contar con vuestro apoyo y entusiasmo. Gracias, almas tranquilas y sensibles.

Chuleta de la sensibilidad

- **La sensibilidad** es la profundidad con la que percibes y respondes al mundo, tanto a tu entorno físico como al emocional. Cuanto más profundamente procese tu cerebro la información, más sensible serás. Una palabra más precisa para referirse a una persona sensible podría ser «receptiva».
- **La sensibilidad es un rasgo humano fundamental.** Todo el mundo es sensible en algún grado, y algunas personas son más sensibles que otras. Aproximadamente el 30 por ciento de las personas son altamente sensibles.
- **La sensibilidad es tanto genética como un producto de tus experiencias.** Si eres sensible, seguramente naciste siéndolo. Ciertas experiencias de la primera época de tu infancia —mucha protección o negligencia— pueden haber aumentado tu sensibilidad.
- **Si eres sensible, la sensibilidad forma parte de lo que eres.** Las personas sensibles no pueden dejar de serlo ni deberían hacerlo. En cambio, la sociedad debería reconocer que la sensibilidad viene acompañada de muchos dones, como la creatividad, el procesamiento profundo, la empatía y la atención a los detalles. Estos rasgos son ventajas en ámbitos como la ciencia, el mundo empresarial, las artes, el mundo académico,

los puestos de liderazgo y cualquier otro ámbito de la vida que requiera de una mente incisiva y cuidadosa.

- **Las personas sensibles están en sintonía tanto con los demás como con su entorno.** Perciben sensaciones sutiles, pequeños detalles y cambios que otros pasan por alto. Dado que también captan más señales sociales y emocionales, entienden bien a los demás y tienen un gran sentido de la empatía, incluso hacia los desconocidos.
- **La sensibilidad tiene un coste: la sobreestimulación.** Las personas sensibles suelen tener dificultades en entornos caóticos, ruidosos o ajetreados, sobre todo si hay presión para ir más rápido y lograr más. Dado que el cerebro sensible procesa toda la información en profundidad, los entornos o los horarios ajetreados lo sobrecargan.
- **Pese a las ideas erróneas de la sociedad sobre la sensibilidad, es un rasgo de personalidad saludable.** La sensibilidad no es un trastorno, no requiere un diagnóstico ni un tratamiento y no está relacionada con la introversión, el autismo, el trastorno de procesamiento sensorial ni los traumas.
- **Las personas sensibles tienen una ventaja: el efecto impulsor de la sensibilidad.** Como las personas sensibles se ven más afectadas por cualquier tipo de experiencia, obtienen mucho más apoyo, formación y estímulo que aquellas menos sensibles. Esto desencadena un efecto impulsor que las ayuda a superar a los demás y a conseguir más si se dan las condiciones adecuadas.

Más material bibliográfico

Aron, Elaine N., *The Highly Sensitive Person: How to Thrive When the World Overwhelms You*, Nueva York, Carol Publishing Group, 1996. [Hay trad. cast.: *El don de la sensibilidad*, Barcelona, Ediciones Obelisco, 2020].

Falkenstein, Tom, *The Highly Sensitive Man: Finding Strength in Sensitivity*, Nueva York, Citadel Press/Kensington Publishing, 2019.

Martin, Sharon, *The Better Boundaries Workbook: A CBT-Based Program to Help You Set Limits, Express Your Needs, and Create Healthy Relationships*, Oakland, CA, New Harbinger Publications, 2021.

Nuestro sitio web: Sensitive Refuge, sensitiverefuge.com

El blog de Maureen Gaspari, thehighlysensitivechild.com, que ofrece consejos para crear a niños sensibles e incluye muchos recursos gratuitos y listas de comprobación y tablas gratuitas.

El sitio web de Michael Pluess, sensitivityresearch.com, que está dedicado a la divulgación al gran público de la información académica sobre la sensibilidad.

El sitio web de la terapeuta Julie Bjelland, juliebjelland.com, que ofrece muchos recursos para ayudar a las personas sensibles a prosperar; incluye un blog y un pódcast gratuitos así como cursos de pago.

Snow, April, *Find Your Strength: A Workbook for the Highly Sensitive Person*, Nueva York, Wellfleet Press, 2022.

Johnston, Brian R., *It's Okay to Fail: A Story for Highly Sensitive Children*, autopublicado, 2018.

Eddy, Bill, *It's All Your Fault! 12 Tips for Managing People Who Blame Others for Everything*, High Conflict Institute Press, 2008. Además de otros recursos del High Conflict Institute, highconflictinstitute.com

Arabi, Shahida, *The Highly Sensitive Person's Guide to Dealing with Toxic People: How to Reclaim Your Power from Narcissists and Other Manipulators*, California, New Harbinger Publications, 2020.

La aplicación móvil Happy Child, de Human Improvement Project, humanimprovement.org/the-happy-child-app, que no trata específicamente de las personas sensibles, pero que ofrece consejos avalados por la ciencia para ayudar a los padres a establecer vínculos cercanos y saludables con sus hijos.

La aplicación móvil Healthy Minds Program app, una aplicación gratuita de meditación y *mindfulness* de la organización sin ánimo de lucro del neurocientífico Richard Davidson, Healthy Minds Innovation, hminnovations.org.

Siegel, Daniel J., y Bryson, Tina Payne, *The Whole-Brain Child: 12 Revolutionary Strategies to Nurture Your Child's Developing Mind*, Nueva York, Bantam, 2012. Un libro que ofrece grandes consejos para ayudar a los padres a enseñarles a sus hijos regulación emocional.

Notas

1. SENSIBILIDAD: ¿ESTIGMA O SUPERPODER?

1. El ensayo de Georg Simmel titulado *The Metropolis and Mental Life* [hay trad. cast: *Las grandes ciudades y la vida intelectual*, Madrid, Hermida Editores, 2016] se ha interpretado de muchísimas maneras, y él incluye muchos puntos que nosotros no hemos tocado. Para una revisión exhaustiva, leer el artículo de Dietmar Jazbinsek, «The Metropolis and the Mental Life of Georg Simmel», *Journal of Urban History* 30, n.º 1, 2003, pp. 102-125, DOI: 10.1177/0096144203258342. Para una lectura general, el resumen publicado en primer lugar por el Modernism Lab de la Universidad de Yale es estupendo: Wisley, Matthew, *The Metropolis and Mental Life*, Campuspress, Yale University, s.f., <https://campus press.yale.edu/modernismlab/the-metropolis-and-mental-life>. Si buscas el ensayo completo: Georg Simmel, *The Sociology of Georg Simmel*, trad.: Kurt Wolff, Nueva York, Free Press, 1950, pp. 409-424.

2. Georg Simmel, *The Sociology of Georg Simmel*.

3. *Ibidem.*

4. *Ibidem.*

5. Georg Simmel, «Die Großstädte und das Geistesleben», en *Die Großstadt: Vorträge und Aufsätze zur Städteausstellung*, vol. 9, ed. T. Petermann, traducción independiente. Dresde, Zahn & Jaensch, 1903, pp. 186-206.

6. Rick Smolan y Jennifer Erwitt, *The Human Face of Big Data*, Sausalito, CA, Against All Odds Productions, 2012; y Susan Karlin, «Earth's Nervous System: Looking at Humanity Through Big Data», *Fast Company*, 28 de noviembre de 2012, <https://www.fastcompany.com/1681986/earth-s-nervous-system-looking-at-humanity-through-big-data>.

7. Irfan Ahmad, «How Much Data Is Generated Every Minute? [Infographic]», *Social Media Today*, 15 de junio de 2018, <https://www.socialmediatoday.com/news/how-much-data-is-generated-every-minute-infographic-1/525692>.

8. Leo Goldberger y Shlomo Breznitz, *Handbook of Stress*, 2ª ed. Nueva York, Free Press, 1993.

9. Mariella Frostrup, «I'm Too Sensitive. How Can I Toughen Up?», *Guardian*, 26 de enero de 2014, <https://www.theguardian.com/lifeandstyle/2014/jan/26/im-too-sensitive-want-to-toughen-up-mariella-frostrup>.

10. «How to Stop Being So Sensitive», *JB Coaches*, 3 de febrero de 2020, <https://jbcoaches.com/how-to-stop-being-so-sensitive>.

11. Robin Marantz-Henig, «Understanding the Anxious Mind», *New York Times Magazine*, 29 de septiembre de 2009, <https://www.nytimes.com/2009/10/04/magazine/04anxiety-t.html>.

12. Robin Marantz-Henig, «Understanding the Anxious Mind».

13. *Ibidem.*

14. Por ejemplo, ver el artículo de Corina U. Greven *et al.*, «Sensory Processing Sensitivity in the Context of Environmental Sensitivity: A Critical Review and Development of Research Agenda», *Neuroscience & Biobehavioral Reviews* 98, marzo de 2019, pp. 287-305, DOI: 10.1016/j.neubiorev.2019.01.009.

15. Aron acuñó el término «persona altamente sensible» y lo presentó al público en su libro, *Highly Sensitive Person: How to Thrive When the World Overwhelms You*, Nueva York, Broadway Books, 1998. [Hay trad. cast.: *El don de la sensibilidad*, Barcelona, Ediciones Obelisco, 2020].

16. Robin Marantz-Henig, «Understanding the Anxious Mind».

17. Por ejemplo, en adultos se puede consultar el estudio de Francesca Lionetti *et al.*, «Dandelions, Tulips and Orchids: Evidence for the Existence of Low-Sensitive, Medium-Sensitive and High-Sensitive Individuals», *Translational Psychiatry* 8, n.º 24, 2018, DOI: 10.1038/s41398-017-0090-6. En niños, se puede consultar el estudio de Pluess *et al.*, «Environmental Sensitivity in Children: Development of the Highly Sensitive Child Scale and Identification of Sensitivity Groups», *Developmental Psychology* 54, n.º 1, 2018, pp. 51-70, doi: DOI: 10.1037/dev0000406. Y para una revisión general de una gran cantidad de estudios, ver el ensayo de Michael Pluess *et al.*, «People Differ in Their Sensitivity to the Environment: An Integrated Theory and Empirical Evidence», 2020, DOI: 10.31234/osf.io/w53yc.

18. *Highly Sensitive Person: How to Thrive When the World Overwhelms You*, Nueva York, Broadway Books, 1998. [Hay trad. cast.: *El don de la sensibilidad*, Barcelona, Ediciones Obelisco, 2020].

19. Emily Deans, «On the Evolution of the Serotonin Transporter Gene», *Psychology Today*, 4 de septiembre de 2017, <https://www.psychologytoday.com/us/blog/evolutionary-psychiatry/201709/the-evolution-the-serotonin-transporter-gene>.

20. Stephen J. Suomi, «Early Determinants of Behaviour: Evidence from Primate Studies», *British Medical Bulletin* 53, n.º 1, 1997, pp. 170-184, DOI: 10.1093/oxfordjournals.bmb.a011598; y Stephen J. Suomi, «Up-Tight and Laid-Back Monkeys: Individual Differences in the Response to Social Challenges», en *Plasticity of Development*, editado por S. Brauth, W. Hall y R. Dooling. Cambridge, MA, MIT, 1991, pp. 27-56.

21. Jonathan P. Roiser *et al.*, «The Effect of Polymorphism at the Serotonin Transporter Gene on Decision-Making, Memory and Executive Function in Ecstasy Users and Controls», *Psychopharmacology* 188, n.º 2, 2006, pp. 213–227, DOI: 10.1007/s00213-006-0495-z.

22. Max Wolf, G. Sander van Doorn y Franz J. Weissin, «Evolutionary Emergence of Responsive and Unresponsive Personalities»,

Proceedings of the National Academy of Sciences 105, n.° 41, 2008, pp. 15825-15830, DOI: 10.1073/pnas.0805473105.

23. Ted, Zeff y Elaine Aron, *The Power of Sensitivity: Success Stories by Highly Sensitive People Thriving in a Non-Sensitive World*, San Ramon, CA, Prana Publishing, 2015.

24. *Ibidem*.

25. *Ibidem*.

26. *Ibidem*.

27. *Ibidem*.

28. Jadzia Jagiellowicz *et al.*, «The Trait of Sensory Processing Sensitivity and Neural Responses to Changes in Visual Scenes», *Social Cognitive and Affective Neuroscience* 6, n.° 1, 2011, pp. 38-47, DOI: 10.1093/scan/nsq001.

29. *Ibidem*.

30. Bianca Acevedo *et al.*, «Sensory Processing Sensitivity Predicts Individual Differences in Resting-State Functional Connectivity Associated with Depth of Processing», *Neuropsychobiology* 80, 2021, pp. 185-200, DOI: 10.1159/000513527.

31. Universidad de California, Santa Barbara, «The Sensitive Brain at Rest: Research Uncovers Patterns in the Resting Brains of Highly Sensitive People», *ScienceDaily*, 4 de mayo de 2021, <https://www.sciencedaily.com/releases/2021/05/210504135725.htm>.

32. *Ibidem*.

33. Correspondencia electrónica de Linda Silverman con autores, 7 de enero de 2022.

34. Scott Barry Kauffman, «After the Show: The Many Faces of the Creative Performer», *Scientific American*, 10 de junio de 2013, <https://blogs.scientificamerican.com/beautiful-minds/after-the-show-the-many-faces-of-the-creative-performer>.

35. Elaine Aron, «Time Magazine: "The Power of (Shyness)" and High Sensitivity», *Psychology Today*, 2 de febrero de 2012, <https://www.psychologytoday.com/us/blog/attending-the-undervalued-self/201202/time-magazine-the-power-shyness-and-high-sensitivity>.

36. *Ibidem.*

37. Elaine Aron, «HSPs and Trauma», The Highly Sensitive Person, 28 de noviembre de 2007, <https://hsperson.com/hsps-and-trauma>.

38. Bianca Acevedo *et al.*, «Functional Highly Sensitive Brain».

39. Fábio Augusto Cunha, «The Challenges of Being a Highly Sensitive Man», Highly Sensitive Refuge, 12 de mayo de 2021, <https://highlysensitiverefuge.com/the-challenges-of-being-a-highly-sensitive-man>.

40. Nell Scovell, «For Any Woman Who's Ever Been Told She's Too "Emotional" at Work...», Oprah.com, s.f., <https://www.oprah.com/inspiration/for-any-woman-whos-ever-been-told-shes-too-emotional-at-work>.

41. Nell Scovell, «For Any Woman».

42. Michael Parise, «Being Highly Sensitive and Gay», LGBT Relationship Network, s.f., <https://lgbtrelationshipnetwork.org/highly-sensitive-gay>.

43. Kara Mankel, «Does Being a "Superwoman" Protect African American Women's Health?», *Berkeley News,* 30 de septiembre de 2019, <https://news.berkeley.edu/2019/09/30/does-being-a-superwoman-protect-african-american-womens-health>.

44. Raneisha Price, «Here's What No One Told Me About Being a Highly Sensitive Black Woman», Highly Sensitive Refuge, 16 de octubre de 2020, <https://highlysensitiverefuge.com/highly-sensitive-black-woman>.

45. Georg Simmel, *Sociology of Georg Simmel.*

2. EL EFECTO IMPULSOR DE LA SENSIBILIDAD

1. Richard Ford, «Richard Ford Reviews Bruce Springsteen's Memoir», *New York Times,* 22 de septiembre de 2016, <https://www.nytimes.com/2016/09/25/books/review/bruce-springsteen-born-to-run-richard-ford.html>.

2. Bruce Springsteen, «Bruce Springsteen: On Jersey, Masculinity and Wishing to Be His Stage Persona», entrevista de Terry Gross, *Fresh Air*, NPR, 5 de octubre de 2016, <https://www.npr.org/2016/10/05/496639696/bruce-springsteen-on-jersey-masculinity-and-wishing-to-be-his-stage-persona>.

3. Bruce Springsteen, *Born to Run*, Nueva York, Simon & Schuster, 2017. [Hay trad. cast.: *Born to run*, Barcelona, Random House, 2016].

4. Joan Y. Chiao y Katherine D. Blizinsky, «Culture-Gene Coevolution of Individualism-Collectivism and the Serotonin Transporter Gene», *Proceedings Biological Sciences 277*, n.° 1681, 2010, pp. 529-537, DOI: 10.1098/rspb.2009.1650.

5. *Ibidem*.

6. Dean G. Kilpatrick *et al.*, «The Serotonin Transporter Genotype and Social Support and Moderation of Posttraumatic Stress Disorder and Depression in Hurricane-Exposed Adults», *American Journal of Psychiatry 164*, n.° 11, 2007, pp. 1693-1699, DOI: 10.1176/appi.ajp.2007.06122007.

7. David Dobbs, «The Depression Map: Genes, Culture, Serotonin, and a Side of Pathogens», *Wired*, 14 de septiembre de 2010, <https://www.wired.com/2010/09/the-depression-map-genes-culture-serotonin-and-a-side-of-pathogens>.

8. Baldwin M. Way y Matthew D. Lieberman, «Is There a Genetic Contribution to Cultural Differences? Collectivism, Individualism and Genetic Markers of Social Sensitivity», *Social Cognitive and Affective Neuroscience 2-3*, 2010, pp. 203-211, DOI: 10.1093/scan/nsq059.

9. Belsky, J.; Jonassaint, C.; Pluess, Michael; Stanton, M.; Brummett, B.; y Williams, R. «Vulnerability Genes or Plasticity Genes?», *Molecular Psychiatry 14*, n.° 8, 2009, pp. 746-754, DOI: 10.1038/mp.2009.44.

10. *Ibidem*.

11. Hanne Listou Grimen y Åge Diseth, «Sensory Processing Sensitivity: Factors of the Highly Sensitive Person Scale and Their Re-

lationships to Personality and Subjective Health Complaints», *Comprehensive Psychology*, 2016, DOI: 10.1177/2165222816660077. Michael Pluess, entrevista con autores a través de Zoom, 23 de noviembre de 2021. Y Kathy A. Smolewska, Scott B. McCabe y Erik Z. Woody, «A Psychometric Evaluation of the Highly Sensitive Person Scale: The Components of Sensory-Processing Sensitivity and Their Relation to the BIS/BAS and "Big Five"», *Personality and Individual Differences*, 2006, DOI: 10.1016/j.paid.2005.09.022.

12. Corina U. Greven y Judith R. Hornberg, «Sensory Processing Sensitivity: For Better or Worse? Theory, Evidence, and Societal Implications», capítulo 3 de *The Highly Sensitive Brain: Research, Assessment, and Treatment of Sensory Processing Sensitivity*, ed. por Bianca Acevedo, San Diego, Academic Press, 2020.

13. Annie Murphy Paul, «How Did 9/11 and the Holocaust Affect Pregnant Women and Their Children?», *Discover Magazine*, 14 de octubre de 2010, <https://www.discovermagazine.com/health/how-did-9-11-and-the-holocaust-affect-pregnant-women-and-their-children>.

14. Annie Murphy Paul, *Origins: How the Nine Months Before Birth Shape the Rest of Our Lives*, Nueva York, Free Press, 2011.

15. Danielle Braff, «Moms Who Were Pregnant During 9/11 Share Their Stories», *Chicago Tribune*, 7 de septiembre de 2016, <https://www.chicagotribune.com/lifestyles/sc-911-moms-family-0906-20160911-story.html>.

16. Rachel Yehuda *et al.*, «Transgenerational Effects of Posttraumatic Stress Disorder in Babies of Mothers Exposed to the World Trade Center Attacks During Pregnancy», *Journal of Clinical Endocrinology & Metabolism* 90, n.º 7, 2005, pp. 4115-4118, DOI: 10.1210/jc.2005-0550.

17. *Ibidem.*

18. Rachel Yehuda *et al.*, «Transgenerational Effects», <https://www.ncbi.nlm.nih.gov/pmc/articles/PMC2612639/>.

19. Centers for Disease Control and Prevention, «What Is Epi-

genetics?», U.S. Department of Health & Human Services, 3 de agosto de 2020, <https://www.cdc.gov/genomics/disease/epigenetics.
htm>.

20. Sarah Hartman *et al.*, «Prenatal Stress as a Risk and an Op-
portunity-Factor», *Psychological Science 29*, n.º 4, 2018, pp. 572-580,
DOI: 10.1177/0956797617739983.

21. Elham Assary *et al.*, «Genetic Architecture of Environmental
Sensitivity Reflects Multiple Heritable Components: A Twin Study
with Adolescents», *Molecular Psychiatry 26*, 2021, pp. 4896-4904,
DOI: 10.1038/s41380-020-0783-8.

22. Michael Pluess, entrevista.

23. Zhi Li *et al.*, «Sensory Processing Sensitivity Behavior Moderates the Association Between Environmental Harshness, Unpredicta-
bility, and Child Socioemotional Functioning», *Development and
Psychopathology*, 2022, pp. 1-14, DOI: 10.1017/S0954579421001188.

24. Michael Pluess, entrevista.

25. *Ibidem.*

26. Michael Pluess e Ilona Boniwell, «Sensory-Processing Sensitivity Predicts Treatment Response to a School-Based Depression Prevention Program: Evidence of Vantage Sensitivity», *Personality and Individual Differences 82*, 2015, pp. 40-45, DOI: 10.1016/j.paid.2015.03.011.

27. Michael Pluess *et al.*, «Genetic Sensitivity Predicts Long-
Term Psychological Benefits of a Relationship Education Program for
Married Couples», *Journal of Consulting and Clinical Psychology 90*,
n.º 2, 2022, pp. 195-207, DOI: 10.1037/ccp0000715.

28. Kochanska, Grazyna; Aksan, Nazan; y Joy, Mary E. «Children's
Fearfulness as a Moderator of Parenting in Early Socialization: Two
Longitudinal Studies», *Developmental Psychology 43*, n.º 1, 2007,
pp. 222-237, DOI: 10.1037/0012-1649.43.1.222.

29. Paul G. Ramchandani, Marinus van IJzendoorn y Marian J.
Bakermans-Kranenburg, «Differential Susceptibility to Fathers' Care
and Involvement: The Moderating Effect of Infant Reactivity», *Family
Science 1*, n.º 2, 2010, pp. 93-101, DOI: 10.1080/19424621003599835.

30. Bruce Springsteen, *Born to Run*, Nueva York, Simon & Schuster, 2017. [Hay trad. cast.: *Born to run*, Barcelona, Random House, 2016].

31. «World's Highest-Paid Musicians 2014», *Forbes*, 10 de diciembre de 2014, <https://www.forbes.com/pictures/eeel45fdddi/5-bruce-springsteen-81-million/?sh=1f66bd816d71>.

32. Bruce Springsteen, *Born to Run*, Nueva York, Simon & Schuster, 2017. [Hay trad. cast.: *Born to run*, Barcelona, Random House, 2016].

33. *Ibidem.*

34. Michael Hainey, «Beneath the Surface of Bruce Springsteen», *Esquire*, 27 de noviembre de 2018, <https://www.esquire.com/entertainment/a25133821/bruce-springsteen-interview-netflix-broadway-2018>.

3. LOS CINCO DONES DE LA SENSIBILIDAD

1. «Being with Jane Goodall», *The Secret life of Sciencist and Engineers*, temporada 2015, episodio 1, 12 de enero de 2015, PBS, <https://www.pbs.org/video/secret-life-scientists-being-jane-goodall>.

2. Allen Gardner y Beatriz Gardner, los primeros científicos que le han enseñado la lengua de signos a un gorila, se basaron parcialmente en el trabajo de Jane Goodall. Ver: Roger Fouts y Erin McKenna, «Chimpanzees and Sign Language: Darwinian Realities Versus Cartesian Delusions», *Pluralist* 6, n.º 3, 2011, p. 19, DOI: 10.5406/pluralist.6.3.0019.

3. Maria Popova, «How a Dream Came True: Young Jane Goodall's Exuberant Letters and Diary Entries from Africa», *Marginalian*, 14 de julio de 2015, <https://www.themarginalian.org/2015/07/14/jane-goodall-africa-in-my-blood-letters>.

4. «Being with Jane Goodall», *The Secret life of Sciencist and En-

gineers, temporada 2015, episodio 1, 12 de enero de 2015, PBS, <https://www.pbs.org/video/secret-life-scientists-being-jane-goo-dall>.

5. *Ibidem.*

6. Frans de Waal, «Sex, Empathy, Jealousy: How Emotions and Behavior of Other Primates Mirror Our Own», entrevista de Terry Gross, *Fresh Air*, NPR, 19 de marzo de 2019, <https://www.npr.org/transcripts/704763681>.

7. Karsten Stueber, «Empathy», en *The Stanford Encyclopedia of Philosophy*, ed. Edward N. Zalta, revisado el 27 de junio de 2019, <https://plato.stanford.edu/archives/fall2019/entries/empathy/>; y Gustav Jahoda, «Theodor Lipps and the Shift from "Sympathy" to 'Empathy?'», *Journal of the History of the Behavioral Sciences* 41, n.° 2, 2005, pp. 151-163, DOI: 10.1002/jhbs.20080.

8. Bianca Acevedo *et al.*, «Sensory Processing Sensitivity Predicts Individual Differences in Resting-State Functional Connectivity Associated with Depth of Processing», *Neuropsychobiology* 80, 2021, pp. 185-200, DOI: 10.1159/000513527.

9. «Being with Jane Goodall», *The Secret life of Sciencist and Engineers*, temporada 2015, episodio 1, 12 de enero de 2015, PBS, <https://www.pbs.org/video/secret-life-scientists-being-jane-goo dall>.

10. Helen Riess, «The Science of Empathy», *Journal of Patient Experience* 4, n.° 2, 2017, pp. 74-77, DOI: 10.1177/2374373517699267; y Varun Warrier *et al.*, «Genome-Wide Analyses of Self-Reported Empathy: Correlations with Autism, Schizophrenia, and Anorexia Nervosa», *Translational Psychiatry* 8, n.° 35, 2018, DOI: 10.1038/s41398-017-0082-6.

11. Helen Riess, «Science of Empathy»; F. Diane Barth, «Can Empathy Be Taught?», *Psychology Today*, 18 de octubre de 2018, <https://www.psychologytoday.com/us/blog/the-couch/201810/can-empathy-be-taught>; y Vivian Manning-Schaffel, «What Is Empathy and How Do You Cultivate It?», *NBC News*, 29 de mayo de 2018,

<https://www.nbcnews.com/better/pop-culture/can-empathy-be-taught-ncna878211>.

12. Marsh, Abigail, «Abigail Marsh: Are We Wired to Be Altruistic?», entrevista de Guy Raz, *TED Radio Hour*, NPR, 26 de mayo de 2017, <https://www.npr.org/transcripts/529957471>; y Abigail Marsh, «Why Some People Are More Altruistic Than Others», vídeo, TED-Summit, junio de 2016, <https://www.ted.com/talks/abigail_marsh_why_some_people_are_more_altruistic_than_others?language=en>.

13. Kristen Milstead, «New Research May Support the Existence of Empaths», *PsychCentral*, 30 de julio de 2018, <https://psychcentral.com/blog/new-research-may-support-the-existence-of-em paths#1>.

14. Abigail Marsh, «Abigail Marsh: Are We Wired to Be Altruistic?», entrevista de Guy Raz, *TED Radio Hour*, NPR, 26 de mayo de 2017, <https://www.npr.org/transcripts/529957471>; y Abigail Marsh, «Why Some People Are More Altruistic Than Others», vídeo, TED-Summit, junio de 2016, <https://www.ted.com/talks/abigail_marsh_why_some_people_are_more_altruistic_than_others?language=en>.

15. Simon Baron-Cohen, *The Science of Evil: On Empathy and the Origins of Cruelty*, Nueva York, Basic Books, 2012, cap. 3. [Hay trad. cast.: *Empatía cero: nueva teoría de la crueldad*, Madrid, Alianza Editorial, 2012].

16. Tori DeAngelis, «A Broader View of Psychopathy: New Findings Show That People with Psychopathy Have Varying Degrees and Types of the Condition», *American Psychological Association* 53, n.º 2, 2022, p. 46, <https://www.apa.org/monitor/2022/03/ce-corner-psycho pathy>.

17. Kent A. Kiehl y Morris B. Hoffman, «The Criminal Psychopath: History, Neuroscience, Treatment, and Economics», *Jurimetrics* 51, 2011, pp. 355-97; y Wynne Parry, «How to Spot Psychopaths: Speech Patterns Give Them Away», *Live Science*, 20 de octubre de 2011, <https://www.livescience.com/16585-psychopaths-speech-lan guage.html>.

18. Paul R. Ehrlich y Robert E. Ornstein, *Humanity on a Tightrope: Thoughts on Empathy, Family and Big Changes for a Viable Future*, Lanham, Maryland, Rowman & Littlefield, 2010.

19. Claire Cain Miller, «How to Be More Empathetic», *New York Times*, sin fecha, <https://www.nytimes.com/guides/year-of-living-better/how-to-be-more-empathetic>.

20. Adam Smith, *The Theory of Moral Sentiments,* edición de D. D. Raphael y A. L. Macfie, Indianapolis, Liberty Fund, 1982, parte I, sección I, capítulos III-V, <https://www.econlib.org/library/Smith/smMS.html?chapter_num = 2 #book-reader>; y Stueber, «Empathy».

21. David Hume, *A Treatise of Human Nature*, Oxford, Oxford University Press, 1978, p. 365. [Hay trad. cast: *Tratado de la naturaleza humana*, Valladolid, Maxtor Editorial, 2019].

22. Daniel B. Klein, «Dissing the Theory of Moral Sentiments: Twenty-Six Critics, from 1765 to 1949», *Econ Journal Watch* 15, n.° 2, 2018, pp. 201-254, <https://econjwatch.org/articles/dissing-the-theory-of-moral-sentiments-twenty-six-critics-from-1765-to-1949>.

23. Lynne L. Kiesling, «Mirror Neuron Research and Adam Smith's Concept of Sympathy: Three Points of Correspondence», *Review of Austrian Economics*, 2012, DOI: 10.2139/ssrn.1687343.

24. Lynne L. Kiesling, «Mirror Neuron Research»; y Antonella Corradini y Alessandro Antonietti, «Mirror Neurons and Their Function in Cognitively Understood Empathy», *Consciousness and Cognition 22*, n.° 3, 2013, pp. 1152-61, DOI: 10.1016/j.concog.2013.03.003.

25. Valeria Gazzola, Lisa Aziz-Zadeh y Christian Keysers, «Empathy and the Somatotopic Auditory Mirror System in Humans», *Current Biology* 16, n.° 18, 2006, pp. 1824-1829, DOI: 10.1016/j.cub.2006.07.072. Y Mbema Jabbi, Marte Swart y Christian Keysers, «Empathy for Positive and Negative Emotions in the Gustatory Cortex», *NeuroImage* 34, n.° 4, 2007, pp. 1744-1753, DOI: 10.1016/j.neuroimage.2006.10.032.

26. Bianca Acevedo *et al.*, «The Highly Sensitive Brain: An fMRI Study of Sensory Processing Sensitivity and Response to Others' Emo-

tions», *Brain and Behavior* 4, n.° 4, 2014, pp. 580-594, DOI: 10.1002/brb3.242.

27. Antonella Corradini y Alessandro Antonietti, «Mirror Neurons and Their Function in Cognitively Understood Empathy», *Consciousness and Cognition* 22, n.° 3, 2013, pp. 1152-1161, DOI: 10.1016/j.concog.2013.03.003.

28. Paula M. Niedenthal *et al.*, «Embodiment in Attitudes, Social Perception, and Emotion», *Personality and Social Psychology Review* 9, n.° 3, 2005, pp. 184-211, DOI: 10.1207/s15327957pspr0903_1.

29. Abigail Marsh, «Neural, Cognitive, and Evolutionary Foundations of Human Altruism», *Wiley Interdisciplinary Reviews: Cognitive Science* 7, n.° 1, 2015, pp. 59-71, DOI: 10.1002/wcs.1377. Y Abigail Marsh, «Why Some People Are More Altruistic Than Others», vídeo, TED Summit, junio de 2016, <https://www.ted.com/talks/abigail_marsh_why_some_people_are_more_altruistic_than_others?language=en>.

30. Ver, por ejemplo, Patricia L. Lockwood, Ana Seara-Cardoso y Essi Viding, «Emotion Regulation Moderates the Association Between Empathy and Prosocial Behavior», *PLoS ONE* 9, n.° 5, 2014, p.e96555, DOI: 10.1371/journal.pone.0096555; Jean Decety y William Ickes, «Empathy, Morality, and Social Convention», en *The Social Neuroscience of Empathy*, editado por Jean Decety y William Ickes, Cambridge, MA, MIT Press, 2009; Simon Baron-Cohen, *The Science of Evil: On Empathy and the Origins of Cruelty*, Nueva York, Basic Books, 2012. [Hay trad. cast.: *Empatía cero: nueva teoría de la crueldad*, Madrid, Alianza Editorial, 2012]; y Leigh Hopper, «Mirror Neuron Activity Predicts People's Decision-Making in Moral Dilemmas, UCLA Study Finds», Universidad de California, Los Ángeles, 4 de enero de 2018, <https://newsroom.ucla.edu/releases/mirror-neurons-in-brain-nature-of-morality-iacoboni>.

31. Arie Kohen, Matt Langdon y Brian R. Riches, «The Making of a Hero: Cultivating Empathy, Altruism, and Heroic Imagination», *Journal of Humanistic Psychology* 59, n.° 4 (2017): 617-33, DOI: 10.1177/0022167817708064.

32. Lucio Russo, *The Forgotten Revolution: How Science Was Born in 300 BC and Why It Had to Be Reborn*, Nueva York, Springer, 2004.

33. Simon Baron-Cohen, *The Science of Evil: On Empathy and the Origins of Cruelty*, Nueva York, Basic Books, 2012, p. 194. [Hay trad. cast.: *Empatía cero: nueva teoría de la crueldad*, Madrid, Alianza Editorial, 2012].

34. Nina V. Volf *et al.*, «Association of Verbal and Figural Creative Achievement with Polymorphism in the Human Serotonin Transporter Gene», *Neuroscience Letters* 463, n.º 2, 2009, pp. 154-57, DOI: 10.1016/j.neulet.2009.07.070.

35. Maria Popova, «The Role of "Ripeness" in Creativity and Discovery: Arthur Koestler's Seminal 1964 Theory of the Creative Process», *Marginalian*, 8 de agosto de 2012, <https://www.themargina lian.org/2012/08/08/koestler-the-act-of-creation/>; Popova, Maria. «How Creativity in Humor, Art, and Science Works: Arthur Koestler's Theory of Bisociation», *Marginalian*, 20 de mayo de 2013, <https://www.themarginalian.org/2013/05/20/arthur-koestler-creativity-biso ciation/>; y Brian Birdsell, «Creative Cognition: Conceptual Blending and Expansion in a Generative Exemplar Task», *IAFOR Journal of Psychology & the Behavioral Sciences* 5, SI, 2019, pp. 43-62, DOI: 10.22492/ijpbs.5.si.03.

36. Carl Sagan, *Carl Sagan's Cosmic Connection: An Extraterrestrial Perspective*, Cambridge, Cambridge University Press, 2000, p. 190. [Hay trad. cast.: *La conexión cósmica*, Barcelona, Orbis, 1986].

37. Artículo de Wikipedia, «Arthur Koestler», actualizado el 21 de junio de 2020, <https://en.wikipedia.org/wiki/Arthur_Koestler>.

38. Kawter, «Heroic Wife Brings Husband back to Life One Hour after His "Death"», *Goalcast*, 5 de agosto de 2020, <https://www.goalcast.com/wife-brings-husband-back-to-life-one-hour-after-his-death>.

39. National Research Council, *Tactical Display for Soldiers: Human Factors Considerations*, Washington, DC, National Academies Press, 1997.

40. Mica R. Endsley, «Situation Awareness and Human Error:

Designing to Support Human Performance», artículo presentado en la conferencia «Proceedings of the High Consequence Systems Surety», Albuquerque, NM, 1999, <https://www.researchgate.net/public ation/252848339_Situation_Awareness_and_Human_Error_Desig ning_to_Support_Human_Performance>.

41. Maggie Kirkwood, «Designing for Situation Awareness in the Main Control Room of a Small Modular Reactor», *Proceedings of the Human Factors and Ergonomics Society Annual Meeting* 63, n.º 1, 2019, pp. 2185-2189, DOI: 10.1177/1071181319631154.

42. Thomas F. Sanquist, Brooke R. Brisbois y M. P. Baucum, «Attention and Situational Awareness in First Responder Operations Guidance for the Design and Use of Wearable and Mobile Technologies», informe preparado por el Departamento de Energía de Estados Unidos, Richland, WA, 2016.

43. Mica R. Endsley, «Situation Awareness and Human Error: Designing to Support Human Performance», artículo presentado en la conferencia «Proceedings of the High Consequence Systems Surety», Albuquerque, NM, 1999, <https://www.researchgate.net/publica tion/252848339_Situation_Awareness_and_Human_Error_Desig ning_to_Support_Human_Performance>.

44. Jeanne M. Farnan, «Situational Awareness and Patient Safety», Patient Safety Network, 1 de abril de 2016, <https://psnet.ahrq. gov/web-mm/situational-awareness-and-patient-safety>.

45. Craig Pulling *et al.*, «Football Coaches' Perceptions of the Introduction, Delivery and Evaluation of Visual Exploratory Activity», *Psychology of Sport and Exercise* 39, 2018, pp. 81-89, DOI: 10.1016/j. psychsport.2018.08.001.

46. Artículo de Wikipedia, «Wayne Gretzky», actualizado el 19 de marzo de 2019, <https://en.wikipedia.org/wiki/Wayne_Gretzky>.

47. *Ibidem.*

48. *Ibidem.*

49. Artículo de Wikipedia, «Tom Brady», actualizado el 25 de febrero de 2019, <https://en.wikipedia.org/wiki/Tom_Brady>.

50. TeaMoe Oliver, «Tom Brady Cried on National Television, and That's Why He's Great», *Bleacher Report*, 12 de abril de 2011, <https://bleacherreport.com/articles/659535-tom-brady-cried-on-national-television-and-thats-why-hes-great>.

51. Hank P. Jedema *et al.*, «Cognitive Impact of Genetic Variation of the Serotonin Transporter in Primates Is Associated with Differences in Brain Morphology Rather Than Serotonin Neurotransmission», *Molecular Psychiatry* 15, n.° 5, 2009, pp. 512-522, DOI: 10.1038/mp.2009.90.

52. Rebecca M. Todd *et al.*, «Neurogenetic Variations in Norepinephrine Availability Enhance Perceptual Vividness», *Journal of Neuroscience* 35, n.° 16, 2015, pp. 6506-6516, DOI: 10.1523/jneurosci.4489-14.2015.

53. Sharon Lind, «Overexcitability and the Gifted». SENG—Supporting Emotional Needs of the Gifted, 14 de septiembre de 2011, <https://www.sengifted.org/post/overexcitability-and-the-gifted>.

54. Sharon Lind, «Overexcitability and the Gifted», SENG—Supporting Emotional Needs of the Gifted, 14 de septiembre de 2011, <https://www.sengifted.org/post/overexcitability-and-the-gifted.>; Douglas R. Gere *et al.*, «Sensory Sensitivities of Gifted Children», *American Journal of Occupational Therapy* 63, n.° 3, 2009, pp. 288-295, DOI: 10.5014/ajot.63.3.288; y Linda Silverman, «What We Have Learned About Gifted Children 1979-2009», informe del Gifted Development Center, 2009, <https://www.gifteddevelopment.org/s/What-We-Have-Learned-2009.pdf>.

55. Jennifer M. Talarico, Kevin S. LaBar y David C. Rubin, «Emotional Intensity Predicts Autobiographical Memory Experience», *Memory & Cognition* 32, n.° 7, 2004, pp. 1118-1132, DOI: 10.3758/bf03196886; y Olga Megalakaki, Ugo Ballenghein y Thierry Baccino, «Effects of Valence and Emotional Intensity on the Comprehension and Memorization of Texts», *Frontiers in Psychology* 10 (2019), DOI: 10.3389/fpsyg.2019.00179.

56. Heather Craig, «The Theories of Emotional Intelligence Ex-

plained», PositivePsychology.com, agosto de 2019, <https://positi vepsychology.com/emotional-intelligence-theories>.

57. John D. Mayer, Richard D. Roberts y Sigal G. Barsade, «Human Abilities: Emotional Intelligence», *Annual Review of Psychology* 59, n.º 1, 2008, pp. 507-536, DOI: 10.1146/annurev.psych.59.103006. 093646.

58. John D. Mayer, Peter Salovey y David R. Caruso, «Emotional Intelligence: New Ability or Eclectic Traits?», *American Psychologist* 63, n.º 6, 2008, pp. 503-517, DOI: 10.1037/0003-066x.63.6.503.

59. Hassan Farrahi *et al.*, «Emotional Intelligence and Its Relationship with General Health Among the Students of University of Guilan, Iran», *Iranian Journal of Psychiatry and Behavioral Sciences* 9, n.º 3, 2015, DOI: 10.17795/ijpbs-1582.

60. Dana L. Joseph *et al.*, «Why Does Self-Reported Emotional Intelligence Predict Job Performance? A Meta-Analytic Investigation of Mixed EI», *Journal of Applied Psychology* 100, n.º 2, 2015, pp. 298-342, DOI: 10.1037/a0037681.

61. Robert Kerr *et al.*, «Emotional Intelligence and Leadership Effectiveness», *Leadership & Organization Development Journal* 27, n.º 4, 2006, pp. 265-279, DOI: 10.1108/01437730610666028.

62. Kelly C. Bass, «Was Dr. Martin Luther King Jr. a Highly Sensitive Person?», Highly Sensitive Refuge, 4 de febrero de 2022, <https://highlysensitiverefuge.com/was-dr-martin-luther-king-jr-a-highly-sensitive-person>.

63. Bruce Springsteen, *Born to Run*, Nueva York, Simon & Schuster, 2017. [Hay trad. cast.: *Born to run: Memorias*, Barcelona, Random House, 2016].

64. *Ibidem.*

65. Bruce Springsteen, «Bruce Springsteen: On Jersey, Masculinity and Wishing to Be His Stage Persona», entrevista de Terry Gross, *Fresh Air*, NPR, 5 de octubre de 2016, <https://www.npr.org/2016/10/05/496639696/bruce-springsteen-on-jersey-masculinity-and-wis hing-to-be-his-stage-persona>.

4. Demasiado ruidoso, demasiado caótico y excesivo

1. Alicia Davies, correspondencia electrónica con los autores, 13 de marzo de 2022.
2. Alicia Davies, «This Is What Overstimulation Feels Like for HSPs», Highly Sensitive Refuge, 14 de octubre de 2019, <https://highlysensitiverefuge.com/what-overstimulation-feels-like>.
3. *Ibidem.*
4. *Ibidem.*
5. *Ibidem.*
6. *Ibidem.*
7. Larissa Geleris, entrevista con los autores a través de Zoom, 28 de junio de 2021.
8. *Ibidem.*
9. *Ibidem.*
10. *Ibidem.*
11. *Ibidem.*
12. *Ibidem.*
13. *Ibidem.*
14. *Ibidem.*
15. Paul Gilbert, entrevista con los autores a través de Zoom, 14 de julio de 2021.
16. David Goleman, *Emotional Intelligence*, Nueva York, Bantam Books, 2005. [Hay trad. cast.: *Inteligencia emocional*, Barcelona, Kairós, 1996].
17. Paul Gilbert, entrevista con los autores a través de Zoom, 14 de julio de 2021.
18. *Ibidem.*
19. Alicia Davies, correspondencia electrónica con los autores, 13 de marzo de 2022.
20. Lama Lodro Zangmo, correspondencia electrónica con los autores, 15 de abril de 2022.
21. *Ibidem.*

22. Tom Falkenstein, Elaine Aron y Ben Fergusson, *The Highly Sensitive Man: Finding Strength in Sensitivity*, Nueva York, Citadel Press, 2019.

23. Larissa Geleris, entrevista con los autores a través de Zoom, 28 de junio de 2021.

24. *Ibidem.*

25. Tom Falkenstein, Elaine Aron y Ben Fergusson, *The Highly Sensitive Man: Finding Strength in* Sensitivity, Nueva York, Citadel Press, 2019.

26. Julie Bjelland, «This Simple Mental Trick Has Helped Thousands of HSPs Stop Emotional Overload», Highly Sensitive Refuge, 12 de diciembre de 2018, <https://highlysensitiverefuge.com/highly-sensitive-people-trick-bypass-emotional-overload>.

27. *Ibidem.*

28. Stephen C. Hayes y Spencer Xavier Smith, *Get Out of Your Mind and Into Your Life: The New Acceptance & Commitment Therapy*, Oakland, CA, New Harbinger Publications, 2005. [Hay trad. cast.: *Sal de tu mente, entra en tu vida: La nueva terapia de aceptación y compromiso*, Bilbao, Desclée de Brouwer, 2013].

29. Steven C. Hayes, «The Shortest Guide to Dealing with Emotions: People Often Avoid Emotions Instead of Confronting Them», *Psychology Today,* 13 de abril de 2021, <https://www.psychologyto day.com/us/blog/get-out-your-mind/202104/the-shortest-guide-dea ling-emotions>.

30. Carolyn Cole, «How to Embrace Your "Play Ethic" as a Highly Sensitive Person», Highly Sensitive Refuge, 14 de junio de 2021, <https://highlysensitiverefuge.com/how-to-embrace-your-play-ethic-as-a-highly-sensitive-person>.

31. *Ibidem.*

32. Larissa Geleris, entrevista con los autores a través de Zoom, 28 de junio de 2021.

5. EL DOLOR DE LA EMPATÍA

1. Rachel Horne, «Sensitive and Burned Out? You Might Be Ready for the Nomad Life», Highly Sensitive Refuge, 19 de octubre de 2020, <https://highlysensitiverefuge.com/ready-for-the-nomad-life>.

2. Rachel Horne, entrevista con los autores a través de Zoom, 11 de junio de 2021.

3. *Ibidem.*

4. Rachel Horne, «As an HSP, the Hermit's Life Is the Best Life for Me», Highly Sensitive Refuge, 26 de julio de 2021, <https://highlysensi tiverefuge.com/as-an-hsp-the-hermits-life-is-the-best-life-for-me>.

5. Qing Yang y Kevin Parker, «Health Matters: Turnover in the Health Care Workforce and Its Effects on Patients», *State Journal-Register*, 14 de marzo de 2022, <https://www.sj-r.com/story/news/healthcare/2022/03/14/turnover-health-care-workforce-and-its-effects-patients/7001765001>.

6. Tanya L. Chartrand y John A. Bargh, «The Chameleon Effect: The Perception-Behavior Link and Social Interaction», *Journal of Personality and Social Psychology* 76, n.º 6, 1999, pp. 893-910, DOI: 10.1037//0022–3514.76.6.893.

7. Gary W. Lewandowski Jr., «Is a Bad Mood Contagious?», *Scientific American Mind* 23, n.º 3, 2012, p. 72, DOI: 10.1038/scienti ficamericanmind0712-72a.

8. Sherry Bourg Carter, «Emotions Are Contagious: Choose Your Company Wisely», *Psychology Today*, 20 de octubre de 2012, <https://www.psychologytoday.com/us/blog/high-octane-women/201210/emotions-are-contagious-choose-your-company-wisely>.

9. Elaine Hatfield, John T. Cacioppo y Richard L. Rapson, *Emotional Contagion*, Cambridge, Cambridge University Press, 2003.

10. Sherry Bourg Carter, «Emotions Are Contagious: Choose Your Company Wisely», *Psychology Today*, 20 de octubre de 2012, <https://www.psychologytoday.com/us/blog/high-octane-women/201210/emotions-are-contagious-choose-your-company-wisely>.

11. *Ibidem.*

12. Elaine Hatfield, John T. Cacioppo y Richard L. Rapson, *Emotional Contagion*, Cambridge, Cambridge University Press, 2003.

13. Kelly McGonigal, «How to Overcome Stress by Seeing Other People's Joy», *Greater Good*, 15 de julio de 2017, <https://greater good.berkeley.edu/article/item/how_to_overcome_stress_by_se eing_other_peoples_joy>.

14. Ronald Siegel, entrevista con los autores a través de Zoom, 3 de junio de 2021.

15. Ronald Siegel, «Overcoming Burnout: Moving from Empathy to Compassion», *Praxis*, 3 de julio de 2019, <https://www.praxiscet.com/posts/overcoming-burnout-moving-from-empathy-to-compassion>.

16. *Ibidem.*

17. Tania Singer y Olga M. Klimecki, «Empathy and Compassion», *Current Biology* 24, n.° 18, 2014, pp. R875-R878, DOI: 10.1016/j.cub.2014.06.054.

18. Denise Lavoie, «Two 9/11 Widows Raise Funds to Help Bereaved Afghan Women», Boston.com, 4 de agosto de 2010, <http://ar chive.boston.com/news/local/massachusetts/articles/2010/08/04/two_911_widows_raise_funds_to_help_bereaved_afghan_women>.

19. Richard Davidson, «Tuesday Tip: Shift from Empathy to Compassion», Healthy Minds Innovations, 8 de diciembre de 2020, <https://hminnovations.org/blog/learn-practice/tuesday-tip-shift-from-empathy-to-compassion>.

20. *Ibidem.*

21. Antoine Lutz *et al.*, «Regulation of the Neural Circuitry of Emotion by Compassion Meditation: Effects of Meditative Expertise», *PLoS ONE* 3, n.° 3, 2008, p. e1897, DOI: 10.1371/journal.pone.0001897.

22. Richard Davidson, Healthy Minds Program app, Healthy Minds Innovations, <https://hminnovations.org/meditation-app>.

23. Healthy Minds Innovations, «Wishing Your Loved Ones Well: Seated Practice», SoundCloud, 2021, <https://soundcloud.com/user-984650879/wishing-your-loved-ones-well-seated-practice>.

24. *Ibidem.*

25. Matthieu Richard, «Interview with Matthieu Ricard», entrevista de Taking Charge of Your Health & Wellbeing, University of Minnesota, 2016, <https://www.takingcharge.csh.umn.edu/inter view-matthieu-ricard>.

26. *Ibidem.*

27. *Ibidem.*

28. Dorian Peters y Rafael Calvo, «Compassion vs. Empathy», *Interactions* 21, n.º 5, 2014, pp. 48-53, DOI: 10.1145/2647087; y Jennifer L. Goetz, Dacher Keltner y Emiliana Simon-Thomas, «Compassion: An Evolutionary Analysis and Empirical Review», *Psychological Bulletin* 136, n.º 3, 2010, pp. 351-374, DOI: 10.1037/a0018807.

29. *Ibidem.*

30. Kelly McGonigal, «How to Overcome Stress by Seeing Other People's Joy», *Greater Good*, 15 de julio de 2017, <https://greater good.berkeley.edu/article/item/how_to_overcome_stress_by_seing_ other_peoples_joy>.

31. Brooke Nielsen, entrevista con los autores por Zoom, 4 de junio de 2021.

32. Rachel Horne, entrevista con los autores a través de Zoom, 11 de junio de 2021.

33. *Ibidem.*

34. *Ibidem.*

35. Rachel Horne, «Sensitive and Burned Out? You Might Be Ready for the Nomad Life», Highly Sensitive Refuge, 19 de octubre de 2020, <https://highlysensitiverefuge.com/ready-for-the-nomad-life>.

6. AMOR DE TODO CORAZÓN

1. Brian R. Johnston y Sarah Johnston, entrevista con los autores a través de Zoom, 12 de agosto de 2021.

2. Brian R. Johnston, «My High Sensitivity Saved My Marriage.

But First, It Almost Ruined It», Highly Sensitve Refuge, 4 de noviembre de 2020, <https://highlysensitiverefuge.com/my-high-sensitivity-saved-my-marriage/>

3. Brian R. Johnston y Sarah Johnston, entrevista con los autores a través de Zoom, 12 de agosto de 2021.

4. *Ibidem.*

5. *Ibidem.*

6. *Ibidem.*

7. *Ibidem.*

8. Elaine Aron, *The Highly Sensitive Person in Love: Understanding and Managing Relationships When the World Overwhelms You*, Nueva York, Harmony Books, 2016.

9. *Ibidem.*

10. *Ibidem.*

11. Daniel A. Cox, «The State of American Friendship: Change, Challenges, and Loss», encuesta del Survey Center sobre el modo de vida estadounidense, 8 de junio de 2021, <https://www.americansurveycenter.org/research/the-state-of-american-friendship-change-challenges-and-loss>.

12. Julianne Holt-Lunstad, Timothy B. Smith y J. Bradley Layton, «Social Relationships and Mortality Risk: A Meta-Analytic Review», *PLoS Medicine* 7, n.º 7, 2010, DOI: 10.1371/journal.pmed.1000316.

13. Office of Public Affairs, «Seven Reasons Why Loving Relationships Are Good for You», Universidad de Utah, 14 de febrero de 2017. <https://healthcare.utah.edu/healthfeed/postings/2017/02/relationships.php>.

14. Johnny Wood, «Why Workplace Friendships Can Make You Happier and More Productive», Foro Económico Mundial, 22 de noviembre de 2019, <https://www.weforum.org/agenda/2019/11/friends-relationships-work-productivity-career/>.

15. «The Health Benefits of Strong Relationships», Harvard Health Publishing, 22 de noviembre de 2010, <https://www.health.harvard.edu/staying-healthy/the-health-benefits-of-strong-relationships>.

16. Margaret S. Clark *et al.*, «Heightened Interpersonal Security Diminishes the Monetary Value of Possessions». *Journal of Experimental Social Psychology* 47, n.º 2, 2011, pp. 359-364, DOI: 10.1016/j. jesp.2010.08.001.

17. «War and Peace and Cows», presentado por Noel King y Gregory Warner, *Planet Money*, NPR, 15 de noviembre de 2017, <https:// www.npr.org/transcripts/563787988>.

18. Eli J. Finkel, *The All-or-Nothing Marriage: How the Best Marriages Work*, Nueva York, Dutton, 2017; y Eli J. Finkel, «The All-or-Nothing Marriage», *New York Times*, 14 de febrero de 2014, <https:// www.nytimes.com/2014/02/15/opinion/sunday/the-all-or-nothing-marriage.html>.

19. *Entre copas*, dirigida por Alexander Payne. Fox Searchlight Pictures, 2004, DVD.

20. John Gottman, *The Marriage Clinic: A Scientifically-Based Marital Therapy*, Nueva York, Norton, 1999; y B. J. Atkinson, *Emotional Intelligence in Couples Therapy: Advances in Neurobiology and the Science of Intimate Relationships*, Nueva York, Norton, 2005.

21. John Gottman, *The Marriage Clinic: A Scientifically-Based Marital Therapy*, Nueva York, Norton, 1999; y B. J. Atkinson, *Emotional Intelligence in Couples Therapy: Advances in Neurobiology and the Science of Intimate Relationships*, Nueva York, Norton, 2005.

22. April Snow, correspondencia a través de correo electrónico con los autores, 1 de septiembre de 2021.

23. *Ibidem.*

24. *Ibidem.*

25. William A. Eddy, *It's All Your Fault!: 12 Tips for Managing People Who Blame Others for Everything*, San Diego, High Conflict Institute Press, 2008.

26. Lisa Firestone, «4 Ways to Say (and Get) What You Want in Your Relationship», *Psychology Today*, 11 de diciembre de 2015, <https://www.psychologytoday.com/us/blog/compassion-matters/ 201512/4-ways-say-and-get-what-you-want-in-your-relationship>.

27. *Ibidem.*

28. *Ibidem.*

29. Brené Brown, *Daring Greatly: How the Courage to Be Vulnerable Transforms the Way We Live, Love, Parent, and Lead*, Nueva York, Gotham Books, 2012. [Hay trad. cast: *El poder de ser vulnerable. ¿Qué te atreverías a hacer si el miedo no te paralizara?*, Barcelona, Urano, 2016].

30. Robert Glover, *No More Mr. Nice Guy: A Proven Plan for Getting What You Want in Love, Sex, and Life*, Filadelfia, Running Press, 2017.

31. Seth Godin y Hugh MacLeod, *V Is for Vulnerable: Life Outside the Comfort Zone*, Nueva York, Penguin, 2012. [Hay trad. cast.: *V de Vulnerable: La vida fuera de la zona de confort*, Madrid, Gestión 2000, 2013].

32. Deborah Ward, «The HSP Relationship Dilemma: Are You Too Sensitive or Are You Neglecting Yourself?», *Psychology Today*, 2 de febrero de 2018, <https://www.psychologytoday.com/us/blog/sense-and-sensitivity/201802/the-hsp-relationship-dilemma>.

33. Sharon Martin, «How to Set Boundaries with Toxic People», Live Well with Sharon Martin, 14 de diciembre de 2017, <https://www.livewellwithsharonmartin.com/set-boundaries-toxic-people>.

34. Sharon Martin, correspondencia a través de correo electrónico con los autores, 3 de abril de 2022.

35. Sharon Martin, «How to Set Boundaries with Toxic People», Live Well with Sharon Martin.

36. Sharon Martin, correspondencia a través de correo electrónico con los autores.

37. Brian R. Johnston y Sarah Johnston, entrevista con los autores a través de Zoom.

38. *Ibidem.*

39. *Ibidem.*

7. EDUCAR A UNA GENERACIÓN SENSIBLE

1. Elaine Aron, «For Highly Sensitive Teenagers», parte 1, «Feeling Different», The Highly Sensitive Person, 28 de febrero de 2008, <https://hsperson.com/for-highly-sensitive-teenagers-feeling-different>.

2. Bianca Acevedo, *The Highly Sensitive Brain: Research, Assessment, and Treatment of Sensory Processing Sensitivity*, San Diego, Academic Press, 2020.

3. Barak Morgan *et al.*, «Serotonin Transporter Gene (*SLC6A4*) Polymorphism and Susceptibility to a Home-Visiting Maternal-Infant Attachment Intervention Delivered by Community Health Workers in South Africa: Reanalysis of a Randomized Controlled Trial», *PLOS Medicine* 14, n.º 2, 2017, e1002237, DOI: 10.1371/journal.pmed.1002237.

4. Michael Pluess *et al.*, «Individual Differences in Sensitivity to the Early Environment as a Function of Amygdala and Hippocampus Volumes: An Exploratory Analysis in 12-Year-Old Boys», *Development and Psychopathology*, 2020, pp. 1-10, DOI: 10.1017/S0954579420001698.

5. Brandi Stupica, Laura J. Sherman y Jude Cassidy, «Newborn Irritability Moderates the Association Between Infant Attachment Security and Toddler Exploration and Sociability», *Child Development* 82, n.º 5, 2011, pp. 1381-1389, DOI: 10.1111/j.1467-8624.2011.01638.x.

6. W. Thomas Boyce, *The Orchid and the Dandelion: Why Some Children Struggle and How All Can Thrive*, Nueva York, Alfred A. Knopf, 2019.

7. Maureen Gaspari, «Discipline Strategies for the Sensitive Child», The Highly Sensitive Child, 28 de agosto de 2018, <https://www.thehighlysensitivechild.com/discipline-strategies-for-the-sensitive-child>.

8. Monika Baryła-Matejczuk *et al.*, «The Highly Sensitive Child as a Challenge for Education: Introduction to the Concept», *Problemy*

Wczesnej Edukacji 48, n.° 1, 2020, pp. 51-62, DOI: 10.26881/pwe.
2020.48.05.

9. Amanda van Mulligen, «Why Gentle Discipline Works Best
with the Highly Sensitive Child», Highly Sensitive Refuge, 27 de marzo de 2019, <https://highlysensitiverefuge.com/highly-sensitive-
child-gentle-discipline>.

10. Monika Baryła-Matejczuk *et al.*, «The Highly Sensitive Child
as a Challenge for Education: Introduction to the Concept», *Problemy
Wczesnej Edukacji* 48, n.° 1, 2020.

11. Maureen Gaspari, «Discipline Strategies for the Sensitive
Child», The Highly Sensitive Child, 28 de agosto de 2018, <https://
www.thehighlysensitivechild.com/discipline-strategies-for-the-sensi
tive-child>.

12. Kimberley Brindle *et al.*, «Is the Relationship Between Sensory-Processing Sensitivity and Negative Affect Mediated by Emotional Regulation?», *Australian Journal of Psychology* 67, n.° 4, 2015,
pp. 214-221, DOI: 10.1111/ajpy.12084.

13. John Gottman, Lynn Fainsilber Katz y Carole Hooven, *Meta-
Emotion: How Families Communicate Emotionally*, Nueva York,
Routledge, 2013.

14. Gregory S. Young, «Emotional Expression Management and
Social Acceptance in Childhood», póster presentado en la Society for
Research in Child Development, Tampa (Florida), abril de 2003.

15. Susan Adams *et al.*, «Gender Differences in Parent-Child
Conversations About Past Emotions: A Longitudinal Investigation»,
Sex Roles 33, 1995, pp. 309-323, <https://link.springer.com/article/
10.1007/BF01954572>.

16. Robyn Fivush, «Exploring Sex Differences in the Emotional
Context of Mother-Child Conversations About the Past», *Sex Roles*
20, 1989, pp. 675-691, <https://link.springer.com/article/10.1007/
BF00288079>.

17. Susanne A. Denham, Susan Renwick-DeBardi y Susan Hewes,
«Affective Communication Between Mothers and Preschoolers: Rela-

tions with Social Emotional Competence», *Merrill-Palmer Quarterly* 40, 1994, pp. 488-508, <www.jstor.org/stable/23087919>.

18. Gregory S. Young, «Emotional Expression Management and Social Acceptance in Childhood»; Susan Adams *et al.*, «Gender Differences in Parent-Child Conversations About Past Emotions: A Longitudinal Investigation»; Robyn Fivush, «Exploring Sex Differences in the Emotional Context of Mother-Child Conversations About the Past»; y Susanne A. Denham *et al.*, «Affective Communication Between Mothers and Preschoolers: Relations with Social Emotional Competence».

19. Peter A. Wyman *et al.*, «Intervention to Strengthen Emotional Self-Regulation in Children with Emerging Mental Health Problems: Proximal Impact on School Behavior», *Journal of Abnormal Child Psychology* 38, n.° 5, 2010, pp. 707-720, DOI: 10.1007/s10802-010-9398-x.

8. MÁS QUE UN SALARIO

1. Bhavini Shrivastava, «Identify and Unleash Your Talent», BCS, The Chartered Institute for IT, 24 de julio de 2019, <https://www.bcs.org/articles-opinion-and-research/identify-and-unleash-your-talent>.

2. Linda Binns, «Why Your Workplace Doesn't Value HSPs—and How to Change That», Highly Sensitive Refuge, 11 de octubre de 2021, <https://highlysensitiverefuge.com/why-your-workplace-doesnt-value-hsps-and-how-to-change-that>.

3. *Ibidem.*

4. Anne Marie Crosthwaite, «I Am a Highly Sensitive Person. Here's What I Wish More People Knew About HSPs», MindBodyGreen, 4 de agosto de 2017, <https://www.mindbodygreen.com/articles/i-am-a-highly-sensitive-person-heres-what-i-wish-more-people-knew-about-hsps>.

5. Naina Dhingra *et al.*, «Help Your Employees Find Purpose—

or Watch Them Leave», McKinsey & Company, 5 de abril de 2021, <https://www.mckinsey.com/business-functions/people-and-organi zational-performance/our-insights/help-your-employees-find-purpo se-or-watch-them-leave>.

6. Shawn Achor *et al.*, «9 out of 10 People Are Willing to Earn Less Money to Do More-Meaningful Work», *Harvard Business Review*, 6 de noviembre de 2018, <https://hbr.org/2018/11/9-out-of-10-people-are-willing-to-earn-less-money-to-do-more-meaningful-work>.

7. *Ibidem.*

8. Jennifer Aniston, «Nicole Kidman Steps into Spring», *Harper's Bazaar*, 5 de enero de 2011, <https://www.harpersbazaar.com/celebri ty/latest/news/a643/nicole-kidman-interview-0211>.

9. Lauren Effron, «Dolly Parton Opens Up About Song Inspirations, Being "Aunt Dolly" to Female Country Artists and Those Tattoos», *ABC News*, 11 de noviembre de 2019, <https://abcnews. go.com/Entertainment/dolly-parton-opens-song-inspirations-aunt-dolly-female/story?id = 66801989>.

10. Rob Haskell, «Good Lorde! Behind the Blissed-Out Comeback of a Pop Iconoclast», *Vogue*, 8 de septiembre de 2021, <https:// www.vogue.com/article/lorde-cover-october-2021>.

11. Tatiana Siegel, «"Rocketman" Takes Flight: Inside Taron Egerton's Transformation into Elton John (and, He Hopes, a Major Star)», *Hollywood Reporter*, 6 de mayo de 2019, <https://www.ho llywoodreporter.com/movies/movie-features/rocketman-takes-taron-egertons-transformation-elton-john-1207544>.

12. Carolyn Gregoire, «Why So Many Artists Are Highly Sensitive People», *HuffPost*, 28 de diciembre de 2015, <https://www.huff post.com/entry/artists-sensitive-creative_n_567f02dee4b0b958 f6598764?u4ohia4i=>.

13. *Sensitive: The Untold Story*, documental dirigido por Will Harper, Global Touch Group, Inc., 2015, DVD.

14. Bruce Springsteen, «Bruce Springsteen: On Jersey, Masculini-

ty and Wishing to Be His Stage Persona», entrevista de Terry Gross, *Fresh Air*, NPR, 5 de octubre de 2016, <https://www.npr.org/2016/10/05/496639696/bruce-springsteen-on-jersey-masculinity-and-wishing-to-be-his-stage-persona>.

15. Scott Barry y Carolyn Gregoire, *Wired to Create: Unraveling the Mysteries of the Creative Mind*, Nueva York, TarcherPerigee, 2016.

16. *Ibidem.*

17. Barrie Jaeger, *Making Work Work for the Highly Sensitive* Person, Nueva York, McGraw-Hill, 2004.

18. Cal Newport, entrevista con los autores por Zoom, 29 de abril de 2021.

19. *Ibidem.*

20. *Ibidem.*

21. *Ibidem.*

22. *Ibidem.*

23. *Ibidem.*

24. David Zax, «Want to Be Happier at Work? Learn How from These "Job Crafters"», *Fast Company*, 3 de junio de 2013, <https://www.fastcompany.com/3011081/want-to-be-happier-at-work-learn-how-from-these-job-crafters>.

25. Amy Wrzesniewski y Jane E. Dutton, «Crafting a Job: Revisioning Employees as Active Crafters of Their Work», *Academy of Management Review* 26, n.º 2, 2001, pp. 179-201, DOI: 10.5465/amr.2001.4378011; y Justin M. Berg, Jane E. Dutton y Amy Wrzesniewski, «Job Crafting and Meaningful Work», en *Purpose and Meaning in the Workplace*, editado por Bryan J. Dik, Zinta S. Byrne y Michael F. Steger, Washington, DC, American Psychological Association, 2013.

26. Rebecca Fraser-Thill, «The 5 Biggest Myths About Meaningful Work», *Forbes*, 7 de agosto de 2019, <https://www.forbes.com/sites/rebeccafraserthill/2019/08/07/the-5-biggest-myths-about-meaningful-work/?sh=7cda524770b8>; Catherine Bailey, «What Makes Work Meaningful—or Meaningless», *MIT Sloan Management Review*, 1 de junio de 2016, <https://sloanreview.mit.edu/article/what-makes-

work-meaningful-or-meaningless>; Amy Wrzesniewski *et al.*, «Job Crafting and Cultivating Positive Meaning and Identity in Work», *Advances in Positive Organizational Psychology*, 2013, pp. 281-302, DOI: 10.1108/s2046-410x (2013)0000001015; Amy Wrzesniewski y Jane E. Dutton, «Crafting a Job: Revisioning Employees as Active Crafters of Their Work», *Academy of Management Review* 26, n.º 2, 2001, pp. 179-201, DOI: 10.5465/amr.2001.4378011; y BJustin M. Berg, Amy Wrzesniewski y Jane E. Dutton, «Perceiving and Responding to Challenges in Job Crafting at Different Ranks: When Proactivity Requires Adaptivity», *Journal of Organizational Behavior* 31, n.ᵒˢ 2-3, 2010, pp. 158-186, DOI: 10.1002/job.645.

27. Justin M. Berg, Amy Wrzesniewski y Jane E. Dutton, «Perceiving and Responding to Challenges in Job Crafting at Different Ranks: When Proactivity Requires Adaptivity», *Journal of Organizational Behavior* 31, n.ᵒˢ 2-3, 2010, pp. 158-186, DOI: 10.1002/job.645.

28. Tom Rath, «Job Crafting from the Outside In», *Harvard Business Review*, 24 de marzo de 2020, <https://hbr.org/2020/03/job-crafting-from-the-outside-in>; y Amy Wrzesniewski y Jane E. Dutton, «Crafting a Job», 187, pp. 193-194.

29. Rudolph, Cort W.; Katz, Ian M.; Lavigne, Kristi N.; y Zacher, Hannes, «Job Crafting: A Meta-Analysis of Relationships with Individual Differences, Job Characteristics, and Work Outcomes», *Journal of Vocational Behavior* 102, 2017, pp. 112-138, DOI: 10.1016/j.jvb.2017.05.008.

30. Alessio Gori *et al.*, «Constructing Well-Being in Organizations: First Empirical Results on Job Crafting, Personality Traits, and Insight», *International Journal of Environmental Research and Public Health* 18, n.º 12, 2021, p. 6661, DOI: 10.3390/ijerph18126661.

31. Wrzesniewski, Amy; y Dutton, Jane E. «Crafting a Job: Revisioning Employees as Active Crafters of Their Work», *Academy of Management Review* 26, n.º 2, 2001, pp. 179-201, DOI: 10.5465/amr.2001.4378011; yJustin M. Berg, Jane E. Dutton y Amy Wrzesniewski, «Job Crafting and Meaningful Work», en *Purpose and Meaning in the Workplace*, editado por Bryan J. Dik, Zinta S. Byrne y Mi-

chael F. Steger, Washington, DC, American Psychological Association, 2013.

32. Amy Wrzesniewski y Jane E. Dutton, «Crafting a Job: Revisioning Employees as Active Crafters of Their Work», *Academy of Management Review* 26, n.° 2 (2001): pp. 179-201, DOI: 10.5465/amr.2001. 4378011; y Berg, Justin M.; Dutton, Jane E.; y Wrzesniewski, Amy. «Job Crafting and Meaningful Work», en *Purpose and Meaning in the Workplace*, editado por Bryan J. Dik, Zinta S. Byrne y Michael F. Steger, Washington, DC, American Psychological Association, 2013, pp. 89-92.

33. Wrzesniewski, Amy; y Dutton, Jane E. «Crafting a Job: Revisioning Employees as Active Crafters of Their Work», *Academy of Management Review* 26, n.° 2, 2001, pp. 179-201, DOI: 10.5465/amr. 2001.4378011.

34. Amy Wrzesniewski y Jane E. Dutton, «Crafting a Job: Revisioning Employees as Active Crafters of Their Work», *Academy of Management Review* 26, n.° 2, 2001, pp. 179-201, DOI: 10.5465/amr. 2001.4378011; y Justin M. Berg, Jane E. Dutton y Amy Wrzesniewski, «Job Crafting and Meaningful Work», en *Purpose and Meaning in the Workplace*, editado por Bryan J. Dik, Zinta S. Byrne y Michael F. Steger, Washington, DC, American Psychological Association, 2013, pp. 86-87.

35. L. Meyers, «Social Relationships Matter in Job Satisfaction», *American Psychological Association* 38, n.° 4, 2007, <https://www.apa. org/monitor/apr07/social>.

36. Amy Wrzesniewski y Jane E. Dutton, «Crafting a Job: Revisioning Employees as Active Crafters of Their Work», *Academy of Management Review* 26, n.° 2, 2001, pp. 179-201, DOI: 10.5465/amr. 2001.4378011; y Justin M. Berg, Jane E. Dutton y Amy Wrzesniewski, «Job Crafting and Meaningful Work», en *Purpose and Meaning in the Workplace*, editado por Bryan J. Dik, Zinta S. Byrne y Michael F. Steger, Washington, DC, American Psychological Association, 2013, pp. 87-89.

37. Justin M. Berg, Amy Wrzesniewski y Jane E. Dutton, «Perceiving and Responding to Challenges in Job Crafting at Different Ranks: When Proactivity Requires Adaptivity», *Journal of Organizational Behavior* 31, n.ᵒˢ 2-3, 2010, pp. 158-186, DOI: 10.1002/job.645.

38. Cal Newport, entrevista con los autores por Zoom, 29 de abril de 2021.

9. LA REVOLUCIÓN SENSIBLE

1. «The Bank War», presentado por Jacob Goldstein y Robert Smith, *Planet Money*, NPR, 24 de marzo de 2017, <https://www.npr.org/transcripts/521436839>; y Martin A. Armstrong, «Panic of 1837», Armstrong Economics, Princeton Economic Institute, sin fecha, <https://www.armstrongeconomics.com/panic-of-1837>.

2. Artículo de Wikipedia, «Long Depression», actualizado el 13 de diciembre de 2020, <https://en.wikipedia.org/wiki/Long_Depression>.

3. Departamento de Interior de Estados Unidos, National Park Service, «The Baltimore and Ohio Railroad Martinsburg Shops», National Historical Landmark Nomination document, 31 de julio de 2003, 41, <https://npgallery.nps.gov/pdfhost/docs/NHLS/Text/03001045.pdf>.

4. «Her Life: The Woman Behind the New Deal», Frances Perkins Center, 2022, <http://francesperkinscenter.org/life-new>.

5. *Ibidem.*

6. *Ibidem.*

7. Tomlin Perkins Coggeshall, fundador del Frances Perkins Center, entrevista con los autores por Zoom, 16 de septiembre de 2021.

8. Frances Perkins y J. Paul St. Sure, *Two Views of American Labor*, Los Ángeles: Instituto de Investigación sobre Trabajo y Empleo, Universidad de California, 1965, p. 2.

9. Brian Dunleavy, «Did New Deal Programs Help End the Great

Depression?», *History*, 10 de septiembre de 2018, <https://www.his
tory.com>.amp/news/new-deal-effects-great-depression>.

10. Keith Johnstone y Irving Wardle, *Impro: Improvisation and
the Theatre*, Nueva York, Bloomsbury Academic, 2019.

11. *Ibidem.*

12. Assael Romanelli, «The Key to Unlocking the Power Dyna-
mic in Your Life», *Psychology Today*, 27 de noviembre de 2019,
<https://www.psychologytoday.com/us/blog/the-other-side-relation
ships/201911/the-key-unlocking-the-power-dynamic-in-your-life>.

13. Susan Cain, «7 Tips to Improve Communication Skills»,
20 de abril de 2015, <https://susancain.net/7-ways-to-use-powerless-
communication/#>.

14. Daniel Goleman y Richard E. Boyatzis, «Social Intelligence
and the Biology of Leadership», *Harvard Business Review*, 31 de octubre de 2016, <https://hbr.org/2008/09/social-intelligence-and-the-
biology-of-leadership>.

15. *Ibidem.*

16. *Ibidem.*

17. Tracy Brower, «Empathy Is the Most Important Leadership
Skill According to Researche», *Forbes*, 19 de septiembre de 2021,
<https://www.forbes.com/sites/tracybrower/2021/09/19/empathy-
is-the-most-important-leadership-skill-according-to-research/?sh=
15d7a3453dc5>.

18. Eric Owens, «Why Highly Sensitive People Make the Best
Leaders», Highly Sensitive Refuge, 4 de marzo de 2020, <https://
highlysensitiverefuge.com/why-highly-sensitive-people-make-the-
best-leaders>.

19. Adrienne Matei, «What Is "Nunchi", the Korean Secret to
Happiness?», *Guardian*, 11 de noviembre de 2019, <https://www.the-
guardian.com/lifeandstyle/2019/nov/11/what-is-nunchi-the-korean-
secret-to-happiness>.

20. *Ibidem.*

21. Emma Seppälä, «The Hard Data on Being a Nice Boss», *Har-*

vard Business Review, 24 de noviembre de 2014, <https://hbr.org/2014/11/the-hard-data-on-being-a-nice-boss>.

22. Eric Owens, «Why Highly Sensitive People Make the Best Leaders», Highly Sensitive Refuge, 4 de marzo de 2020, <https://highlysensitiverefuge.com/why-highly-sensitive-people-make-the-best-leaders>.

23. Elaine Aron, *Highly Sensitive Person: How to Thrive When the World Overwhelms You*, Nueva York, Broadway Books, 1998. [Hay trad. cast.: *El don de la sensibilidad*, Barcelona, Ediciones Obelisco, 2020].

24. Brittany Blount, «Being an HSP Is a Superpower—but It's Almost Impossible to Explain It», Highly Sensitive Refuge, 4 de marzo de 2019, <https://highlysensitiverefuge.com/highly-sensitive-person-hsp-superpower>.

25. *Ibidem.*

26. *Ibidem.*

27. Brian Duignan, «Gaslighting», *Encyclopedia Britannica*, sin fecha, <https://www.britannica.com/topic/gaslighting>.

28. Julie L. Hall, «When Narcissists and Enablers Say You're Too Sensitive», *Psychology Today*, 21 de febrero de 2021, <https://www.psychologytoday.com/us/blog/the-narcissist-in-your-life/202102/when-narcissists-and-enablers-say-youre-too-sensitive>.

29. *Ibidem.*

30. Kurt Vonnegut, «Physicist, Heal Thyself», *Chicago Tribune*, 22 de junio de 1969.

«Para viajar lejos no hay mejor nave que un libro».

EMILY DICKINSON

Gracias por tu lectura de este libro.

En **penguinlibros.club** encontrarás las mejores
recomendaciones de lectura.

Únete a nuestra comunidad y viaja con nosotros.

penguinlibros.club